Alister E. McGrath
Naturwissenschaft und Religion

W0090130

Alister E. McGrath

Naturwissenschaft und Religion – eine Einführung

Herder
Freiburg · Basel · Wien

Die Deutsche Bibliothek – CIP-Einheitsaufnahme

McGrath, Alister E.:
Naturwissenschaft und Religion : eine Einführung/Alis-
ter E. McGrath. Übers.: Michael Held ; Iris Held. – Frei-
burg im Breisgau ; Basel ; Wien ; Barcelona ; Rom ; New
York : Herder, 2001
Einheitssacht.: Science and Religion ‹dt.›
ISBN 3-451-27008-0

AUS DEM ENGLISCHEN
VON IRIS UND MICHAEL HELD

Die englische Originalausgabe erschien 1999
unter dem Titel »Science & Religion. An Introduction«
im Verlag Blackwell Publishers Ltd., Oxford.

© Alister E. McGrath 1999
© der deutschsprachigen Ausgabe:
Verlag Herder, Freiburg im Breisgau 2001
Alle Rechte vorbehalten

Umschlaggestaltung: Finken & Bumiller
unter Verwendung eines Motivs von Chris Cheadle,
© Stone, und eines Details der »Erschaffung Adams«
von Michelangelo (Rom, Sixtinische Kapelle)

Theologische Beratung der Übersetzung: Clemens Götz
Redaktionelle Mitarbeit: Susann Reichenbach
Herstellung: Freiburger Graphische Betriebe
Gedruckt auf umweltfreundlichem,
chlorfrei gebleichtem Papier
Printed in Germany

ISBN 3-451-27008-0

Inhalt

Die Beschäftigung mit Naturwissenschaft und Religion führt in eines der faszinierendsten Gebiete menschlichen Forscherdranges. Das bemerkenswerte Interesse an Büchern über Gott und Physik, über Spiritualität und Naturwissenschaft, über die großen Geheimnisse der menschlichen Natur und das Schicksal zeigt das wachsende Interesse an diesem Bereich. Viele Hochschulen bieten jetzt Kurse an, die sich mit dem Thema Naturwissenschaft und Religion befassen und oft zahlreiche, sehr aufgeschlossene Hörer anziehen.

Viele, die dieses Gebiet erkunden wollen, werden durch den Mangel an Vorwissen entmutigt. Das vorliegende Buch versucht dieser Situation dadurch Rechnung zu tragen, dass es Vorkenntnisse natur- oder religionswissenschaftlicher Art nicht voraussetzt.

Dieses Buch möchte seine Leserinnen und Leser in die Hauptgegenstände der Thematik »Naturwissenschaft und Religion« einführen. Wer bereits über Kenntnisse im einen oder anderen Gebiet verfügt, wird gelegentlich auf vertrautes Material treffen. Das spezielle Interesse dieser Untersuchung richtet sich allerdings auf die Schnittstelle von Religion und Naturwissenschaft, so dass auch für diejenigen, die im einen oder anderen Bereich Vorkenntnisse haben, das bekannte Material durch den Bezug zum gegebenen Thema in neuem Licht erscheint.

Mein eigenes Interesse an diesem Thema wurde vor über 20 Jahren geweckt. Ich begann ein Chemiestudium an der Universität Oxford mit dem Schwerpunkt Quantentheorie, bevor ich in molekularer Biophysik das Doktorat erwarb. Anschließend studierte ich Theologie in Oxford und Cambridge, wobei ich mich besonders auf die historische Wechselbeziehung zwischen Naturwissenschaft und Religion speziell des 16. und 19. Jahrhunderts konzentrierte. Ich hoffe, dass meine eigenen Erfahrungen mit der Verknüpfung beider Forschungsgebiete auch für andere von Nutzen sein werden.

Beim Schreiben dieses Buchs habe ich viel Hilfe von Menschen erhalten, die in einem einzelnen dieser Gebiete tätig sind oder sich mit der

wechselseitigen Beziehung beider befassen. Es sind zu viele, um sie einzeln zu nennen. Deshalb hoffe ich, dass sie die allgemein ausgesprochene Würdigung ihrer Hilfe, Ermutigung und Unterstützung annehmen. Ich danke ebenso der John-Templeton-Stiftung für die Unterstützung während der Arbeit an diesem Buch.

ALISTER E. MCGRATH

Dieses Buch ist als Einführung in einige der Hauptforschungsthemen von Naturwissenschaft und Religion gedacht. Es geht davon aus, dass die Leserinnen und Leser von beiden Bereichen noch wenig wissen, und versucht, im gegebenen Rahmen so viel Erklärung wie möglich zu geben.

Das Wissen um drei historische Meilensteine im Verhältnis von Naturwissenschaften und Religion ist unabdingbar. Dabei handelt es sich um die Auseinandersetzungen in der Astronomie während des 16. und zu Beginn des 17. Jahrhunderts, das Aufkommen der Newton'schen Weltsicht im späten 17. und 18. Jahrhundert und die Kontroverse um Darwin im 19. Jahrhundert. Diese zentralen Auseinandersetzungen sind weithin als paradigmatisch für das Verhältnis von Naturwissenschaften und Religion anerkannt. Ihre Grundinhalte sind für das Verständnis der späteren Entwicklungen und Diskussionen notwendig.

Das vorliegende Werk will die Grundlagen für weitere Auseinandersetzung bieten. Deshalb gibt es Hinweise zur weiterführenden Literatur. Mit diesen Angaben soll eine vertiefte Behandlung einzelner Themen ermöglicht werden. Ziel dieses Buches ist es, ein solides Allgemeinwissen der in Frage stehenden Thematik zu vermitteln sowie zum Umgang mit den spezielleren Werken der enthaltenen Bibliographie zu befähigen.

Da es sich bei der folgenden Darstellung um eine Einführung handelt, sind ihr natürlich enge Grenzen gesteckt. Viele wichtige Themen sind weit kürzer behandelt, als es ihrer Bedeutung entspricht. Diese Eigenart des Buches sollte bei der Lektüre berücksichtigt werden.

Kapitel 1
Historische Wendepunkte

Wer die Wechselwirkung von Naturwissenschaft und Religion verstehen will, muss sich mit drei historischen Wendepunkten vertraut machen: mit der Auseinandersetzung in der Astronomie im 16. und frühen 17. Jahrhundert, dem Aufkommen der Newton'schen Weltsicht im späten 17. und im 18. Jahrhundert und dem Streit um Darwin im 19. Jahrhundert.

Diese wegweisenden Kontroversen werden in diesem Kapitel in ihren Hauptpunkten und in ihrer Bedeutung für unsere Thematik dargestellt. Dabei steht die Ausbildung der intellektuellen Grundlagen für die moderne Wissenschaft, wie sie im Mittelalter erfolgte, als Rahmen für das Folgende am Anfang der Betrachtung.

Die mittelalterliche Synthese

Häufig wird davon ausgegangen, dass die wissenschaftliche Revolution des 16. und 17. Jahrhunderts dem Mittelalter nur wenig Positives verdankt. Diese in der älteren Literatur zur Wissenschaftsgeschichte weit verbreitete Ansicht ist neuerdings der Kritik von Fachleuten für mittelalterliche Geistesgeschichte, namentlich von Edward Grant, unterzogen worden, welche überzeugend dargelegt haben, dass sich die Spuren der wissenschaftlichen Revolution bis ins Mittelalter zurückverfolgen lassen. Nach Grants Auffassung bildete das Mittelalter einen geistesgeschichtlichen Horizont, in dem sich die Naturwissenschaften als ernst zu nehmende intellektuelle Disziplinen entwickeln konnten, und lieferte es gleichermaßen Vorstellungen und Methoden von erwiesener Wichtigkeit für diese Entwicklung.

Folgende drei Entwicklungen im Mittelalter können als konstitutiv für die Herausbildung des angesprochenen geistigen Horizonts angesehen werden:

1. Das Mittelalter erlebte die Übersetzung einer Reihe von wissenschaftlichen Texten ursprünglich griechisch-arabischer Herkunft ins Lateinische, der lingua franca der westeuropäischen Gelehrtengemeinschaft. Nicht nur die Schriften arabischer Aristoteleskommentatoren, auch die aristotelischen Originaltexte wurden den westlichen Denkern zugänglich. Diese Wiederentdeckung des Aristoteles übte einen großen Einfluss auf die mittelalterliche Theologie und Philosophie – darunter Thomas von Aquin – aus, der in Aristoteles den stärksten Impuls für die philosophische und theologische Reflexion fand. Diese Texte – keineswegs auf Aristoteles beschränkt – lieferten auch den Hauptantrieb im Ringen um Fragen der Naturwissenschaft. Obgleich man einwenden könnte, die Entwicklung der Naturwissenschaften hätte sich auch ohne diese Texte vollzogen, ist unstrittig, dass der Prozess unter diesen Umständen erheblich später stattgefunden hätte.

2. Das Mittelalter ist die Zeit der großen westeuropäischen Universitätsgründungen, die ihrerseits von zentraler Bedeutung für die Ausbildung der Naturwissenschaften wurden. Lehrveranstaltungen in Logik, Naturphilosophie, Geometrie, Arithmetik und Astronomie waren Pflichtfächer für den Erwerb eines Abschlusses an einer typisch mittelalterlichen Universität. Die Einführung der Naturphilosophie als Disziplin ins Curriculum einer mittelalterlichen Universität stellte sicher, dass eine beachtliche Anzahl wissenschaftlicher Fragestellungen üblicher Teil des höheren Bildungsweges wurde. Die typisch mittelalterliche Universität umfasste vier Fakultäten: die Fakultät der so genannten Freien Künste (Artes liberales) und die drei höheren Fakultäten Medizin, Rechtswissenschaft und Theologie. Die Artes liberales sollten die Grundlage für weitere Studien schaffen, und es ist in diesem Zusammenhang besonders wichtig, auf den großen Anteil der naturphilosophischen Studien in diesem »Grundstudium« hinzuweisen.

3. Schließlich etablierte sich – häufig im universitären Kontext – ein theologisch-naturphilosophisch geprägter Wissenschaftlertyp, der die Erforschung der Natur als theologisch legitim ansah. Die Einschätzung des Aristoteles als heidnischen Philosophen begrenzte zwar seine Bedeutung für einen Christen, änderte aber nichts an seiner positiven Einschätzung als Quelle für ein besseres Verständnis der natürlichen

Welt – und damit Gottes als des Schöpfers derselben. Festzuhalten bleibt, dass viele der bedeutendsten Vertreter mittelalterlicher Naturwissenschaft – Robert Grosseteste, Nicolas Oresme und Heinrich von Langenstein – von Haus aus Theologen waren, die in der Erforschung der natürlichen Ordnung keinen Widerspruch zu ihrem Glauben sahen.

Die wachsende Betonung der Naturphilosophie erwies sich als von großer Wichtigkeit für das Aufkommen der Naturwissenschaften in Westeuropa. Außerdem schenkte das Mittelalter der Bibelauslegung eine beachtliche Aufmerksamkeit – einem Thema also, das im 16. Jahrhundert große Bedeutung erlangen sollte. Bei oberflächlicher Lektüre vertrat die Bibel ein geozentrisches Weltbild, die Erschaffung der Welt in sechs Tagen einschließlich der des Menschen am sechsten Tag. Im Rahmen der Diskussion über die Auslegung der ersten Kapitel der Genesis ist die Art und Weise von Gewicht, in der die mittelalterlichen Bibelkommentatoren Lesarten entwickelten, die in ihrem Unterschied zum Überkommenen offener für die Einsichten der Naturwissenschaften waren.

Jeder Text – dabei ist die christliche Bibel keine Ausnahme – muss ausgelegt werden. In gewissem Sinn kann die christliche Theologie sogar als Auslegungsgeschichte der Bibel angesehen werden. Angesichts der Wichtigkeit der Frage, ob bestimmte Abschnitte in einem buchstäblichen (Literalsinn), andere in einem nicht-buchstäblichen, allegorischen Sinn auszulegen seien, ist hier kurz auf die Entwicklung dieser Thematik im Mittelalter einzugehen.

Die Anfänge dieser Diskussion waren Jahrhunderte vorher – in der Zeit der Kirchenväter – grundgelegt. Damals entstanden zwei große Auslegungsrichtungen, die alexandrinische und die antiochenische. Die alexandrinische Schule schöpfte aus der jüdischen Tradition, insbesondere dem methodischen Vorgehen des jüdischen Gelehrten Philo von Alexandria (30 v. Chr. – 45 n. Chr.), die eine Ergänzung der buchstäblichen Auslegung durch eine allegorische erlaubte. Was aber ist eine Allegorie? Gemäß der Definition des griechischen Philosophen Heraklit besteht sie darin, »etwas auszusagen, aber etwas anderes als das Ausgesagte zu meinen«. Philo hielt es für notwendig, unter die Oberfläche des biblischen

Textes zu sehen, um eine tiefere Bedeutung wahrzunehmen. Übernommen wurden diese Ansichten von einer alexandrinischen Theologengruppe, deren wichtigste Vertreter Clemens, Origenes und Didymus der Blinde waren. Letzteren nannte Hieronymus aufgrund der geistlichen Einsichten, die sich aus seiner Verwendung der allegorischen Methode für biblische Texte ergaben, scherzhaft »Didymus den Sehenden«. Die Sinnspitze der allegorischen Interpretation wird darin deutlich, wie Origenes zentrale Vorstellungen des Alten Testaments auslegte: Im Rahmen der allegorischen Interpretation beziehe sich die Eroberung des Gelobten Landes durch Josua auf den Sieg Christi über die Sünde am Kreuz, während die Ritualgesetze des Buches Leviticus auf das geistliche Opfer der Christen vorauswiesen.

Im Gegensatz dazu betonte die antiochenische Schule die Auslegung der Schrift aus ihrem historischen Zusammenhang heraus. Diese Richtung, mit der sich vor allem Namen wie Diodor von Tarsus, Johannes Chrysostomus und Theodor von Mopsuestia verbinden, hob insbesondere die historische Verortung der alttestamentlichen Prophetie hervor – ein Gedanke, der bei Origenes und den übrigen Vertretern der alexandrinischen Tradition weitgehend ausfällt. Theodor legt bei der Behandlung der alttestamentlichen Prophetie etwa Wert darauf, dass die prophetische Botschaft schon für die direkten Adressaten von Bedeutung war, ebenso wie sie eine solche für christliche Leser erst entwickelt hat. Jedes Prophetenwort muss zunächst nach der ihm eigenen wörtlichen Bedeutung ausgelegt werden. Folgerichtig interpretierte Theodor nur sehr wenige alttestamentliche Stellen als direkte Bezugnahme auf Christus, wohingegen die alexandrinische Schule Christus als den verborgenen Inhalt sowohl der historischen wie der prophetischen Teile des Alten Testaments betrachtete.

In der westlichen Tradition entwickelte sich eine davon etwas verschiedene Zugangsweise. Ambrosius von Mailand sah einen dreifachen Schriftsinn: Neben dem natürlichen Sinn kann der Ausleger einen moralischen und einen rationalen bzw. theologischen Sinn unterscheiden. Augustinus folgte ihm darin, wenn er auch nur einen zweifachen Sinn annahm – einen buchstäblichen, fleischlichen oder historischen Sinn auf der einen Seite und auf der anderen Seite einen allegorischen, mystischen

bzw. geistlichen. Freilich gesteht er zu, dass manchen Stellen beide Sinndeutungen innewohnen: »Die Worte der Propheten haben einen dreifachen Sinn: Manche beziehen sie auf das irdische Jerusalem, andere denken an die himmlische Stadt, während wieder andere beide Deutungen im Sinn haben.« Die rein historische Auslegung des Alten Testaments erscheint ihm unannehmbar, der Schlüssel zum Verständnis liegt für ihn in der richtigen Auslegungsweise.

Die so umrissene Unterscheidung zwischen einem buchstäblichen bzw. historischen Sinn der Heiligen Schrift einerseits und einem tieferen geistlichen oder allegorischen Verständnis andererseits gelangte in der Kirche während des Mittelalters zu allgemeiner Anerkennung. Als gängige Methode der Schriftauslegung war während des Mittelalters die Theorie vom vierfachen Schriftsinn in Gebrauch. Der Ursprung dieses Vorgehens liegt in der Unterscheidung eines buchstäblichen und eines geistlichen Sinnes. Die Schrift besitzt über den buchstäblichen Sinn hinaus noch drei nicht-buchstäbliche Deutungsgehalte, nämlich den allegorischen, der sich darauf bezieht, was Christen glauben sollen, den tropologischen oder moralischen, der auf die Gestaltung des Handelns zielt, und den anagogischen Sinn. Er befasst sich mit der eschatologischen Hoffnung der Christen. Der vierfache Schriftsinn stellt sich also folgendermaßen dar:

1. Buchstäblicher Sinn/Literalsinn: Der biblische Text wird wörtlich verstanden.
2. Allegorischer Sinn: Bestimmte Schriftstellen, die wörtlich genommen entweder dunkel bleiben oder theologisch unannehmbar sind, werden als Aussagen über die christliche Lehre verstanden.
3. Tropologischer oder moralischer Sinn: Die Interpretation mancher Schriftstellen als ethische Orientierung für christliche Lebensführung.
4. Anagogischer Sinn: Die Auslegung von Schriftstellen als Begründung christlicher Hoffnung und Hinweis auf die künftige Erfüllung der göttlichen Verheißungen im himmlischen Jerusalem.

Der möglichen Schwäche dieser Theorie suchte man dadurch zu begegnen, dass nichts zum Glaubensgegenstand werden sollte, das nur durch einen nicht-buchstäblichen Sinn erschlossen wurde, ohne zuerst durch

den Literalsinn erwiesen worden zu sein. Dieses Beharren auf dem Vorrang des Literalsinnes der Schrift kann als implizite Kritik an der Übernahme des allegorischen Zugangs von Seiten des Origenes angesehen werden, erlaubte Letzterer doch wenigstens theoretisch das Hineinlesen jedweden geistlichen Sinnes in eine Schriftstelle durch den Auslegenden.

Auf dem Höhepunkt des Mittelalters etablierte sich aus diesem Grund ein differenzierter Umgang mit der Bibelauslegung, die eine Interpretation verschiedener Bibeltexte im buchstäblichen beziehungsweise nichtbuchstäblichen Sinn ermöglichte. Augustinus betonte die Wichtigkeit der wissenschaftlichen Ergebnisse im Blick auf die biblische Exegese. In seinem Genesiskommentar machte er die Offenheit mancher Stellen für verschiedene Interpretationen deutlich und hielt deshalb weitere Bemühungen hinsichtlich der Bestimmung der angemessenen Interpretationsmethode für bedeutsam.

Aus Gründen, die für uns unverständlich sind und weit außerhalb unseres Horizonts liegen, finden wir in der Heiligen Schrift Stellen, die ohne Schaden für den Glauben, den wir empfangen haben, in sehr unterschiedlicher Weise ausgelegt werden können. In solchen Fällen sollten wir nichts überstürzen, indem wir uns felsenfest auf eine Seite schlagen, sodass wir – wenn zukünftiger Fortschritt in der Suche nach Wahrheit unsere Sicht untergräbt – selbst zu Fall kommen. Wir sollten nicht für unsere Auslegung kämpfen, sondern für die Lehre der Heiligen Schrift. Wir sollten auch nicht wünschen, den Sinn der Schrift unserer Auslegung anzupassen, sondern unsere Auslegung dem Sinn der Schrift.[1]

Nach Augustinus sollte die Bibelauslegung also den als vernünftig erwiesenen Tatsachen Rechnung tragen. In gewisser Hinsicht bewahrte diese Zugangsweise die christliche Theologie davor, in einer vorwissenschaftlichen Weltsicht gefangen zu bleiben. Im Blick auf die Entwicklung der mittelalterlichen Kosmologie erwies Edward Grant die Wichtigkeit dieses Sachverhalts für die Zeit von 1200–1687, vor allem unter Rücksicht auf die Übernahme und Entwicklung dieses Zugangs durch Thomas von Aquin. Das grundsätzliche Vorgehen des Augustinus einschließlich sei-

nes hoch bedeutsamen Genesiskommentars übernahmen viele einflussreiche römisch-katholische Theologen des 16. Jahrhunderts. Gerade die letztgenannte Schrift wurde Galilei für die Entwicklung seiner Art der Bibelauslegung wichtig.

Diese Zugangsweisen kamen im ersten großen Streit um das Verhältnis von Naturwissenschaft und Religion zur Anwendung – in den Auseinandersetzungen in der Astronomie um die Theorien von Kopernikus und Galilei während des 16. und 17. Jahrhunderts.

Die neue Astronomie:
die Kontroversen um Kopernikus und Galilei

Jede Zeit ist gekennzeichnet durch eine Anzahl fester Annahmen, die ihr Weltbild umreißen. Das Mittelalter ist da keine Ausnahme. Einer der wichtigeren Bestandteile der mittelalterlichen Weltsicht war die Überzeugung, dass die Sonne und andere Himmelskörper – wie etwa Mond und Planeten – um die Erde kreisten. Diese geozentrische Sicht des Universums wurde als erwiesenermaßen wahr angesehen. Die Bibel wurde im Licht dieser Überzeugung ausgelegt, geozentrische Annahmen waren prägend für die Interpretation einiger Stellen. Die meisten lebenden Sprachen geben immer noch Zeugnis von dieser geozentrischen Weltsicht. Zum Beispiel ist es auch in modernem Deutsch absolut korrekt zu sagen: »Die Sonne ging um 7.33 Uhr auf« – obwohl dieser Satz eigentlich von der Rotation der Sonne um die Erde ausgeht. Da die Wahrheit oder Unwahrheit der geozentrischen Sicht für das tägliche Leben wenig Bedeutung hat, gab es kein öffentliches Interesse, etwas daran zu ändern.

Das Modell des Universums, das im Mittelalter am weitesten verbreitet war, stammte von Claudius Ptolemäus, einem Astronomen, der in der ersten Hälfte des 2. Jahrhunderts im ägyptischen Alexandria arbeitete. In seinem Grundlagenwerk *Almagest*[2] setzte Ptolemäus kursierende Vorstellungen über die Bewegung von Mond und Planeten zueinander in Beziehung und behauptete, diese Bewegungen könnten auf der Grundlage folgender Annahmen verstanden werden:

1. Die Erde ist der Mittelpunkt des Universums.
2. Alle Himmelskörper bewegen sich in Bahnen um die Erde.
3. Diese Rotationen verlaufen kreisförmig, wobei die Zentren der Kreisbahnen selbst auf einer anderen kreisförmigen Bahn laufen. Diese zentrale Vorstellung, welche sich auf Hipparchus zurückführen lässt, basiert auf der Vorstellung von Epizyklen, d. h. sich überlagernder Kreisbewegungen.

Zunehmend genauere und detailliertere Untersuchungen der Planetenbewegungen führten zu immer größeren Schwierigkeiten mit dieser Theorie. Am Anfang konnten die Unstimmigkeiten durch die Annahme zusätzlicher Nebenkreise aufgefangen werden. Ende des 15. Jahrhunderts war das Modell so komplex und schlecht handhabbar, dass es zusammenzubrechen drohte. Aber wodurch konnte es ersetzt werden?

Während des 16. Jahrhunderts wurde das geozentrische Modell des Sonnensystems zugunsten eines heliozentrischen Modells aufgegeben, das die Sonne im Mittelpunkt sah und die Erde als einen von mehreren Planeten, die um die Sonne kreisen. Das stellte eine radikale Abkehr vom bestehenden Modell dar und muss als eine der bedeutendsten Veränderungen in der menschlichen Realitätswahrnehmung des letzten Jahrtausends angesehen werden. Auch wenn es üblich ist, diesen Sichtwechsel als »kopernikanische Wende« zu bezeichnen, ist man allgemein der Ansicht, dass drei Personen diesem Perspektivenwechsel zum Durchbruch verhalfen:

1. Nikolaus Kopernikus (1473–1543) aus Thorn (Polen) behauptete, dass die Planeten sich in konzentrischen Kreisen um die Sonne bewegten. Die Erde bewege sich nicht nur um die Sonne, sondern rotiere auch um ihre eigene Achse. Die scheinbare Bewegung der Sterne und Planeten entstehe daher durch eine Kombination der Erdrotation um die eigene Achse mit ihrer Rotation um die Sonne. Das Modell besaß eine Einfachheit und Eleganz, die sich positiv von der wachsenden Schwerfälligkeit des ptolemäischen Modells abhob. Trotzdem war es immer noch nicht möglich, alle bekannten Beobachtungsergebnisse mit Hilfe des kopernikanischen Modells zu erklären. Die Theorie benötigte weitere Änderungen, ehe sie allgemein akzeptiert werden konnte.

2. Der dänische Gelehrte Tycho Brahe (1546–1601), der in einem Obser-
vatorium auf einer Insel bei Kopenhagen arbeitete, führte eine Anzahl
genauer Planetenbeobachtungen durch. Diese Untersuchungen wurden die Grundlage für Keplers neues Modell des Sonnensystems. Kepler
arbeitete als Assistent Brahes, als dieser nach dem Tod von Frederik II.
von Dänemark gezwungen war, nach Böhmen zu fliehen.

3. Johannes Kepler (1571–1630) lenkte seine Aufmerksamkeit auf die
Untersuchung der Bewegung des Planeten Mars. Das kopernikanische
Modell, das davon ausging, dass sich Planeten auf Kreisbahnen um die
Sonne bewegten, konnte die beobachtete Bewegung des Mars nicht
erklären. 1609 konnte Kepler bekannt geben, dass er zwei allgemeine
Gesetze über die Marsbewegung entdeckt hatte. Erstens: Der Mars
bewegt sich auf einer elliptischen Bahn mit der Sonne in einem der beiden Brennpunkte. Zweitens: Eine von der Sonne zu einem Planeten
gezogene Linie (Fahrstrahl) überstreicht in gleichem Zeitraum gleiche
Flächen. 1619 konnte Kepler beide Gesetze auf die übrigen Planeten
ausweiten und entdeckte ein drittes: Das Quadrat der Umdrehungs-
periode eines Planeten (der Zeit also, die ein Planet braucht, einmal die
Sonne zu umrunden) ist direkt proportional zur dritten Potenz seines
mittleren Sonnenabstands.

Keplers Modell stellte eine signifikante Modifikation der kopernikanischen Vorstellungen dar. Es ist wichtig zu bedenken, dass Kopernikus'
radikal neues Modell trotz seiner konzeptionellen Eleganz und Einfachheit – aufgrund seiner fehlerhaften Annahme, dass die Umlaufbahnen
notwendigerweise kreisrund seien – noch nicht fähig war, die Beobachtungsdaten zu erklären. Interessanterweise scheint diese Annahme aus
der klassischen euklidischen Geometrie abgeleitet zu sein; Kopernikus
befreite sich niemals wirklich vollständig von der klassisch griechischen
Denkweise.

Das Erscheinen von Kopernikus' Werk *De revolutionibus orbium caeles-
tium (Über die Kreisbewegungen der Himmelskörper)*[3] im Mai 1543 wurde deshalb zu einer kleinen Sensation, obwohl die endgültige Annahme des
Modells bis zur detaillierten Arbeit Keplers in den ersten beiden Jahrzehnten des 17. Jahrhunderts warten musste. Wie wir bereits wissen,

erfreute sich das ältere – »geozentrische« – Modell weitgehender Zustimmung unter den Theologen des Mittelalters. Sie waren so daran gewöhnt, die Bibel durch eine geozentrische Brille zu lesen, dass sie Schwierigkeiten hatten, mit dem neuen Entwurf zurechtzukommen. Frühe Verteidigungen der kopernikanischen Theorie (wie z. B. G. J. Rheticus' *Abhandlung über die Heilige Schrift und die Bewegung der Erde*, welche weithin als früheste bekannte Arbeit angesehen wird, die sich explizit dem Verhältnis von Bibel und kopernikanischer Theorie widmet) mussten sich also mit zwei Themen beschäftigen. Erstens mussten sie die aus den Beobachtungen stammenden Beweise darlegen, die zur Schlussfolgerung führten, dass die Erde und andere Planeten um die Sonne kreisen. Zweitens mussten sie zeigen, dass diese Sichtweise mit der Bibel in Übereinstimmung stand, die als ein geozentrisches Weltbild implizierend gelesen wurde. Wie gesagt, wurden die aus den Beobachtungen stammenden Beweise erst im Licht von Keplers Modifikationen des kopernikanischen Modells endgültig erklärt. Aber wie stand es um die theologischen Gesichtspunkte dieses Modells? Und was war mit der durch dieses Modell vorgeschlagenen radikalen Verschiebung weg von einem erdzentrierten Universum?

Zweifellos veranlasste das Aufkommen der heliozentrischen Theorie des Sonnensystems Theologen, die Art und Weise, in der bestimmte Bibelstellen ausgelegt wurden, von Neuem zu untersuchen. Wir haben weiter oben bereits einige mit der Bibelauslegung verbundene Sachverhalte angesprochen; allerdings müssen wir an dieser Stelle drei wichtige Zugänge der Bibelauslegung innerhalb der christlichen Tradition unterscheiden. Im Folgenden werden wir diese kurz darstellen und ihre Bedeutung für den Dialog zwischen Wissenschaft und Religion bedenken. Bei den drei Arten des Zugangs handelt es sich um:

1. Einen buchstäblichen Zugang, der besagt, dass die betreffenden Passagen im Wortsinn ernst genommen werden müssen. Beispielsweise würde eine wörtliche Auslegung des ersten Kapitels des Buches Genesis behaupten, dass die Schöpfung in sechs Abschnitten von je 24 Stunden stattgefunden habe.

2. Einen nicht-buchstäblichen oder *allegorischen* Zugang, der betont, dass

bestimmte Teile der Bibel derart geschrieben sind, dass es nicht angemessen ist, sie vollständig wörtlich zu nehmen. Im Mittelalter wurden drei nicht-buchstäbliche Auslegungsmöglichkeiten der Schrift unterschieden, was von vielen Gelehrten des 16. Jahrhunderts als ein wenig künstlich aufgefasst wurde. Diese Sichtweise betrachtet die Eröffnungskapitel des Buches Genesis als poetische oder allegorische Berichte, aus denen theologische und ethische Prinzipien abgeleitet werden können; sie behandelt sie nicht als wörtlich zu nehmende historische Berichte über die Entstehung der Erde.

3. Ein Zugang (»Akkomodation«) basiert auf der Idee der *Anpassung*. Dieser Ansatz ist der bei weitem wichtigste Zugang in Bezug auf die Interaktion von Bibelauslegung und Naturwissenschaften gewesen. Er argumentiert, dass Form und Stil der Offenbarung kulturell und anthropologisch bestimmt ist, mit dem Ergebnis, dass sie entsprechend ausgelegt werden muss. Dieser Ansatz hat eine lange Tradition im Judentum und anschließend in der christlichen Theologie, und man kann leicht zeigen, dass er in der Zeit der Patristik einflussreich gewesen ist. Die ausgereifte Weiterentwicklung dieser Zugangsweise findet sich im 16. Jahrhundert. Sie geht davon aus, dass die ersten Genesis-Kapitel eine für die ursprünglichen Adressaten angemessene Sprache und Bilderwelt verwenden; sie dürfen nicht wörtlich verstanden, sondern müssen für eine zeitgenössische Leserschaft ausgelegt werden, indem Schlüsselideen herausgearbeitet werden, welche in Formen und Begrifflichkeiten ausgedrückt sind, die auf die ursprünglichen Adressaten zugeschnitten waren.

Es zeigte sich, dass der dritte Ansatz während der Streitigkeiten zwischen Theologie und Astronomie im 16. und 17. Jahrhundert von besonderer Bedeutung war. Der Reformator Johannes Calvin (1509–1564) hat zwei wichtige Beiträge zu Anerkennung und Entwicklung der Naturwissenschaften geleistet. Zum einen ermunterte er zum wissenschaftlichen Studium der Natur; zum anderen beseitigte er eine wesentliche Hürde in der Entwicklung dieser Studien durch sein Verständnis, wie die Bibel ausgelegt werden müsse, nämlich im Sinne der oben beschriebenen Akkomodation. Sein erster wichtiger Beitrag ist im Besonderen mit seiner Beto-

nung der Ordnung der Schöpfung verbunden; sowohl die physikalische Welt als auch der menschliche Körper bezeugen die Weisheit und die Eigenschaften Gottes.

Damit niemand davon ausgeschlossen wird, glücklich werden zu können, hat es Gott gefallen, die Samen der Religion ... nicht nur in unsere Seele zu legen, sondern seine Vollkommenheit auch in der gesamten Struktur des Universums bekannt zu machen und sich uns täglich zu zeigen, in solch einer Weise, dass wir unsere Augen nicht öffnen können, ohne dass wir gezwungen sind, ihn zu sehen ... Um diese bemerkenswerte Weisheit zu bezeugen, präsentieren uns sowohl die Himmel wie die Erde zahllose Beweise – nicht nur die komplexeren Beweise, welche Astronomie, Medizin und alle anderen Naturwissenschaften zu zeigen haben, sondern auch Beweise, die die Aufmerksamkeit selbst des ungebildetsten Bauern von selbst auf sich ziehen, der seine Augen nicht öffnen kann, ohne sie zu sehen.[4]

Daher empfiehlt Calvin das Studium sowohl der Astronomie als auch der Medizin. Diese sind fähig, tiefer in die natürliche Welt einzutauchen als die Theologie, und decken daher weitere Hinweise auf die Ordnung der Schöpfung und der Weisheit ihres Schöpfers auf. Man kann sagen, dass Calvin der wissenschaftlichen Untersuchung der Natur neue religiöse Motivation gab. Diese konnte nun als ein Mittel angesehen werden, die weise Hand Gottes in der Schöpfung zu entdecken. Die *Confessio Belgica* (1561) – eine calvinistische Glaubensschrift, die vor allem in den Niederlanden (einem später besonders für seine Botaniker und Physiker bekannten Gebiet) an Einfluss gewann – erklärte, dass die Natur »vor unseren Augen das schönste Buch ist, in dem alle erschaffenen Dinge, ob groß oder klein, wie Buchstaben sind, die uns die unsichtbaren Eigenschaften Gottes zeigen«. Gott kann also durch das detaillierte naturwissenschaftliche Studium der Schöpfung entdeckt werden.

Calvins zweiter wesentlicher Beitrag war, ein bedeutendes Hindernis für die Entwicklung der Naturwissenschaften zu überwinden – die wörtliche Bibelauslegung. Calvin legt dar, dass die Bibel im Wesentlichen mit der Erkenntnis Jesu Christi beschäftigt ist. Sie ist kein astronomisches,

geographisches oder biologisches Lehrbuch. Bei der Bibelauslegung muss bedacht werden, dass sich Gott den Fähigkeiten des menschlichen Geistes und Herzens »anpasst«. Gott muss sich auf unsere Ebene hinabbegeben, wenn Offenbarung stattfinden soll. Offenbarung zeigt uns Gott also in einem »gröberen« bzw. »angepassten« Maßstab, um für unser begrenztes Vermögen fassbar zu werden. Wie eine Mutter sich niederbeugt, um sich ihrem Kind zu nähern, so beugt sich Gott auf unsere Ebene hinab. Offenbarung ist ein Akt göttlichen Hinabsteigens. Im Fall der biblischen Schöpfungserzählung (Genesis 1) argumentiert Calvin, dass sie den Fähigkeiten und Denkhorizonten eines relativ einfachen und unbedarften Volkes angepasst sei; ihr Ziel sei es nicht, die Wirklichkeit wörtlich abzubilden. Der Autor der Genesis wurde seiner Ansicht nach dazu »bestimmt, Lehrer sowohl der Ungelehrten und Einfachen als auch der Gelehrten zu sein, und konnte dieses Ziel nur erreichen mit solchen groben Mitteln der Lehre«. Die Wendung »sechs Schöpfungstage« bezeichne nicht sechs Zeitabschnitte von je 24 Stunden, sondern sei einfach eine Anpassung an die menschliche Denkweise, um eine längere Zeitdauer zu bezeichnen. »Wasser über dem Firmament« sei einfach eine angepasste Form, von Wolken zu sprechen.

Die Auswirkung dieser beiden Ideen auf die wissenschaftliche Theoriebildung, besonders im 17. Jahrhundert, war beachtlich; z. B. verteidigte der englische Schriftsteller Edward Wright Kopernikus' heliozentrische Sicht des Sonnensystems gegen wörtliche Bibelauslegung mit dem Argument, erstens beschäftige sich die Schrift nicht mit Physik und zweitens sei ihre Redeweise »angepasst an das Verständnis und die Sprache der einfachen Leute, wie die der Ammen zu Kleinkindern«. Diese beiden Argumente stammen direkt von Calvin, von dem man diesbezüglich sagen kann, dass er einen grundlegenden Beitrag zur Entstehung der Naturwissenschaften geleistet hat.

Im frühen 17. Jahrhundert brach in Italien eine neue Kontroverse über das heliozentrische Modell des Sonnensystems aus. Diese führte letztendlich zur Verurteilung Galileo Galileis (1564–1642) durch die katholische Kirche (die ihren Fehler inzwischen eingestanden und Galilei rehabilitiert hat). Galilei stellte eine wichtige Verteidigung der kopernikanischen Theorie des Sonnensystems auf. Seine Ansichten wurden in

kirchlichen Kreisen zuerst wohlwollend aufgenommen, vor allem weil er von einem päpstlichen Vertrauten sehr geschätzt wurde. Dessen Macht-verlust führte aber dazu, dass Galilei die Unterstützung in päpstlichen Kreisen verlor, was allgemein als Beginn der Verfolgung durch seine Fein-de angesehen wird.

Obwohl die Kontroverse um Galilei oft als Auseinandersetzung von »Wissenschaft gegen Religion« oder »Freiheit gegen Autoritätsverhaftet-heit« dargestellt wird, betrifft der eigentliche Streitpunkt die richtige Bibelinterpretation. Die Anerkennung dieses Aspekts ist vermutlich in der Vergangenheit verhindert worden, weil die Historiker sich nicht mit den theologischen (genauer gesagt, den hermeneutischen) Fragen des Streites beschäftigten. Auch die Tatsache spiegelt sich darin wider, dass viele der Gelehrten, die sich für diesen speziellen Streit interessierten, Naturwissenschaftler oder Wissenschaftsgeschichtler waren, die mit den Einzelheiten der Bibelauslegung dieser bemerkenswert vielschichtigen Zeit nicht vertraut waren. Der Hauptstreitpunkt dieser Auseinander-setzung zwischen Galilei und seinen Kritikern war jedenfalls der, wie bestimmte biblische Passagen interpretiert werden müssen. Der Gedanke der »Anpassung« war, wie sich noch zeigen wird, von großer Bedeutung in diesem Streit.

Zur Untersuchung dieses Aspekts wenden wir uns einer wichtigen Arbeit zu, die im Januar 1615 erschien. In seiner *Lettera sopra l'opinione de' Pittagorici e del Copernico (Brief über die Ansichten der Pythagoräer und des Kopernikus)* behauptete der Karmeliten-Bruder Paolo Antonio Foscarini, dass das heliozentrische Modell des Sonnensystems nicht unvereinbar mit der Bibel sei. Foscarini stellte in seiner Arbeit keine neuen Prinzipien der Bibelauslegung auf, sondern wandte traditionelle Interpretationsregeln an:

Wenn die Heilige Schrift irgendetwas Gott oder einem anderen Geschöpf zuschreibt, was ansonsten unpassend und unangemessen ist, dann soll es in einer oder mehreren der folgenden Weisen ausgelegt und erklärt werden. Erstens sagt man, es gehörte metaphorischer oder vergleichender Rede an. Zweitens, es sei ... gemäß unserer Art des Den-kens, Verstehens, Wissens etc. ausgedrückt. Drittens, es sei gemäß der Volksmeinung und dem allgemeinen Sprachgebrauch ausgedrückt.[5]

Die zweite und dritte Weise, die Foscarini anführt, kann man als Typen der »Anpassung« ansehen. Wie wir bereits gesehen haben, lässt sich dieser Ansatz der Bibelauslegung in die ersten christlichen Jahrhunderte zurückverfolgen und war nicht umstritten.

Foscarinis Neuerung lag nicht in der Interpretationsmethode, die er anwandte, sondern in den Bibelstellen, auf die er sie anwandte. Mit anderen Worten: Foscarini schlug vor, dass einige Passagen, die viele bis dahin wörtlich ausgelegt hatten, »angepasst« ausgelegt werden sollten. Die Stellen, auf die er diesen Zugang anwandte, waren solche, die zu sagen schienen, dass die Erde unbeweglich sei und dass die Sonne sich bewege. Foscarini argumentierte folgendermaßen:

Die Schrift spricht gemäß unserer Verstehensweise, gemäß dem, was wir sehen, und mit Bezug auf uns. Daher kommt es, dass diese Körper auf uns bezogen erscheinen und in einer allgemein verständlichen Weise menschlichen Denkens beschrieben werden, nämlich, dass die Erde stillstehend und unbeweglich erscheint, während die Sonne sich scheinbar um sie bewegt. Indem die Schrift den allgemeinen Sprachgebrauch verwendet, dient sie uns. Denn aus unserem Blickwinkel scheint in der Tat eher die Erde mit der um sich drehenden Sonne im Mittelpunkt zu stehen als das Gegenteil.[6]

Galileis wachsender Einsatz für die kopernikanische Position führte ihn dazu, einen Ansatz der Bibelauslegung ähnlich demjenigen Foscarinis anzunehmen. Die Gegner Galileis behaupteten freilich, dass einige Bibelstellen ihm widersprächen. Sie argumentierten, dass beispielsweise Josua 10,12 davon spreche, die Sonne habe auf Josuas Befehl hin stillgestanden. Bewies dies nicht über jeglichen Zweifel hinaus, dass es die Sonne war, die sich um die Erde bewegte? In seinem *Brief an die Großherzogin Christina* konterte Galilei mit dem Argument, dass dies nur umgangssprachlich ausgedrückt sei. Es könne von Josua nicht erwartet werden, dass er die Feinheiten der Himmelsmechanik gekannt habe; daher habe er sich einer »angepassten« Redeweise bedient.

Die offizielle Verurteilung dieser Sichtweise basierte auf zwei Überlegungen:

1. Die Heilige Schrift müsse gemäß »dem eigentlichen Sinn der Worte« interpretiert werden. Der angepasste Ansatz Foscarinis wurde daher zugunsten eines wörtlicheren Ansatzes abgelehnt. Wie bereits betont, waren beide Methoden der Auslegung als legitim akzeptiert und hatten eine lange Geschichte der Anwendung in der christlichen Theologie. Die Auseinandersetzung konzentrierte sich auf die Frage, welcher dieser Zugänge für die fraglichen Bibelstellen angemessen sei.

2. Die Bibel müsse »gemäß der allgemeinen Interpretation und dem Verständnis der Kirchenväter und ausgebildeter Theologen« ausgelegt werden. Mit anderen Worten: Es wurde argumentiert, dass niemand von Bedeutung Foscarinis Auslegung in der Tradition angewandt hatte. Daher handle es sich um eine Neuerung.

Aus diesem Grund wurden die Ansichten Foscarinis und Galileis als Neuerungen ohne Vorläufer in der christlichen Geschichte abgelehnt.

Dieser zweite Aspekt ist von größerer Bedeutung und muss genauer untersucht werden, weil er eine wichtige Rolle spielt im lang anhaltenden und erbitterten Streit zwischen Katholiken und Protestanten, angeheizt durch den Dreißigjährigen Krieg 1618–1648; ging es doch darum, ob es sich bei der Reformation um eine Wiederentdeckung von ursprünglichem christlichem Denken oder um eine Neuerung handelte. Die Vorstellung der Unwandelbarkeit der katholischen Tradition wurde ein integraler Bestandteil der römisch-katholischen Polemik gegen die Protestanten. Jacques-Bénigne Bossuet (1627–1704), einer der bedeutendsten Verfechter der katholischen Lehre, führte dies 1688 so aus:

Die Lehre der Kirche ist immer gleich ... Das Evangelium unterscheidet sich nie von dem, was es früher war. Daher ist es immer, wenn jemand behauptet, der Glaube enthalte etwas, was gestern noch nicht Teil des Glaubens war, eine Irrlehre. Damit ist eine Lehre gemeint, die von der rechtgläubigen abweicht. Es ist nicht schwierig, falsche Lehren zu erkennen, es gibt keinen Streit darüber. Man erkennt sie sofort, wenn sie auftreten, und zwar einfach daran, dass sie neu sind.[7]

Dieselben Argumente waren zu Beginn des Jahrhunderts allgemein gängig und kamen in der offiziellen Kritik an Foscarini zur Anwendung. Die Auslegung, die er vorlegte, war zuvor noch nie vertreten worden – schon aus diesem Grund war sie falsch.

Man muss diese Diskussion um die Bibelauslegung vor dem komplexen Hintergrund konfessioneller Kontroversen verstehen. Die aufgeladene und politisierte Atmosphäre dieser Zeit bestimmte die theologische Debatte einseitig – aus Angst, jedes Eingehen auf einen neuen Ansatz könnte als indirekte Konzession an den protestantischen Rechtmäßigkeitsanspruch gesehen werden. Zuzugeben, dass sich die katholische Lehre in irgendeinem wichtigen Punkt »verändert« hatte, hätte Schleusen mit der unausweichlichen Folge öffnen können, dass zentrale protestantische Lehren Anspruch auf Rechtgläubigkeit gestellt hätten – Lehren, die die katholische Kirche bis dahin als »Neuerungen« hatte zurückweisen können.

Es war deshalb unvermeidlich, dass Galileis Thesen auf Widerstand stießen. Der Schlüsselfaktor war der der theologischen Innovation: Galileis Auslegung bestimmter Bibelstellen nachzugeben, hätte die katholische Kritik am Protestantimus ernsthaft untergraben, die sich auf die Behauptung stützte, die Protestanten verträten neue (und damit falsche) Auslegungen bestimmter Bibelstellen. Die Verurteilung der Positionen Galileis war also nur eine Frage der Zeit. Es besteht ein allgemeiner Konsens darüber, dass Galileis guter Ruf in kirchlichen Kreisen bis zu einem überraschend späten Zeitpunkt auf seinen guten Beziehungen zum Papstvertrauten Giovanni Ciampoli beruhte. Als aber Ciampoli im Frühjahr 1632 in Ungnade fiel, war auch Galileis Position deutlich geschwächt, vielleicht sogar schon zerstört. Denn ohne den Schutz Ciampolis war Galilei nun angreifbar durch den Vorwurf der »Irrlehre durch Neuerung«, der ihm von seinen Kritikern gemacht wurde.

Das mechanistische Universum:
Newton und der Deismus

Das Aufkommen des heliozentrischen Modells des Sonnensystems hatte Probleme der Geometrie geklärt, Probleme der Mechanik jedoch ungelöst gelassen. Kepler hatte gezeigt, dass das Quadrat der Umlaufdauer eines Planeten direkt proportional zur dritten Potenz seines mittleren Sonnenabstands ist. Aber was war die Grundlage dieses Gesetzes? Welche tiefere Bedeutung hatte es? Konnte die Bewegung von Erde, Mond und Planeten auf der Basis eines einzigen Prinzips berechnet werden? Isaac Newton (1642–1727) erkannte dieses einzige Prinzip hinter der »himmlischen Mechanik«.

Newtons besonderes Verdienst lag in der Entdeckung eines Zusammenhangs zwischen Beobachtungen, die bis dahin als unverbunden galten, und in der Präzisierung von Ideen, die bis dahin nur unklar diskutiert worden waren. Die Wirkung von Newtons Erklärung der Mechanik des Sonnensystems war so stark, dass der Dichter Alexander Pope folgende Verse als Newtons Epitaph schrieb:

Nature and Nature's Law lay hid in Night
God said, let Newton be, and all was Light.

Die Natur und ihr Gesetz lagen verborgen in der Nacht.
Da sprach Gott: Es werde Newton – und es ward Licht.

Newton operierte mit den Grundgrößen Masse, Raum und Zeit. Jede dieser Größen konnte gemessen und mathematisch behandelt werden. Obwohl Newtons Betonung der Masse heute durch verstärktes Interesse am Impuls (dem Produkt von Masse und Geschwindigkeit) ersetzt ist, sind die von ihm behandelten Grundfragen immer noch von großer Bedeutung in der klassischen Physik. Basierend auf seinen drei fundamentalen Größen konnte er präzise Begriffe von Beschleunigung, Kraft, Impuls und Geschwindigkeit formulieren.

Newton formulierte einige Prinzipien des Verhaltens von Gegenständen auf der Erde und übertrug diese Prinzipien konsequent auf die Bewe-

gung der Planeten. Berühmt ist die Anekdote, der zufolge Newton beobachtet, wie ein Apfel zu Boden fällt. Newtons Erkenntnis war, dass dieselbe Kraft, die den Apfel zur Erde zieht, auch zwischen Himmelskörpern wirken kann. Die Schwerkraft zwischen Erde und Apfel ist dieselbe wie die zwischen der Sonne und einem Planeten oder zwischen Erde und Mond.

Zu Beginn seiner Arbeit konzentrierte sich Newton auf die Entdeckung der Gesetze, die Bewegungen bestimmen. Seine drei Bewegungsgesetze fassten die Grundprinzipien der Bewegung auf der Erde zusammen. Der entscheidende Schritt lag wie gesagt in seiner Annahme, dass dieselben Gesetze auch auf die Himmelsmechanik angewandt werden könnten. Newton begann 1666 mit der Arbeit an seiner Planetentheorie. Mit seinen Bewegungsgesetzen als Ausgangspunkt widmete er sich Keplers drei Gesetzen der Planetenbewegung. Es war relativ einfach zu zeigen, dass man Keplers zweites Gesetz verstehen konnte, wenn eine Kraft zwischen Planet und Sonne vorhanden wäre, die in Richtung Sonne wirkte. Das erste Gesetz konnte erklärt werden, wenn man annahm, dass die Kraft zwischen Planet und Sonne umgekehrt proportional zum Quadrat ihres Abstands sei. Diese Kraft konnte mathematisch bestimmt werden, aufbauend auf dem später »allgemeines Gravitationsgesetz« genannten Grundsatz, der wie folgt formuliert werden kann:

Zwei beliebige Körper P und P' mit den Massen m und m' ziehen sich gegenseitig mit einer Kraft F an, sodass gilt: $F = Gmm'/d^2$

wobei d der Abstand und G die Gravitationskonstante ist. Zu beachten ist, dass Newton den genauen Wert von G nicht bestimmen musste, um die Keplerschen Gesetze erklären zu können.

Newton wandte die Bewegungsgesetze auf den Umlauf des Mondes um die Erde an. Auf der Grundlage seiner Annahme, dass die Kraft, die den Apfel zur Erde ziehe, auch den Mond auf seiner Bahn um die Erde halte, konnte Newton die Länge der Mondumlaufbahn berechnen. Das Ergebnis stellte sich später als nur um etwa 10 Prozent abweichend heraus. Der Fehler lag in einer Ungenauigkeit im Abstand zwischen Erde und Mond. Newton hatte einfach die gängige Schätzung des Abstands verwendet. Mit

einem genaueren Wert, den der französische Astronom Jean Picard 1672 bestimmte, erwiesen sich Theorie und Beobachtung als übereinstimmend.

Wir wollen hier nicht im Einzelnen verfolgen, wie und wann Newton zu seinen Schlussfolgerungen kam, oder diese im Detail ausführen. Der entscheidende Punkt ist, festzuhalten, dass Newton zeigen konnte, dass eine große Zahl von Beobachtungsdaten mit einigen wenigen grundlegenden Prinzipien erklärt werden konnte. Newtons Erfolge in der Erklärung der Erd- und Himmelsmechanik hatten die Vorstellung zur Folge, das Universum könne als große Maschine gedacht werden, die nach festen Gesetzen funktioniert. Dieses Denken wird oft als »mechanistisches Weltbild« bezeichnet.

Die religiösen Auswirkungen liegen auf der Hand. Die Vorstellung der Welt als Maschine legt sofort die Vorstellung von Geplantheit nahe. Newton selbst war ein Anhänger dieser Interpretation. Auch wenn spätere Autoren zur Annahme neigten, der fragliche Mechanismus sei völlig abgeschlossen und selbsterhaltend – und käme daher ohne die Existenz Gottes aus –, wurde diese Sicht um 1690 nicht vertreten. Die vielleicht bekannteste Anwendung der Newton'schen Theorien findet sich in den Schriften von William Paley, der die Komplexität der Natur mit einem Uhrwerk verglich: Beides beanspruche Planung und Absicht und weise somit auf einen Schöpfer hin.

Es lässt sich leicht nachweisen, dass Newtons Betonung der Regelmäßigkeit in der Natur das Aufkommen des »Deismus« förderte. Der Begriff »Deismus« (von lat. deus = Gott) wird oft allgemein benutzt, wenn von jener Sicht Gottes die Rede ist, die Gott die Schöpfertätigkeit zugesteht, aber eine darüber hinausgehende göttliche Einflussnahme auf die Welt verneint. Dem Deismus wird oft der »Theismus« (von griech. theos = Gott) gegenübergestellt, der eine darüber hinausgehende göttliche Einflussnahme auf die Welt vertritt. Der Deismus kann als eine Form des Christentums gesehen werden, die besonders die Regelmäßigkeit in der Welt betont, wobei als Kritik eingewendet werden kann, sie reduziere Gott auf einen »Uhrmacher«, dessen Produkt, einmal geschaffen, fortan von allein läuft.

Der Begriff »Deismus« wird oft in Bezug auf die Ansichten einer Gruppe englischer Denker während des Rationalismus (im späten 17. und frühen 18. Jahrhundert) verwendet. In seiner einflussreichen Studie *The Prin-*

cipal Deistic Writers (Die führenden deistischen Autoren) von 1757 fasst John
Leland eine Gruppe von Autoren unter dem weiten und neugeprägten
Begriff »Deisten« zusammen, unter ihnen Lord Herbert of Cherbury, Thomas Hobbes und David Hume. Ob diese die Zuordnung begrüßt hätten, ist
fraglich. Eine gründliche Untersuchung ihrer religiösen Ansichten zeigt,
dass sie relativ wenig gemein haben, abgesehen von einer generellen
Skepsis, was einige christliche Vorstellungen betrifft, vor allem bezüglich
einiger Aspekte der traditionellen Offenbarungs- und Erlösungslehre. Das
Newton'sche Weltbild bot den Deisten eine ausgeklügelte Methode der
Verteidigung und Entwicklung ihrer Ansichten, indem es ihnen erlaubte, das Hauptaugenmerk auf die Weisheit Gottes als Schöpfer zu lenken.

Man kann die Natur des Deismus in groben Zügen John Lockes *Essay
concerning Human Understanding (Essay über den menschlichen Verstand)*⁸ von
1690 entnehmen. Hier entwickelte er eine Vorstellung von Gott, die für
den späteren Deismus typisch wurde. Man kann sogar sagen, dass Locke
viele der geistigen Grundlagen des Deismus schuf. Locke behauptete, dass
»die Vernunft uns zum Wissen dieser sicheren und offensichtlichen Wahrheit führt, dass es ein ewiges, allmächtiges und allwissendes Wesen gibt«.
Die Eigenschaften dieses Wesens sind dieselben, die der menschliche Verstand als für Gott angemessen beurteilt. An die Überlegung anknüpfend,
welche moralischen und vernünftigen Eigenschaften zur Gottheit passen,
schreibt Locke, dass »wir jede von ihnen mit unserer Vorstellung von Ewigkeit erweitern und sie zusammenfügen, sodass wir daraus unsere entwickelte Vorstellung von Gott machen«. Mit anderen Worten: Die Vorstellung Gottes ist aus menschlichen moralischen und vernünftigen
Eigenschaften gemacht, die in die Ewigkeit projiziert werden.

Matthew Tindal vertritt in *Christianity as Old as the Creation*⁹ (Christen-
tum so alt wie die Schöpfung), erschienen 1730, die Ansicht, das Christentum
sei nichts anderes als die »Wiederauflage der Naturreligion«. Gott wird als
Ausweitung gängiger menschlicher Vorstellungen von Gerechtigkeit, Vernunft und Weisheit gesehen. Diese Universalreligion sei jederzeit und überall zugänglich, wohingegen das traditionelle Christentum auf der Annahme beharre, die Vorstellung göttlicher Erlösung sei für die vor Christus
lebenden Menschen nicht zugänglich gewesen. Tindal vertrat diese Ansichten, bevor die moderne Wissenschaft der Erkenntnissoziologie Kritik am

Begriff der »absoluten Vernunft« übte; sie sind ein hervorragendes Beispiel für den Rationalismus, der für die Bewegung charakteristisch war und später während der Aufklärung großen Einfluss zeigte.

Auf das europäische Festland gelangten die Vorstellungen des englischen Deismus sowohl mittels Übersetzungen (dies gilt besonders für Deutschland) als auch durch Schriften von Autoren, die mit ihnen vertraut waren, etwa Voltaire in seinen philosophischen Briefwechseln. Der Rationalismus der Aufklärung wird oft als Blüte aus der Knospe des englischen Deismus angesehen. Für unsere Zwecke ist es vor allem wichtig, die offensichtliche Übereinstimmung zwischen dem Newton'schen Weltbild und dem Deismus zu sehen; man kann sogar sagen, dass der Deismus seine wachsende Akzeptanz zu einem gewissen Teil dem Erfolg von Newtons mechanistischem Weltbild zu verdanken hat.

Die Mischung von Newton'scher Naturphilosophie und manchen Formen anglikanischer Theologie erwies sich als populär und plausibel im post-revolutionären England. Es war jedoch eine instabile Mischung. Es sollte nicht mehr lange dauern, bis die Entfremdung von Himmelsmechanik und Religion einsetzte. Himmelsmechanik legte für viele nahe, dass die Welt ein sich selbst erhaltender Mechanismus sei, der für seinen täglichen Betrieb keiner göttlichen Herrschaft oder Unterstützung mehr bedürfe. Diese Gefahr wurde in einem frühen Stadium durch einen der Interpreten Newtons, Samuel Clark, erkannt. In seinem Briefwechsel mit Leibniz drückte Clark seine Bedenken aus:

> Die Bezeichnung der Welt als großartige Maschine, die ohne das Eingreifen Gottes läuft, als einer Uhr, die weitergeht ohne die Hilfe eines Uhrmachers, ist eine Behauptung des Materialismus und Fatalismus und tendiert dazu (unter dem Anschein, Gott zu einer überirdischen Intelligenz zu machen), Vorsehung auszuschließen und ebenso Gottes Herrschen in der Realität der Welt.[10]

Es stellte sich heraus, dass das Bild Gottes als »Uhrmacher« (und die damit verbundene Natürliche Theologie, welche sich auf die Regelhaftigkeit der Welt bezieht) zu einem rein naturalistischen Verständnis des Universums führen konnte, in dem Gott keine fortwährende Rolle zu spielen hatte.

Wenn Gott auch aus der Mechanik der Welt auszublenden war, so gab es viele, die zu bedenken gaben, dass göttliches Gestalten und Handeln immer noch im Reich der Biologie zu finden seien. An diesem Punkt müssen wir uns deshalb der Darwin'schen Kontroverse des 19. Jahrhunderts zuwenden, die eine neue Ära der naturwissenschaftlichen Debatte eröffnete, nicht zuletzt in Bezug auf den religiösen Glauben.

Die Ursprünge der Menschheit: die Auseinandersetzung um Darwin

Im vorangegangenen Abschnitt haben wir gesehen, dass die verschiedenen Bestandteile von Newtons Theorie der Planetenbewegung bereits von anderen Gelehrten entdeckt worden waren; Newtons Genie lag darin, Beobachtungen in Beziehung zu setzen, die andere nicht als miteinander verbunden erkannt hatten. Man könnte sagen, dass Ähnliches auch auf Charles Darwin (1809–1882) zutrifft. Unter den Studien, die den Weg für Darwins Theorie ebneten, verdienen Charles Lyells *Principles of Geology (Grundlagen der Geologie)*, erschienen 1830, besondere Beachtung. Das vorherrschende Verständnis der Erdgeschichte basierte auf der Annahme der Schöpfung, gefolgt von Veränderungen durch Katastrophen. Lyell stritt für den »Uniformitarianismus« (ein Begriff, der 1795 von James Hutton geprägt wurde), bei dem behauptet wird, dass dieselben Kräfte, deren Wirkung in der Natur heute beobachtet wird, auch über lange Zeiträume der Vergangenheit gewirkt haben. Darwins Evolutionstheorie arbeitet mit einer verwandten Annahme: dass dieselben Kräfte, die in der Gegenwart zum Entstehen neuer Tierrassen und Pflanzenzüchtungen beitragen, auch über lange Zeiträume der Vergangenheit gewirkt haben.

Der Hauptwiderstand gegen Darwins Theorie fußte auf den Lehren des schwedischen Naturforschers Carl von Linné (1707–1778). Linné stritt für die »Unveränderlichkeit der Arten«. Mit anderen Worten: Das Spektrum der Arten, die man gegenwärtig in der Natur findet, war in der Vergangenheit dasselbe und wird es auch in der Zukunft sein. Linnés detaillierte Unterteilung der Arten erweckte bei seinen Lesern den Eindruck, dass die Natur von Anfang an festgesetzt gewesen sei. Dies schien gut zur traditio-

nellen und allgemein verbreiteten Art der Genesis-Lektüre zu passen, und es legte nahe, dass die heutige Pflanzenwelt mehr oder weniger mit der bei der Schöpfung geschaffenen übereinstimmte. Man konnte jede Art als individuell und unterscheidbar von Gott geschaffen ansehen, ausgestattet mit festgelegten Eigenschaften.

Die Schwierigkeit war, wie besonders Buffon ausführte, dass Fossilienfunde dafür sprachen, dass bestimmte Arten ausgestorben waren. Es wurden versteinerte Überreste von Pflanzen und Tieren gefunden, die in den existierenden Arten keine Entsprechung fanden. Widersprach das nicht der Annahme der Unveränderlichkeit der Arten? Und wenn alte Arten ausstarben, könnten dann nicht auch neue entstehen, um sie zu ersetzen? Auch andere Fakten bereiteten der Theorie der Einzelerschaffung Probleme – z. B. die ungleichmäßige geographische Verbreitung der Arten. Für Darwin waren die Fakten, die der Erklärung bedurften, u. a. folgende:

1. Das Problem der Anpassung, d. h. wie es zur Ausgestaltung der Organismen gemäß ihren je eigenen Bedürfnissen kommt. Eine fertige Erklärung lieferte der Glaube an eine Einzelschöpfung, der davon ausging, der Schöpfer habe jedes Wesen passend für seine Lebensumwelt geschaffen.
2. Die Frage, warum manche Arten ausstarben. Man weiß, dass Thomas Malthus' Theorien über das Bevölkerungswachstum großen Einfluss auf Darwins Denken diesbezüglich hatten. Anfangs war unklar, wie die Auslöschung anscheinend wohlangepasster und erfolgreicher Arten ohne den Rückgriff auf Katastrophentheorien erklärt werden konnte.
3. Die ungleiche Verteilung der Lebensformen über die Welt. Darwins eigene Forschungsreisen auf der »Beagle« überzeugten ihn von der Wichtigkeit, eine Theorie zu entwickeln, die die Besonderheit von Inselpopulationen erklären konnte.
4. Rudimentäre Organe – wie etwa die Brustwarzen bei männlichen Säugetieren – passten schlecht zur Vorstellung der Einzelschöpfung, da sie überflüssig und ohne sichtbaren Zweck zu sein schienen.

Darwin wollte eine Theorie entwickeln, die diese Beobachtungen befriedigender erklären konnte als die vorhandenen Hypothesen, vor allem die

der Einzelschöpfung. Obwohl der historische Bericht, wie Darwin zu seinen Befunden kam, zu einem gewissen Grad romantisch ausgeschmückt wurde, ist doch klar, dass die Triebkraft hinter seinen Überlegungen der Glaube war, dass die morphologischen und geographischen Phänomene überzeugend durch eine Theorie der natürlichen Auslese erklärt werden konnten. Darwin selbst war sich wohl bewusst, dass seine Darlegung der biologischen Gegebenheiten nicht die einzig mögliche war. Er glaubte jedoch, dass sie größere Erklärungskraft besaß als etwa die der Einzelschöpfung: »Auf einige Tatsachen wurde Licht geworfen, die mit der Theorie der Einzelschöpfung völlig dunkel blieben.«

Die Grundzüge der Theorie sind die folgenden: Darwin postulierte einen Prozess der »natürlichen Auslese«, der in der Natur stattfinde. Die einführenden Kapitel von *The Origin of Species (Die Entstehung der Arten)* beschreiben, wie neue Pflanzenarten und Tierrassen von Züchtern hervorgebracht werden. Ein ähnlicher Prozess, sagt Darwin, kann in der Natur beobachtet werden. In der Natur entstehen Variationen; die Frage ist dann, ob eine neue Variante besser an die Umweltbedingungen angepasst ist als die vorhergehenden. Ist das der Fall, ist die Wahrscheinlichkeit ihres Überlebens größer, mit dem Ergebnis, dass ihre Eigenschaften von ihren Nachkommen geerbt werden. Später wurde der Begriff »Überleben der Bestangepassten« (»the survival of the fittest«, ursprünglich geprägt von Herbert Spencer) zur Bezeichnung dieses Prozesses benutzt.

Die Vorstellung vom Wettstreit um das Überleben innerhalb der Natur spiegelt Darwins Lektüre der Schriften von Thomas Malthus (1766–1834) über Bevölkerungswachstum wider. Wettstreit meint, dass die am besten angepassten Spezies eher überleben können. In seinen früheren Überlegungen zum Ursprung der Arten hatte Darwin einige Schwierigkeiten darzulegen, warum Arten aussterben, die gut angepasst zu sein schienen. Um ihre Auslöschung zu erklären, so lautete Darwins ursprüngliche Hypothese, sei es notwendig, eine Form von »Katastrophentheorie« einzubeziehen. Malthus' Theorie zum Bevölkerungswachstum, die er in *An Essay on the Principle of Population*[11] 1798 aufgestellt hat, bietet eine überzeugendere Begründung an: Wettstreit um das Überleben bedeutet demnach, dass gut angepasste Spezies von besser angepassten Spezies überwältigt werden. Darwin entwickelte daher, was er »Malthus' Lehre mit

vielfacher Kraft angewandt auf das gesamte Tier- und Pflanzenreich«
nannte.

Unterm Strich hatte Darwins Theorie viele Schwächen und Unvoll-
ständigkeiten. Beispielsweise behauptete sie die Entstehung neuer Arten
(im Allgemeinen als Artbildung bezeichnet), wofür es keine offensichtlichen Anhaltspunkte gab. Darwin selbst widmete ein großes Kapitel seines Buches *Die Entstehung der Arten* der Anführung von Schwierigkeiten
mit seiner Theorie und stellte im Besonderen die »Unvollkommenheit der
geologischen Methode« fest, die wenige Hinweise für die Existenz von
Übergangsspezies lieferte, sowie die »extreme Perfektion und Komplexität« bestimmter einzelner Organe wie etwa des Auges. Obwohl Darwin
selbst nicht glaubte, dass er alle Probleme, die der Lösung bedurften, angemessen berücksichtigt hatte, war er doch zuversichtlich, dass seine Erklärung die beste der verfügbaren sei:

Schon ehe der Leser zu diesem Teil meines Werkes gelangte, wird ihm
eine große Anzahl von Schwierigkeiten aufgefallen sein, und einige
von ihnen sind so groß, dass ich bis heute nicht an sie denken kann,
ohne dass ernste Zweifel in mir aufsteigen. Indessen sind die meisten
nur scheinbar vorhanden, und die anderen können, wie ich glaube,
meiner Theorie nicht gefährlich werden.[12]

Diese Theorien wurden in zwei Hauptwerken ausgeführt: *Die Entstehung
der Arten* (1859) und *Die Abstammung des Menschen*[13] (1871). Zusammengenommen behaupten die beiden Werke, dass alle Arten – die Menschheit eingeschlossen – aus einem langen und komplexen Prozess der biologischen Entwicklung resultieren. Die religiösen Implikationen dieser
Theorie sind wohl klar. Das traditionelle christliche Denken betrachtete
die Menschheit als von der restlichen Natur abgehoben, erschaffen als Krone von Gottes Schöpfung und als alleinig mit dem Ehrentitel »Abbild Gottes« bedacht. Darwins Theorie hingegen legte nahe, dass sich der Mensch
schrittweise und über eine lange Zeitspanne hinweg entwickelte, und dass
er sich darin nicht grundlegend vom Tier unterschied.

Die landläufigen Darstellungen der diesbezüglichen Auseinandersetzung um Darwin konzentrieren sich auf die Versammlung der British

Association in Oxford am 30. Juni 1860. Die British Association hatte es schon immer als eine ihrer wichtigsten Aufgaben angesehen, naturwissenschaftliche Erkenntnisse in weiten Kreisen bekannt zu machen. Als Darwins *Die Entstehung der Arten* im vorangegangenen Jahr veröffentlicht worden war, war es nur natürlich, dass es Gegenstand der Diskussion auf der Versammlung 1860 sein würde. Darwin selbst war schwer krank und konnte nicht persönlich an dem Treffen teilnehmen. Nach der volkstümlichen Legende versuchte Samuel Wilberforce, Bischof von Oxford, die Evolutionstheorie lächerlich zu machen, indem er behauptete, die Theorie beinhalte die Aussage, der Mensch habe sich vor kurzer Zeit aus dem Affen entwickelt. Er sei daraufhin gehörig von T. H. Huxley zurechtgewiesen worden, der den Spieß umgedreht habe, indem er ihn als einen unwissenden und arroganten Kleriker darstellte. Die klassische Formulierung dieser Legende wurde in Form einer autobiographischen Erinnerung Mrs. Isabella Sidgewicks in *Macmillan's Magazine* veröffentlicht:

> Ich war froh, bei der denkwürdigen Begebenheit in Oxford anwesend zu sein, als Mr. Huxley kühn Bischof Wilberforce entgegentrat ... Der Bischof erhob sich und versicherte mit dünner hüstelnder Stimme, blumig und eloquent, dass es nichts mit der Idee der Evolution auf sich habe; Felsentauben seien, was Felsentauben schon immer gewesen seien. Dann wandte er sich seinem Gegenspieler mit lächelnder Anmaßung zu und bat darum, wissen zu dürfen, ob es über seinen Großvater oder seine Großmutter sei, dass er seine Abstammung vom Affen beanspruche.[14]

Diese Darstellung aus dem Jahr 1898 widerspricht anderen Berichten, die eine größere Nähe zu der Versammlung aufweisen. Wahr ist, dass Wilberforce eine ausführliche Besprechung zu *Die Entstehung der Arten* geschrieben hatte, in der er einige schwerwiegende Schwächen aufzeigte. Darwin betrachtete diese Rezension als bemerkenswert und veränderte seine Position an mehreren Punkten in Antwort auf Wilberforces Kritik. Trotzdem hatte sich die Legende bis 1900 fest etabliert und entwickelte sich in Richtung der Festigung des »Konflikt«- oder »Krieg«-Modells der Interaktion von Naturwissenschaft und Religion – ein Thema, zu dem wir im folgenden Kapitel zurückkehren werden.

Dieses Kapitel hat drei elementare Themen der Geschichte der Wechselwirkung von Naturwissenschaft und Religion untersucht. Es muss betont werden, dass die aufgezeigten Themen sich auf die meisten Religionen beziehen, vor allem auch auf das Judentum und den Islam, nicht einfach nur auf das Christentum. Das Christentum war allerdings besonders stark in diese Auseinandersetzungen involviert, da es in jenen Ländern, in denen sich die Naturwissenschaften entwickelt haben, die vorherrschende Religion war.

Aber ist dies ein historischer Zufall? Oder gibt es eine Begründung, die nahe legt, dass es einen Zusammenhang zwischen dem Christentum und der Entwicklung der Naturwissenschaften gibt? Im nächsten Kapitel werden wir einige weitere geschichtliche und theoretische Sachverhalte bedenken, die mit dem Thema zusammenhängen.

Kapitel 2
Religion: Verbündete oder Gegnerin der Naturwissenschaften?

Wir haben einige der Auseinandersetzungen im Laufe der Geschichte untersucht, die das Verhältnis von Naturwissenschaft und Religion zum zentralen Thema hatten. Diese kurze Diskussion wirft eine bedeutsame Frage auf: Ist Religion für die Entwicklung der Naturwissenschaften eine Anregung oder eine Behinderung, Verbündete oder Gegnerin? Man mag versucht sein, darauf eine einfache Antwort zu geben. Die Frage verlangt aus folgenden Gründen jedoch nach einer komplexen Behandlung:

1. Die Frage setzt voraus, dass es so etwas wie eine einheitliche Größe namens »Naturwissenschaft« gebe. Tatsächlich gibt es jedoch eine Reihe naturwissenschaftlicher Disziplinen, jede mit ihren eigenen abgegrenzten Studiengebieten und damit verbundenen Forschungsmethoden. Wie wir später noch sehen werden, ist die wechselseitige Beziehung zwischen Physik und Religion deutlich verschieden von derjenigen zwischen Biologie und Religion. Der Begriff »Naturwissenschaft« muss also inhaltlich gefüllt oder näher ausgeführt werden, bevor die Frage angemessen beantwortet werden kann.

2. Die Frage geht außerdem davon aus, dass »Religion« ein einfach zu definierendes und homogenes Phänomen sei. In Wirklichkeit ist es jedoch bemerkenswert schwierig, eine tragfähige Definition von Religion zu liefern. Eine Reihe unterschiedlicher Auffassungen über die Natur von Religion sind während des 19. Jahrhunderts formuliert worden, alle mit dem Anspruch, »wissenschaftlich« oder »objektiv« zu sein. Einige dieser Versuche (am deutlichsten diejenigen von Karl Marx, Sigmund Freud und Emile Durkheim) waren stark reduktionistisch. In der Regel spiegelten sie die persönlichen oder programmatischen Anliegen derer wider, die sie entwickelt hatten. Diese begrenzten Ansätze wurden durch Autoren wie Mircea Eliade schwerwiegender Kritik unterzogen. Und wichtiger noch: Verschiedene Religionen zeigen verschiedene

Zugänge zu den Naturwissenschaften, sodass es notwendig ist, die in Frage stehende Religion zu charakterisieren, bevor eine sinnvolle Antwort gegeben werden kann. Das Verhältnis des Christentums zur Physik ist nicht dasselbe wie das des Islam oder des Hinduismus.

3. Sogar innerhalb einer Religion muss eine Reihe verschiedener Denkrichtungen unterschieden werden. Man darf nicht davon ausgehen, dass jede dieser Richtungen den gleichen Zugang zu einem Thema hat. Wir werden später in diesem Kapitel vier unterschiedliche Strömungen der modernen christlichen Theologie betrachten und die ganz unterschiedlichen Antworten darlegen, die sie auf unsere Frage geben.

Unsere Aufmerksamkeit ist zunächst auf die Frage gerichtet, was das schwer fassbare Wort »Religion« tatsächlich bezeichnet.

Der Begriff »Religion«: einige Klärungen

Definitionen von Religion sind selten neutral, sondern werden oft zur Unterstützung jener Glaubensrichtungen oder Institutionen herangezogen, mit denen man sympathisiert, und um die übrigen abzuwerten. Sie hängen oft von speziellen Aufgabenstellungen und Vorurteilen einzelner Gelehrter ab. So wird ein Autor, dessen vorrangiges Anliegen es ist zu zeigen, dass alle Religionen Zugang zur gleichen göttlichen Realität geben, eine Definition von Religion entwickeln, welche diese Überzeugung beinhaltet (z. B. F. Max Müllers berühmte Definition von Religion als einer »Disposition, welche den Menschen befähigt, das Unendliche zu erfassen unter verschiedenen Namen und Verkleidungen«). Ein ähnliches Programm steht hinter den jüngeren Schriften, welche die Ansicht vertreten, dass alle Religionen nichts anderes seien als lokale kulturbedingte Antworten auf dieselbe grundlegende transzendente und letztgültige Realität.

Um die Vielschichtigkeit der Wechselwirkung von Naturwissenschaft und Religion zu würdigen, ist es unabdingbar, jede Religion für sich zu betrachten. Christentum ist nicht das Gleiche wie Buddhismus, und die Unterschiede zwischen ihnen können sehr wohl entscheidend dafür sein, zu verstehen, warum die Naturwissenschaften sich in einem christlichen

statt einem buddhistischen Umfeld entwickelten. Die historischen Untersuchungen solcher Fragen wären ernsthaft voreingenommen durch die ungerechtfertigte Annahme, dass »alle Religionen das Gleiche sagen«.

Der vielleicht klügste Zugang ist es, die Eigenständigkeit der verschiedenen Weltreligionen zu respektieren, statt zu versuchen, ihre Vorstellungen zu vereinheitlichen oder sie zu einem gemeinsamen Brei zu vermischen. Es herrscht wachsende Übereinstimmung darüber, dass es irreführend ist, die unterschiedlichen religiösen Traditionen der Welt als Variationen eines einzigen Themas anzusehen. »Es gibt nicht ein einziges innerstes Wesen, nicht einen einzigen Inhalt der Erleuchtung oder Erlösung, nicht einen einzigen Weg der Emanzipation oder Befreiung, der in der ganzen Vielfalt der Religionen gefunden werden kann« (David Tracy). John B. Cobb Jr. geht noch weiter:

Ein Streit darüber, was Religion wirklich ist, ist sinnlos. Es gibt keine Religion. Es gibt nur Traditionen, Bewegungen, Gemeinschaften, Menschen, Glauben und Handlungsweisen, die Eigenschaften besitzen, die für viele Leute mit dem zusammenhängen, was sie unter Religion verstehen.[15]

Cobb betont, dass die Annahme, Religion habe ein Wesen, die neuere Diskussion über die Beziehung der religiösen Traditionen der Welt belastet und in die Irre geführt habe. Beispielsweise führt er aus, dass sowohl Buddhismus als auch Konfuzianismus »religiöse« Elemente besitzen, dass dies aber noch nicht notwendigerweise heiße, dass sie als »Religionen« bezeichnet werden können. Viele »Religionen« sind nach Cobb eher als kulturelle Bewegungen mit religiösen Elementen zu verstehen.

Der Gedanke eines universellen Religionsbegriffs, von dem die einzelnen Religionen Untereinheiten darstellen, ist eine westliche Idee, die in der Zeit der Aufklärung entstand. Um einen biologischen Vergleich heranzuziehen: Die Annahme, dass es eine Religionsgattung gibt und die einzelnen Religionen Arten sind, ist eine Idee ohne jegliche Parallele außerhalb der westlichen Kultur – außer bei Personen, die im Westen ausgebildet wurden und die entsprechende Vorstellung unkritisch übernommen haben.

Spezialisten für anthropologische Feldforschung (wie etwa E. E. Evans-Pritchard und Clifford E. Geertz) haben komplexere und reflektiertere Religionsmodelle vorgelegt. Ein Hauptstreitpunkt in der zeitgenössischen Anthropologie und Religionssoziologie ist der, ob Religion »funktional« definiert werden soll (d. h. Religion befasst sich mit Funktionen und Ritualen für die Gesellschaft oder die Einzelperson) oder »substanziell« (d. h. Religion befasst sich mit dem Glauben an göttliche oder geistige Wesen). Trotz großer Unterschiede im Sprachgebrauch (es herrscht Uneinigkeit, ob Schlüsselbegriffe wie »übernatürlich«, »geistig« und »mystisch« angemessen sind) scheint es zumindest ein gewisses Maß an Übereinstimmung darüber zu geben, dass Religion, wie auch immer verstanden, in gewisser Weise mit Glauben, Verhalten und göttlichen oder geistigen Wesen zu tun hat.

Für unsere Zwecke müssen wir nicht versuchen, diesen Streit zu lösen. Festzuhalten ist, dass der Begriff »Religion« schwer zu definieren ist. Es ist daher gewinnbringender, einzelne Religionen (wie etwa Christentum oder Islam) in ihren Beziehungen zu Naturwissenschaften zu vergleichen. Es ist jedoch wichtig zu bedenken, dass es entscheidende Unterschiede innerhalb der Religionen gibt, was im Folgenden deutlich werden wird.

Strömungen innerhalb einer Religion: das Beispiel Christentum

Wie wir weiter oben bereits betont haben, ist das Christentum am tiefsten in die Interaktion von Naturwissenschaft und Religion verstrickt. Nichtsdestoweniger kann der Begriff »christlich« sich auf eine Vielfalt intellektueller Haltungen beziehen und bedarf daher weiterer Erläuterung. Protestantische, römisch-katholische und orthodoxe Formen des Christentums z. B. sind sehr unterschiedlich. Unser Augenmerk liegt jedoch vor allem auf der eher akademischen Diskussion im Christentum des Westens.

Jeder Versuch, die komplexe Beziehung zwischen christlicher Theologie und den Naturwissenschaften zu verstehen, erfordert zumindest eine gewisse Vertrautheit mit den Hauptrichtungen des christlichen Denkens

in der Moderne. Im Folgenden werden wir vier Denkrichtungen des westlichen Christentums vorstellen, die von großer Bedeutung für die Wechselwirkung mit den Naturwissenschaften waren.

Liberaler Protestantismus

Der Liberale Protestantismus ist fraglos eine der wichtigsten Bewegungen, die innerhalb des modernen Christentums aufgekommen sind. Seine Ursprünge sind vielschichtig. Es ist jedoch hilfreich, ihn als Antwort auf den theologischen Entwurf von F. D. E. Schleiermacher (1768–1834) anzusehen, insbesondere bezüglich seiner Betonung der Befindlichkeit und der Lebenssituation des Menschen, wozu er den Glauben in Beziehung gesetzt sehen wollte. Der klassische Liberale Protestantismus hat seine Ursprünge in Deutschland Mitte des 19. Jahrhunderts, inmitten des wachsenden Bewusstseins, dass christlicher Glaube und Theologie gleichermaßen einer Neubesinnung im Lichte des modernen Wissens bedürfen. In England schuf die wachsende Akzeptanz von Charles Darwins Theorie der natürlichen Auslese (bekannt als »Darwin'sche Evolutionstheorie«) ein Klima, in dem ein Teil der traditionellen christlichen Theologie (wie z. B. die Lehre von der Erschaffung der Welt in sechs Tagen) zunehmend unhaltbar schien. Vor diesem Hintergrund nahm sich der Liberalismus vor, die Kluft zwischen christlichem Glauben und modernem Wissen zu überbrücken.

Das Programm des Liberalismus benötigte einen hohen Grad an Flexibilität im Verhältnis zur traditionellen christlichen Theologie. Seine führenden Denker gingen davon aus, dass die Neubildung des Glaubens notwendig sei, wenn das Christentum eine intellektuell ernst zu nehmende Alternative in der modernen Welt bleiben wolle. Aus diesem Grund verlangten sie eine gewisse Freiheit vom dogmatischen Erbe des Christentums auf der einen Seite und von den traditionellen Methoden der Bibelauslegung auf der anderen. Wo traditionelle Wege der Schriftauslegung oder traditioneller Glaube durch Fortschritte in der Wissenschaft entkräftet wurden, sollten sie außer Acht gelassen oder neu interpretiert werden, um sie in Übereinstimmung zu bringen mit dem, was man jetzt über die Welt wusste.

Die theologischen Auswirkungen dieses Richtungswechsels waren beträchtlich. Eine Reihe christlicher Glaubensüberzeugungen wurde als nicht mehr haltbar angesehen; sie erlitten eines der beiden Schicksale:

1. Entweder sie wurden aufgegeben als auf veralteten oder missverstandenen Annahmen beruhend. Die Lehre von der Erbsünde z. B. wurde aufgegeben als eine falsche Auslegung des Neuen Testaments, erfolgt im Irrlicht der Schriften des Augustinus, dessen Urteil in dieser Frage getrübt war durch seine Verstrickung in die dualistische Sekte der Manichäer.

2. Oder sie wurden neu interpretiert in einer Weise, die eher dem Geist der Zeit gemäß war. Eine Reihe von Lehren, die sich auf die Person Jesu Christi beziehen, fiel unter diese Kategorie, seine Göttlichkeit eingeschlossen (sie wurde uminterpretiert als Bestätigung dafür, dass Jesus exemplarisch Eigenschaften aufwies, der die Menschheit als Ganze nacheifern sollte).

Einhergehend mit diesem Prozess der Neuinterpretation von Lehrmeinungen (die sich fortsetzten in der »Dogmengeschichte«) kann man ein neues Bemühen erkennen, den christlichen Glauben in der Natur des Menschen zu begründen – vor allem in menschlicher Erfahrung und moderner Kultur. Da der Liberalismus Schwierigkeiten ausmachte, den christlichen Glauben allein aus der Heiligen Schrift oder aus der Person Jesu Christi zu begründen, versuchte er ihn in der allgemeinen menschlichen Erfahrung zu verankern und so zu interpretieren, dass er in der modernen Weltsicht sinnvoll schien.

Der Liberalismus war angespornt von der Vision einer Menschheit, die sich aufwärts bewegt, hin zu neuen Regionen des Fortschritts und Wohlstands. Die Evolutionslehre gab diesem Glauben neue Vitalität, und er wurde genährt durch die kulturelle Stabilität im Westeuropa des späten 19. Jahrhunderts. Als Aufgabe der Religion wurde zunehmend angesehen, auf die spirituellen Bedürfnisse des modernen Menschen einzugehen und der Gesellschaft ethische Orientierung zu geben. Die stark ethische Ausrichtung des Liberalen Protestantismus ist besonders deutlich in den Schriften von Albrecht Ritschl (1822–1889) zu erkennen.

Für Ritschl hatte die Vorstellung vom »Reich Gottes« zentrale Bedeutung. Er neigte dazu, es als statischen Bereich ethischer Werte zu denken, welcher die deutsche Gesellschaft an diesem Punkt der Geschichte stärken und halten würde. Er lehrte, dass die Geschichte auf dem Weg sei, von Gott zur Perfektion geleitet zu werden. Die Zivilisation sah er als Teil dieses Entwicklungsprozesses an. Im Laufe der Menschheitsgeschichte erscheinen ihm zufolge einige Menschen, die als Offenbarer besonderer göttlicher Einsichten anerkannt werden. Einer dieser Menschen war Jesus. Indem sie seinem Beispiel folgten und an seinem inneren Leben teilhätten, könnten andere Menschen sich weiterentwickeln. – Diese Bewegung zeigte freilich einen ungebändigten Optimismus hinsichtlich der Fähigkeiten und Entwicklungsmöglichkeiten des Menschen. Nach Auffassung Ritschls waren Religion und Kultur mehr oder weniger identisch. Spätere Kritiker legten der Bewegung den Namen »Kulturprotestantismus« zu, als Ausdruck dafür, dass sie ihrer Meinung nach zu stark von den anerkannten kulturellen Normen abhing.

Kritiker wie Karl Barth in Europa und Reinhold Niebuhr in Nordamerika hielten das Menschenbild des Liberalen Protestantismus für hoffnungslos zu optimistisch. Sie glaubten, dass die Rechtfertigung für einen solchen Optimismus durch die Geschehnisse des Ersten Weltkriegs ihre Grundlage verloren habe und dass es dem Liberalismus fortan an kultureller Glaubwürdigkeit fehle. Es zeigte sich, dass dies eine massive Fehleinschätzung war. Am besten betrachtet man den Liberalismus als Bewegung, die sich der Neuformulierung des christlichen Glaubens in Formen, die im Rahmen der zeitgenössischen Kultur annehmbar sind, verpflichtet fühlt. Liberalismus sah sich immer als Vermittler zwischen zwei Gegenpolen: der reinen Wiederholung des überkommenen christlichen Glaubens (gewöhnlich von seinen liberalen Kritikern als »Traditionalismus« oder »Fundamentalismus« bezeichnet) auf der einen Seite und der Aufgabe des Christentums in Gänze auf der anderen Seite. Liberale Theologen haben sich hingebungsvoll der Suche nach einem Mittelweg zwischen diesen extremen Alternativen gewidmet.

Die vielleicht am weitesten entwickelte Darstellung des Liberalen Protestantismus findet sich in den Schriften von Paul Tillich (1886–1965), der in den Vereinigten Staaten gegen Ende seiner Laufbahn in den späten

1950er und frühen 1960er Jahren große Berühmtheit erlangte und der weithin als einflussreichster amerikanischer Theologe seit Jonathan Edwards angesehen wird.

Tillichs Entwurf kann in dem Begriff »Korrelation« zusammengefasst werden. Unter der Methode der »Korrelation« verstand Tillich die Aufgabe der modernen Theologie, ein Gespräch zwischen der Kultur und dem christlichem Glauben zu etablieren. Tillich reagierte alarmiert auf das theologische Programm, das Karl Barth aufgestellt hatte, da er es als missgeleiteten Versuch ansah, einen Keil zwischen Theologie und Kultur zu treiben. Für Tillich werden von der Kultur existenzielle – oder »letztgültige« – Themen berührt. Die moderne Philosophie, Literatur und die bildenden Künste werfen Fragen auf, die das Menschsein überhaupt angehen. Die Theologie formuliert Antworten auf diese Fragen, und indem sie dies tut, »korreliert« sie das Evangelium mit dem modernen Leben. Das Evangelium muss mit der Kultur in Dialog treten und kann dies nur tun, indem sie deren aktuelle Fragen aufgreift.

Für David Tracy (Chicago) ist die Vorstellung eines Dialogs zwischen dem Evangelium und der Kultur maßgebend: Dieser Dialog beinhaltet die gegenseitige Korrektur und Bereicherung sowohl des Evangeliums als auch der Kultur. Es gibt daher eine enge Verbindung zwischen Theologie und Apologetik, da es als Aufgabe der Theologie verstanden wird, die christliche Antwort auf die Bedürfnisse des Menschen hin, wie sie von der Gesellschaftsanalyse aufgedeckt werden, auszulegen. Es ist nach alldem wohl leicht nachvollziehbar, dass der Ansatz der »Korrelation« sehr zum Dialog zwischen Religion und Naturwissenschaft ermutigt, da Letztere ein wesentliches Element der modernen westlichen Kultur darstellt.

Die Bezeichnung »Liberaler« ist wahrscheinlich am besten ausgelegt als »ein Theologe in der Tradition von Schleiermacher und Tillich, der sich mit der Neukonstruktion des Glaubens in Antwort auf die Gegenwartskultur befasst«. Der Liberalismus wurde in verschiedenen Punkten kritisiert, von denen folgende charakteristisch sind:

1. Liberalismus tendiert dazu, zu viel Gewicht auf eine universale menschliche Erfahrung zu legen. Für diese gibt es jedoch keine objektiven Kriterien, wodurch sie untersuchbar und öffentlich zugänglich

würde. Außerdem kann man mit guten Gründen behaupten, dass »Erfahrung« in stärkeren Maße Sache persönlicher Interpretation ist, als dies der Liberalismus wahrhaben will.

2. Der Liberalismus legt in der Sicht seiner Kritiker eine zu starke Betonung auf kulturelle Modeerscheinungen, mit dem Ergebnis, dass er oft unkritisch von einem säkularen Zeitgeist umgetrieben zu sein scheint.

3. Es wurde eingewandt, dass der Liberalismus im Bemühen, für die Gegenwartskultur attraktiv zu werden, vorschnell zentrale christliche Lehren über Bord werfe.

Der Liberale Protestantismus ist von erheblicher Bedeutung für unser Buch, da er die Bedeutung der Naturwissenschaften für die Religion generell als hoch einschätzt. Dies wurde besonders deutlich im Fall der Darwin'schen Evolutionstheorie, die in den Augen vieler Vertreter des Liberalen Protestantismus die Aufwärtsentwicklung der menschlichen Natur und Gesellschaft illustrierte. Der Liberalismus war generell geneigt, komplizierte Bibelstellen in einer Weise auszulegen, die deren übernatürliche Bedeutung zurücknahm, und sah wenig Schwierigkeiten in einer Harmonisierung der biblischen Schöpfungsberichte mit der Darwin'schen Evolutionstheorie. Obwohl der Liberalismus traditionelle christliche Vorstellungen beibehielt (wohingegen der Modernismus, den wir gleich besprechen werden, froh war, sie abzuwerfen), legte er sie in einer Weise neu aus, die dem aufkommenden Konsens bezüglich der Evolution dienlich war.

Eine ähnlich positive Haltung gegenüber den Naturwissenschaften ist mit der Strömung verbunden, die im Allgemeinen als »Modernismus« bekannt ist.

Modernismus

Das Attribut »modernistisch« wurde zunächst verwendet, um eine Schule katholischer Theologen zu bezeichnen, die gegen Ende des 19. Jahrhunderts wirkte und eine kritische bis skeptische Haltung gegenüber den traditionellen christlichen Lehren einnahm, vor allem denjenigen, die sich

mit der Christologie (Wer ist Christus?) und der Soteriologie (Was ist Erlösung?) beschäftigten. Die Gruppe hegte Sympathien für eine radikale Bibelkritik und betonte eher die ethischen als die theologischen Dimensionen des Glaubens. In vielerlei Hinsicht kann der Modernismus als Versuch von Theologen innerhalb der katholischen Kirche gesehen werden, mit den Auswirkungen der Aufklärung zurechtzukommen, die bis zu diesem Zeitpunkt von der Kirche weitgehend ignoriert worden waren. »Modernismus« ist jedoch ein weiter Begriff. Es ist sicherlich wahr, dass sich die meisten modernistischen Theologen mühten, christliches Gedankengut mit dem Geist der Aufklärung in Übereinstimmung zu bringen, vor allem das neu aufkommende Verständnis von Geschichte und Naturwissenschaften. Außerdem ließen sich einige Vertreter des Modernismus inspirieren von Philosophen wie Maurice Blondel (1861–1949), der darlegte, dass das Übernatürliche der menschlichen Existenz innewohnt, oder Henri Bergson (1859–1941), der die Überlegenheit der Intuition über den Intellekt betonte. Dennoch gibt es nicht genug Gemeinsamkeiten zwischen französischen, englischen und amerikanischen Modernisten, noch zwischen katholischem und protestantischem Modernismus, um den Begriff als Bezeichnung für eine klar abgegrenzte und wohl definierte Schule verstehen zu können.

Von den katholischen Repräsentanten des Modernismus sei Alfred Loisy (1857–1950) und George Tyrrell (1861–1909) besondere Aufmerksamkeit geschenkt. In den 90er Jahren des 19. Jahrhunderts etablierte sich Loisy als Kritiker der traditionellen Sichtweise der biblischen Schöpfungsberichte und behauptete, dass die richtige Entwicklung einer Lehre aus der Schrift erkannt werden könne. Seine bedeutendste Veröffentlichung, *L'évangile et l'église*[16] (*Das Evangelium und die Kirche*), erschien 1902. Diese wichtige Arbeit war die Antwort auf die Ansichten Adolf von Harnacks über die Ursprünge und das Wesen des Christentums, die zwei Jahre zuvor unter dem Titel *Das Wesen des Christentums*[17] veröffentlicht worden waren. Loisy wies Harnacks These zurück, es gebe einen radikalen Bruch zwischen Jesus und der Kirche; dennoch machte er große Zugeständnisse gegenüber Harnacks liberalem protestantischem Ansatz, was die Ursprünge des Christentums betraf; u. a. erkannte er die Wichtigkeit und Gültigkeit der kritischen Bibelforschung für die Auslegung der Evan-

gelien an. Unter anderem deswegen wurden seine Arbeiten 1903 auf den Index der von der katholischen Kirche verbotenen Bücher gesetzt.

Der britische Jesuit George Tyrrell folgte Loisy in seiner grundlegenden Kritik an überkommenen katholischen Dogmen. Wie Loisy griff er Harnacks Bericht der christlichen Ursprünge an; in *Christianity at the Crossroads*[18] *(Christentum am Scheideweg)* von 1909 verwarf er Harnacks historische Rekonstruktion Jesu als »Widerspiegelung eines liberal-protestantischen Gesichts, das man am Boden eines tiefen Brunnens sieht«. Das Werk enthielt zudem eine Verteidigung von Loisys Arbeit und behauptete, dass die offizielle römisch-katholische »Feindseligkeit dem Buch und seinem Autor gegenüber den allgemeinen Eindruck erweckt hat, es sei eine Verteidigung liberaler protestantischer gegen römisch-katholische Positionen, und der ›Modernismus‹ sei eine protestantisierende und rationalisierende Bewegung«.

Teilweise kann diese Auffassung durch den wachsenden Einfluss des Modernismus innerhalb der Hauptrichtungen der protestantischen Bekenntnisse erklärt werden. In England wurde 1898 die »Churchmen's Union« zur Verbreitung liberalen religiösen Gedankenguts gegründet; sie änderte 1928 ihren Namen in »Modern Churchmen's Union«. Unter denen, die dieser Gruppe besonders verbunden waren, sollte Hastings Rashdall (1858–1924) genannt werden, dessen Buch *The Idea of Atonement in Christian Theology (Der Sühnegedanke in der christlichen Theologie)* von 1919 den Grundtenor des englischen Modernismus illustriert. Rashdall bezog sich in gewisser Hinsicht unkritisch auf frühere Schriften protestantischer Autoren wie Ritschl und behauptete, dass die Sühnetheorie des mittelalterlichen Theologen Peter Abaelard für modernes Denken annehmbarer sei als die orthodoxe Theologie, die den Schwerpunkt auf den Gedanken des stellvertretenden Opfers Christi legte. Diese Theorie der Sühne, die mit Moral und Beispielwirkung argumentierte und Christi Tod ausschließlich als Erweis der Liebe Gottes auslegte, hatte einen bemerkenswerten Einfluss auf englische, vor allem anglikanische Denker in den 1920er und 1930er Jahren. Die Ereignisse des Ersten Weltkriegs und der Aufstieg des Faschismus in seiner Folge stellten jedoch die Glaubwürdigkeit der Bewegung in Frage. Es dauerte bis 1960, ehe ein erneuerter Modernismus oder Radikalismus zu einer bedeutenden Eigenschaft des englischen Christentums wurde.

Das Aufkommen des Modernismus in den Vereinigten Staaten folgte einem ähnlichen Muster. Das Wachstum des Liberalen Protestantismus im späten 19. und frühen 20. Jahrhundert wurde weithin als eine direkte Herausforderung eher konservativer evangelikaler Standpunkte empfunden. Newman Smyths *Passing Protestantism and Coming Catholicism* (*Schwindender Protestantismus und aufkommender Katholizismus*), 1908, bekundete, dass der katholische Modernismus in mehrfacher Hinsicht als Ratgeber des amerikanischen Protestantismus dienen könne, nicht zuletzt durch seine Kritik an den Dogmen und durch seine Auffassung, dass auch Glaubenssätze sich erst im geschichtlichen Prozess entwickeln. Die Situation wurde zunehmend polarisiert durch das Aufkommen der als »Fundamentalismus« bekannten Strömung, die sich als Antwort auf modernistische Haltungen ausbildete.

Durch sein starkes Eintreten für die Darwin'sche Evolutionstheorie ist der Modernismus von großer Bedeutung für unsere Untersuchung. Da der Modernismus immer etwas radikaler als der Liberalismus war, sah er keine Schwierigkeit in der Ausblendung jener Aspekte des christlichen Gedankengutes, die ihm nicht ins Konzept passten. Dies kann man vielleicht am deutlichsten in Bezug auf seine Haltung gegenüber der Evolution sehen. Der Modernismus schien die Evolution geradezu zu vergöttern, indem er ihr übernatürliche Bedeutung zumaß durch den Verweis auf spirituelle oder kosmische Kräfte, die den Prozess zu seinem Ziel führten. Dies wird besonders deutlich in den Schriften von Henri Bergson,[19] dessen Begriff vom »schöpferischen Werden« (évolution créatrice) den Gedanken enthielt, der Evolutionsprozess sei durch eine »Lebenskraft« (élan vital) der Natur geleitet. Obwohl Bergson auffallend unklar blieb bezüglich der Beschaffenheit dieser »Lebenskraft« (oder wie sie zu beobachten sei), verfügte sie über eine gewisse romantische Anziehungskraft, die die Vorstellung vieler seiner Zeitgenossen beschäftigte. So ist bekannt, dass George Tyrrell ähnlich wie Bergson mit der Idee einer göttlichen Immanenz in der Natur sympathisierte.

Für die Modernisten beruhte ein Großteil der traditionellen christlichen Theologie auf einer Reihe von Missverständnissen bzw. Irrtümern. Das Aufkommen der Naturwissenschaften bot ein Korrektiv für diese Irrtümer und erlaubte den christlichen Theologen daher die Berichtigung

dieser Fehler. Für Lyman Abbott befand sich Religion ständig in einem Prozess der Weiterentwicklung. In seiner *Theology of an Evolutionist* legte er 1897 dar, die Bibel zeichne ein stufenweise voranschreitendes Bild eines unvollständigen Verständnisses der Menschheit hinsichtlich der Welt und Gott. Dieses Verständnis sei noch auf dem Weg der Entwicklung und Korrektur, und die Naturwissenschaften könnten als ein wichtiges Element in diesem Prozess angesehen werden.

Wir müssen jedoch zum Beginn des 20. Jahrhunderts zurückkehren und eine frühere Reaktion auf den Liberalismus betrachten, die vor allem mit dem Namen Karl Barth verbunden ist: die Neo-Orthodoxie. Wie wir sehen werden, beurteilte diese Bewegung die Naturwissenschaften in ihrer Bedeutung für die Religion weniger positiv.

Neo-Orthodoxie

Im Ersten Weltkrieg vollzog sich eine Desillusionierung der liberalen protestantischen Theologie, die inzwischen fest mit dem Namen Schleiermacher und seinen Anhängern verbunden wurde; allerdings kam es nicht zu einer endgültigen Ablehnung dieser Theologie. Eine Reihe von Autoren beklagte, Schleiermacher hätte das Christentum auf wenig mehr als religiöse Erfahrung reduziert und somit eher den Menschen als Gott ins Zentrum gestellt. Der Erste Weltkrieg, so wurde argumentiert, habe die Glaubwürdigkeit eines solchen Ansatzes zerstört. In der Liberalen Theologie gehe es um menschliche Werte – und wie könnten diese ernst genommen werden, wenn sie zu weltweiten Konflikten von solch bedrohlichem Ausmaß führten? Indem sie die »Andersartigkeit« Gottes betonten, hofften Autoren wie Karl Barth (1886–1968), nicht mit der menschen-zentrierten Theologie des Liberalismus Schiffbruch zu erleiden.

Der Ansatz wurde in Barths Hauptwerk *Die Kirchliche Dogmatik*,[20] erschienen 1936–1969, der wohl bedeutendsten theologischen Leistung des 20. Jahrhunderts, systematisch dargestellt. Barth starb, bevor er dieses Unternehmen vollendet hatte, sodass seine Darstellung der Erlösungslehre unvollständig geblieben ist. Das vorherrschende Thema, das sich durch seine ganze *Kirchliche Dogmatik* zieht, ist die Notwendigkeit, Gottes

Selbstoffenbarung in Christus durch die Heilige Schrift ernst zu nehmen. Obwohl dies seit Luther nicht mehr ganz neu erscheinen mag, brachte Barth doch ein Maß an schöpferischer Kraft in diese Aufgabe hinein, das ihn als Denker eigenen Zuschnitts etablierte.

Das Werk ist in vier Bände aufgeteilt, die wiederum in zahlreiche Teilbände unterteilt sind. Band I enthält »Die Lehre vom Wort Gottes« – für Barth Quelle und Ausgangspunkt sowohl des christlichen Glaubens als auch der christlichen Theologie. Band II behandelt »Die Lehre von Gott«, Band III »Die Lehre von der Schöpfung«. Band IV beinhaltet unter dem Titel »Die Lehre von der Versöhnung« die Rechtfertigungstheologie. Ein geplanter Band V über die Erlösungslehre blieb unvollendet.

Abgesehen von dem phantasielosen (und wenig aussagekräftigen) Schlagwort »Barthianismus« wurden zwei Begriffe geprägt, um den mit Barth verbundenen Ansatz zu beschreiben. Der Begriff »Dialektische Theologie« greift die vor allem in Barths 1919 erschienenem Kommentar zum Römerbrief[21] enthaltene Idee von einer »Dialektik zwischen Zeit und Ewigkeit« oder einer »Dialektik zwischen Gott und dem Menschen« auf. Der Ausdruck zielt auf das für Barth charakteristische Beharren, dass es einen Widerspruch bzw. eine Dialektik, weniger eine Kontinuität zwischen Gott und dem Menschen gibt. Der zweite Begriff, »Neo-Orthodoxie«, lenkt die Aufmerksamkeit auf Barths Nähe zu den Schriften der reformierten Orthodoxie, vor allem des 17. Jahrhunderts. In vielfacher Hinsicht kann Barth als Autor angesehen werden, der mit mehreren führenden reformierten Theologen dieser Zeit in Dialog tritt.

Das vielleicht hervorstechendste Merkmal des Ansatzes von Barth ist seine »Theologie des Wortes Gottes«. Nach Barth ist Theologie jene Disziplin, welche versucht, die Verkündigung der christlichen Kirche treu in ihrer Verwurzelung in Jesus Christus zu halten, wie er uns in der Heiligen Schrift offenbart worden ist. Theologie ist keine Antwort auf die Situation des Menschen oder auf Fragen des Menschen; sie ist eine Antwort auf das Wort Gottes, welches seiner inneren Natur entsprechend eine Antwort verlangt.

Die Neo-Orthodoxie erlangte in Nordamerika in den 1930ern große Bedeutung, vor allem durch die Schriften Reinhold Niebuhrs und anderer, denen die Gesellschaftssicht eines Großteils der liberalen protestanti-

schen Denker zu blauäugig war. Die Neo-Orthodoxie bot aber auch Anlass zu Kritik. Die folgenden Punkte sind dabei von besonderer Bedeutung:

1. Die Betonung der Transzendenz und »Andersartigkeit« Gottes führt dazu, dass Gott als weit entfernt und potenziell irrelevant angesehen wird. – Es wurde immer wieder vorgebracht, dass dies zu extremem Skeptizismus führe.
2. Es liegt eine gewisse Zirkularität in der Behauptung, ausschließlich auf göttlicher Offenbarung zu basieren, da dies nicht überprüft werden kann, es sei denn, man beruft sich wiederum auf dieselbe Offenbarung. Mit anderen Worten: Es gibt keine anerkannten externen Bezugspunkte, durch die die Geltungsansprüche der Neo-Orthodoxie verifiziert werden können. – Dies führte manche Kritiker zu der Aussage, die Neo-Orthodoxie sei reine Glaubenssache, d. h. ein Glaubenssystem, welches nicht zugänglich für Kritik von außen ist.
3. Die Neo-Orthodoxie hilft denen nicht, die sich von anderen Religionen angezogen fühlen, da sie diese als verzerrt und fehlgeleitet abtun muss. Andere theologische Ansätze können die Existenz solcher Religionen hingegen erklären und sie in Beziehung zum christlichen Glauben setzen.

Unser Augenmerk liegt im Besonderen auf dem Verhältnis zwischen Neo-Orthodoxie und Naturwissenschaften. Barth bestand darauf, dass Theologie ein Gebiet mit einem ihm eigenen Zugang zu seinem Thema – Gott – sei. Gott müsse als radikal anders als die Welt angesehen werden, und weltliche Forschungsmethoden seien völlig ungeeignet, Gott zu erfassen. In den Naturwissenschaften geht es um die Erforschung der Welt durch den Menschen; in der Theologie geht es um eine Antwort auf Gottes Selbstoffenbarung. Nach Barth können die Naturwissenschaften die Theologie niemals bestätigen oder ihr widersprechen, da sie sich auf unterschiedliche Gegenstände beziehen, unterschiedliche Methoden verwenden und unterschiedliche Sprachen sprechen. Barth zeigte geringes Interesse an den Naturwissenschaften und neigte zu einem Wissenschaftsverständnis, das eher auf Annahmen des 19. als des 20. Jahrhunderts beruhte. Es muss insbesondere betont werden, dass Barth energisch

die Vorstellung ablehnte, dass Gott in der Natur zu erkennen sei. Für Barth steht die Idee der Natürlichen Theologie im Widerspruch zum Vorrang der göttlichen Offenbarung.

Trotzdem ist festzuhalten, dass nicht alle, die wie Barth der Selbstoffenbarung Gottes den unbedingten Vorrang einräumen, dieselbe ablehnende Haltung gegenüber den Naturwissenschaften einnehmen. Thomas F. Torrance, einer der bedeutendsten Interpreten Barths, nimmt aufgrund einer unterschiedlichen Bewertung der Natürlichen Theologie eine sehr positive Haltung gegenüber den Naturwissenschaften ein (wir werden später noch darauf eingehen).

Evangelikalismus

Der Begriff »evangelikal« wurde im 16. Jahrhundert geprägt und damals gebraucht, um katholische Gelehrte zu bezeichnen, die sich mehr an der Bibel orientieren wollten als in der spätmittelalterlichen Kirche üblich. Heute wird der Begriff weitgehend verwendet für einen überkonfessionellen Trend in Theologie und Spiritualität, der besondere Betonung auf den Stellenwert der Heiligen Schrift für das Leben der Christen legt. Evangelikalismus beruht auf einem Geflecht von vier Annahmen:

1. Die Autorität und Hinlänglichkeit der Schrift.
2. Die einmalige Erlösung durch Christi Tod am Kreuz.
3. Die Notwendigkeit persönlicher Umkehr.
4. Die Notwendigkeit, Angemessenheit und Dringlichkeit von Evangelisierung.

Diese Punkte sind für Evangelikale unantastbar. Bei Themen, die davon nicht berührt sind, sind sie in aller Regel bereit, weitgehende Unterschiede in den Auffassungen zu akzeptieren.

Von besonderer Wichtigkeit ist das evangelikale Verständnis des Wesens der Kirche. Historisch gesehen hat sich der Evangelikalismus niemals einer bestimmten Theorie über die Kirche verschrieben, sondern betrachtete die Aussagen des Neuen Testaments diesbezüglich als offen

für eine Reihe von Interpretationsmöglichkeiten. Konfessionelle Unterschiede im Kirchenverständnis sah man im Vergleich zur Bedeutung des Evangeliums als unwichtig an. Dies heißt keinesfalls, dass Evangelikale sich nicht für die Kirche als Leib Christi interessierten; es heißt nur, dass sie sich nicht mit einer einzigen Theorie über die Kirche identifizieren lassen. Eine gemeinsame Vorstellung vom christlichen Leben wird nicht besonders mit irgendeinem der konfessionellen Kirchenverständnisse verbunden. In gewissem Sinne ist dies ein »minimalistischer« Zugang zur Ekklesiologie (der Lehre über die Kirche); auf der anderen Seite stellt es die Tatsache in Rechnung, dass das Neue Testament selbst keine bestimmte Form der Kirchenstruktur festsetzt, welche für alle Christen verbindlich gemacht werden könnte. Dies hat zu mehreren beträchtlichen Konsequenzen geführt.

1. Evangelikalismus ist nicht auf eine Konfession beschränkt. Man kann von »anglikanischen Evangelikalen«, »presbyterianischen Evangelikalen«, »methodistischen Evangelikalen« oder »römisch-katholischen Evangelikalen« sprechen.

2. Evangelikalismus ist keine eigenständige Konfession, die von einer bestimmten Ekklesiologie dominiert ist, sondern ein Trend innerhalb der bestehenden Konfessionen.

3. Evangelikalismus stellt eine ökumenische Bewegung dar. Es gibt einen natürlichen Zusammenhalt zwischen den Evangelikalen, unabhängig von deren offizieller Kirchenzugehörigkeit, der von gemeinsamen Überzeugungen und Zielen herrührt. Die charakteristische evangelikale Weigerung, eine spezielle Ekklesiologie als normativ anzusehen – bei gleichzeitiger Wertschätzung derer, die im Neuen Testament und der christlichen Tradition gründen – bedeutet, dass Kirchenordnung und -leitung als zweitrangige Punkte behandelt werden.

Eine wesentliche Frage betrifft das Verhältnis zwischen Fundamentalismus und Evangelikalismus. Der Fundamentalismus entstand als Reaktion einiger amerikanischer Kirchen auf die säkulare Kultur. Er ist seit seinen Ursprüngen eine Bewegung der Gegenkultur, indem er zentrale Glaubensüberzeugungen als Mittel verwendet, die Kultur in die Schran-

ken zu weisen. Einige wichtige Lehren – am bemerkenswertesten die absolute, wörtliche Autorität der Schrift und die Wiederkunft Christi vor dem Ende der Zeiten (eine Lehre, die gewöhnlich als »vorendzeitliche Wiederkunft Christi« bezeichnet wird) – wurden zu Grenzlinien funktionalisiert, mit der doppelten Absicht, sowohl den Fundamentalisten ein Gefühl von Identität und Sinn zu geben als auch die säkulare Kultur auszuschließen. Eine Belagerungsmentalität wurde zum Merkmal dieser Bewegung; fundamentalistische Gegengesellschaften sehen sich selbst als Art Wagenburgen, die ihre Andersartigkeit gegen eine ungläubige Kultur verteidigen.

Die Betonung der Wiederkunft Christi vor dem Ende der Zeiten ist von besonderer Bedeutung. Der Gedanke hat eine lange Geschichte; bis zum 19. Jahrhundert hat er nie besondere Wichtigkeit erlangt. Allerdings scheinen Fundamentalisten in dieser Vorstellung eine Waffe entdeckt zu haben gegen die liberale christliche Vorstellung eines Reiches Gottes auf dieser Erde, das durch soziale Tätigkeit erlangt werden könne.

Es regte sich Unruhe im amerikanischen Fundamentalismus der späten 1940er und frühen 1950er Jahre. Der Neo-Evangelikalismus (wie er später genannt wurde) kam auf, um die inakzeptable Situation, wie sie durch den Fundamentalismus entstanden war, zu beheben. Fundamentalismus und Evangelikalismus können auf drei Ebenen unterschieden werden:

1. Hinsichtlich der Bibel: Fundamentalismus steht jeglicher Bibelkritik völlig feindlich gegenüber und fühlt sich einer wortwörtlichen Auslegung der Schrift verpflichtet. Evangelikalismus akzeptiert die Bibelkritik im Prinzip (obwohl er darauf besteht, dass diese verantwortungsvoll angewandt werden muss) und erkennt die vielfältigen literarischen Formen innerhalb der Heiligen Schrift an.

2. Theologisch gesehen ist Fundamentalismus eng auf manche Glaubenslehren eingeschworen, von denen einige von den Evangelikalen im besten Fall als drittrangig angesehen werden, im schlechtesten Fall als gänzlich irrelevant. Es existieren jedoch Gemeinsamkeiten in Glaubensüberzeugungen (so wie die Autorität der Heiligen Schrift), die tief greifende Unterschiede in Lehre und Mentalität leicht verschleiern können.

3. Soziologisch gesehen ist der Fundamentalismus eine reaktionäre Bewegung der Gegenkultur mit eng gefassten Mitgliedskriterien, die ihre Anhänger im Besonderen aus dem Arbeitermilieu rekrutiert. Evangelikalismus ist eine kulturelle Bewegung mit zunehmend lockeren Merkmalen der Selbstdefinition, die eher mit dem Angestelltenmilieu verbunden ist. Das Moment des Irrationalismus, der dem Fundamentalismus oft vorgeworfen wird, fehlt beim Evangelikalismus, welcher bedeutende Schriften in den Bereichen der Religionsphilosophie und Apologetik hervorgebracht hat.

Der Bruch zwischen Fundamentalismus und Neo-Evangelikalismus in den 1940ern und 1950ern veränderte sowohl das Wesen als auch die Wahrnehmung des Letzteren. Billy Graham, der vielleicht am stärksten in der Öffentlichkeit sichtbare Vertreter dieses neuen evangelikalen Stils, wurde außerordentlich bekannt und ein Vorbild für eine junge Generation von Evangelikalen. Die öffentliche Anerkennung und Sichtbarwerdung in Amerika datiert in die frühen 1970er. Die Vertrauenskrise innerhalb des Liberalen Christentums in Amerika in den 1960ern wurde weithin als Signal gedeutet, dass sich eine neue und glaubwürdigere Form christlichen Glaubens entwickeln müsse. 1976 fand sich Amerika im »Jahr des Evangelikalen« mit einem Wiedergeborenen (Jimmy Carter) als seinem Präsidenten und einem nie dagewesenen Medieninteresse am Evangelikalismus wieder, verbunden mit wachsender evangelikaler Einflussnahme auf die Politik.

Die Haltung des Evangelikalismus den Naturwissenschaften gegenüber ist komplex. Viele Evangelikale behaupten, dass das biblische Verständnis der Schöpfung auf der wörtlichen Auslegung der beiden ersten Kapitel des Buches Genesis beruhe. Aus diesem Grund, argumentieren sie, sei es nicht möglich, von »Evolution« zu sprechen, weil die Bibel davon zu reden scheint, dass alle Lebensformen, inklusive der menschlichen, in der Spanne einiger Tage geschaffen wurden. Dies sei unvereinbar mit jeder evolutionären Sicht der Ursprünge der menschlichen Natur. Diese Bewegung, die als »wissenschaftlicher Kreationismus« bekannt ist, hat ihre Ursprünge in evangelikalen Zusammenhängen.

Andere Evangelikale behaupten jedoch, dass sich Evolution mit der Vorstellung der Vorsehung Gottes, die die Entwicklung der Menschheit leite,

vereinbaren lasse. Wenn auch kritisch gegen jede Vorstellung von Zufallsfaktoren in der Evolution eingestellt (wobei »zufällig« als »außerhalb der Kontrolle Gottes« verstanden wird), sind Autoren wie Benjamin B. Warfield der Ansicht, dass eine Evolution mit der biblischen Sicht der menschlichen Ursprünge vereinbar ist. Da der Evangelikalismus in der westlichen Kirche eine immer größere Verbreitung genießt, werden die Unterschiede innerhalb dieser Bewegung, was ihr Verhältnis zu den Naturwissenschaften angeht, von immer größerer Bedeutung sein.

Wir sind nun so weit, verschiedene Verständnisse der Beziehung zwischen Naturwissenschaft und Religion untersuchen zu können, die in den letzten beiden Jahrhunderten einflussreich waren.

Modelle der Wechselwirkung
von Naturwissenschaft und Religion

Ein Überblick über die große Fülle an Literatur, die sich der Beziehung zwischen Naturwissenschaft und Religion widmet, lässt deutlich werden, dass es eine Menge verschiedener Sichtweisen dieses Verhältnisses gibt. Daher ist die Frage wichtig, wie diese Sichtweisen gruppiert werden können. Der vielleicht einfachste Weg, sich dem Thema zu nähern, ist, diese zwei Fragen zu stellen:

1. Beziehen sich Naturwissenschaft und Religion auf dieselbe Wirklichkeit?
2. Widersprechen oder ergänzen sich die Einsichten von Naturwissenschaft und Religion?

Man muss sich darüber im Klaren sein, dass man bei diesem Ansatz Gefahr läuft, sehr stark zu vereinfachen; aber er erlaubt doch, einzelne Haupteigenschaften der wichtigsten Denkansätze herauszuarbeiten.

Konfrontationsmodelle

Historisch gesehen ist das vorherrschende Verständnis der Beziehung von Naturwissenschaft und Religion dasjenige des »Konflikts«. Dieses stark auf Konfrontation angelegte Modell ist weiterhin einflussreich, auch wenn es auf eher akademischer Ebene beträchtlich an Bedeutung eingebüßt hat.
Man kann sagen, dass der Grundton der Begegnung zwischen Religion (insbesondere Christentum) und Naturwissenschaften durch zwei im späten 19. Jahrhundert veröffentlichte Werke bestimmt wurde – John William Drapers *History of the Conflict between Religion and Science (Geschichte des Konflikts zwischen Religion und Naturwissenschaft)* von 1874 und Andrew Dickson Whites *History of the Warfare of Science with Theology in Christendom (Geschichte des Kriegs der Naturwissenschaft mit der Theologie in der Christenheit)* von 1896. Beide Arbeiten spiegeln eine stark positivistische Sicht der Geschichte und den festen Willen wider, alte Rechnungen mit der organisierten Religion zu begleichen – was in krassem Gegensatz zur eher gemäßigten und symbiotischen Beziehung zwischen beiden steht, die sowohl für Nordamerika als auch Großbritannien noch bis ca. 1830 typisch war.
Drapers *Geschichte des Konflikts* argumentierte, dass die Naturwissenschaften zu begrüßen seien als Befreier der Menschheit von der Unterdrückung durch traditionelles religiöses Denken und traditionelle religiöse Strukturen, vor allem den römischen Katholizismus: »Die Geschichte der Naturwissenschaft ist kein bloßer Bericht über vereinzelte Entdeckungen; sie erzählt vom Konflikt zwischen zwei wetteifernden Kräften, der ausgreifenden Kraft des menschlichen Geistes auf der einen Seite und der aus traditionellem Glauben und menschlichen Interessen erwachsenden Unterdrückung auf der anderen Seite.« Draper war vor allem durch Entwicklungen innerhalb der katholischen Kirche aufgebracht, die er als anmaßend ansah. Das Aufkommen der Naturwissenschaften (und insbesondere die Darwin'sche Theorie) war für Draper die beste Möglichkeit der »Gefährdung ihrer Position« und daher mit allen verfügbaren Mitteln zu fördern. Wie viele polemische Schriften, ist die Arbeit mehr ihrer grellen Behauptungen als der Substanz ihrer Argumente wegen erwäh-

nenswert; trotzdem sollte der Grundton ihres Ansatzes ein Bewusstsein fördern, welches im berühmten Epitaph von Sir Richard Gregory so zusammengefasst ist:

My grandfather preached the gospel of Christ.
My father preached the gospel of socialism.
I preach the gospel of science.

Mein Großvater predigte das Evangelium Christi.
Mein Vater predigte das Evangelium des Sozialismus.
Ich predige das Evangelium der Naturwissenschaft.

Die Ursprünge von Andrew Dickson Whites *Geschichte des Kriegs* liegen in den mit der Gründung der Cornell-Universität zusammenhängenden Begleitumständen. Viele konfessionelle Hochschulen fühlten sich durch die Gründung einer neuen Universität bedroht und beschuldigten deren ersten Präsidenten White des Atheismus. Durch diese unfaire Behandlung verärgert, entschied sich White, gegen seine Kritiker eine Offensive zu starten, indem er am 18. Dezember 1869 in New York eine Vorlesung mit dem Titel *Die Kriegsschauplätze der Naturwissenschaft* hielt. Einmal mehr wurden darin die Naturwissenschaften als Befreier im Kampf für die akademische Freiheit porträtiert. Die Vorlesung wurde nach und nach erweitert und 1876 als *The Warfare of Science (Der Krieg der Naturwissenschaft)* veröffentlicht. Das in diesem Buch gesammelte Material wurde ergänzt durch *Neue Kapitel im Krieg der Naturwissenschaft,* die im Zeitraum 1885–1892 als Artikel in der *Popular Science Monthly* veröffentlicht wurden. Das zweibändige Werk von 1896 enthält im Wesentlichen das im Buch von 1876 zu findende Material, dem dieses zusätzlich angefügt wurde.

White selbst erklärte, dass die »irrigste aller Ansichten« diejenige sei, dass »Religion und Naturwissenschaft Feinde sind«. Trotzdem war genau dies der Eindruck, der – beabsichtigt oder nicht – durch seine Arbeit erweckt wurde. Die Ausbildung der Metapher der »Kriegführung« im Volksmund wurde fraglos durch Whites extrem polemische Schriften begünstigt und ist die Reaktion der Öffentlichkeit auf sie. Die landläufige Auslegung der Darwin'schen Theorie im späten 19. Jahrhundert als »the

survival of the fittest« (das Überleben der Bestangepassten) verlieh dem imaginären Konflikt weiteres Gewicht; war dies nicht die Weise, wie die Natur selbst Dinge festlegte? War nicht die Natur selbst ein spektakulärer Kriegsschauplatz, auf dem um das biologische Überleben gefochten wurde? War es daher nicht zu erwarten, dass derselbe Kampf ums Überleben zwischen der religiösen und der naturwissenschaftlichen Weltsicht stattfände, bei dem der Sieger den Besiegten auslöschen sollte und Letzterer niemals mehr erscheinen würde in der gnadenlosen Weiterentwicklung des menschlichen Gedankengutes und Wissens?

Man kann eine bemerkenswerte soziale Verschiebung hinter dem Aufkommen des »Konflikt«-Modells entdecken. Aus soziologischer Warte kann naturwissenschaftliche Erkenntnis als kulturelles Hilfsmittel angesehen werden, das von bestimmten sozialen Gruppen aufgebaut und genutzt worden ist, um ihre eigenen spezifischen Ziele und Interessen zu verfolgen. Dieser Ansatz erklärt viel von der Konkurrenz zwischen zwei gesellschaftlichen Gruppen im England des 19. Jahrhunderts: dem Klerus und den Naturwissenschaftlern. Der Klerus wurde zu Beginn des Jahrhunderts weithin als eine Elite betrachtet, mit dem »gelehrten Pfaffen« als wohletabliertem sozialem Stereotyp.

Mit dem Aufkommen des »professionellen Wissenschaftlers« begann jedoch ein Ringen um die kulturelle Vorherrschaft in der zweiten Hälfte des Jahrhunderts. Das »Konflikt«-Modell kann im Zusammenhang mit den speziellen Umständen der viktorianischen Zeit verstanden werden, in welcher eine aufkommende intellektuelle Berufsgruppe versuchte, eine Gruppe zu verdrängen, die bis dahin den Ehrenplatz belegt hatte. Das Aufkommen der Theorie Darwins schien dem eine zusätzliche naturwissenschaftliche Rechtfertigung zu geben: Es handelte sich um einen Wettstreit ums Überleben des intellektuell Fähigsten. Im frühen 19. Jahrhundert hatte die »British Association« viele Mitglieder aus dem Klerus; der »naturforschende Pfarrer« war eine anerkannte soziale Kategorie der damaligen Zeit. Gegen Ende des 19. Jahrhunderts wurde der Klerus tendenziell als Gegner der Naturwissenschaften – und daher des gesellschaftlichen und intellektuellen Fortschritts – dargestellt.

Es wird vor allem von denjenigen, die religiös denken, häufig die These vertreten, dass die anhaltende Popularität des Bildes des »Kriegs« auf

propagandistische Methoden mancher Naturwissenschaftler zurückzuführen sei. Deshalb ist es wichtig festzuhalten, dass sich gerade einige fundamentalistische Richtungen unerbittlich gegen die Naturwissenschaften wenden und aktiv das Konzept des Konflikts unterstützen. Zu denken ist hier beispielsweise an die kürzlich erschienene Arbeit von Henry Morris, dem Präsidenten des »Institute for Creation Research« (Institut für Schöpfungsforschung), welche eine unbeirrte Kritik der modernen Evolutionstheorie darstellt und den Titel *The Long War against God (Der lange Krieg gegen Gott)* trägt.

In einem anerkennenden Vorwort zu dem Buch verkündet ein konservativer baptistischer Pastor: »Moderner Evolutionismus ist einfach die Fortsetzung des langen Krieges Satans gegen Gott.« Dies erweist sich als passende Zusammenfassung der Stoßrichtung des Buches, welches anzunehmen scheint, dass die Evolutionstheorie Darwins okkulte, magische und alle sonstigen erdenklichen menschlichen Verderbtheiten in sich vereinige. In einer spekulativen und exegetisch fragwürdigen Analyse fordert Morris auf, sich vorzustellen, Satan operiere mit der Evolutionstheorie als Instrument, Gott zu entthronen. Es wird also deutlich, dass das Fortdauern des »Krieg«-Bildes nicht ausschließlich einer Gruppe anti-religiöser Naturwissenschaftler anzulasten ist. Eine beachtliche Minderheit religiöser Aktivisten beharrt darauf, dass die Naturwissenschaften der Religion den Krieg erklärt hätten und dass ein entschiedener Gegenangriff die beste Verteidigung sei.

Das Bild einer Kriegführung ist im Besonderen mit einer Richtung des nordamerikanischen Protestantismus verbunden, die generell als »Fundamentalismus« bekannt ist. Der Name leitet sich von einer zwölfbändigen Buchreihe mit dem Titel *The Fundamentals (Die Grundlagen)* ab, welche eine konservative protestantische Sichtweise der kulturellen und theologischen Entwicklungen der Zeit um 1920 darlegt. Im Hinblick auf die Bedeutung dieser Bewegung ist es wichtig, ihre Ursprünge und Entwicklung zu verstehen.

Trotz der verbreiteten Verwendung des Begriffs für bestimmte religiöse Bewegungen innerhalb des Islams und des Judentums bezeichnet »Fundamentalismus« ursprünglich und richtigerweise eine Strömung innerhalb des Protestantismus der Vereinigten Staaten, vor allem während der

Zeit von 1920 bis 1940, die bekannt für ihre Entschlossenheit war, der säkularen Kultur wo immer möglich entgegenzutreten. Diese Bereitschaft zur Konfrontation führte unvermeidlich zu einer Stärkung des »Krieg«-Modells der Beziehung zwischen Naturwissenschaft und Religion – wobei die Naturwissenschaften (allen voran die Evolutionstheorie) als Vortrupp der Säkularisierungstendenz betrachtet wurde, wie sie damals in der gesamten Gesellschaft ausgemacht wurde.

Das Ereignis, das in der darauffolgenden Zeit zu einem Sinnbild dieses Konfrontationskurses geworden ist, war der unrühmliche Scopes-Prozess von 1925. Mit ihm erlangte das »Krieg«-Bild weitere Glaubwürdigkeit, nicht zuletzt aufgrund der Taktik, die innerhalb und außerhalb des Gerichtssaals angewandt wurde. Im Mai 1925 nahm John T. Scopes, ein junger Hochschullehrer für Naturwissenschaften, Anstoß an einem kurz zuvor eingeführten Statut, welches das Lehren der Evolutionstheorie in den Schulen des Staates Tennessee verbot. Die »American Civil Liberties Union« sprang zur Unterstützung Scopes ein, während William Jennings Bryan die Anklage vertrat. Das sollte sich für die Öffentlichkeitsarbeit des Fundamentalismus als das größte Desaster aller Zeiten erweisen.

Bryan, der die Verhandlung unklugerweise als »Duell auf Leben und Tod« zwischen Christentum und Atheismus bezeichnet hatte, wurde von dem berühmten Anwalt Clarence Darrow, einem Agnostiker, völlig auf dem falschen Fuß erwischt. Der juristische Schachzug war so simpel wie brillant: Bryan wurde für die Verteidigung in den Zeugenstand gerufen und zu seinen Ansichten über die Evolutionstheorie befragt. Bryan musste zähneknirschend zugeben, dass er keine Ahnung von Geologie, vergleichenden Religionswissenschaften und Kulturgeschichte hatte, und es zeigte sich, dass er hoffnungslos naive religiöse Ansichten vertrat. Der »Affenprozess« (Monkey Trial), als welcher er weithin bekannt ist, wurde zu einem Symbol reaktionären religiösen Denkens im Angesicht des naturwissenschaftlichen Fortschritts.

Das »Konflikt«- bzw. »Krieg«-Modell ist bis heute einflussreich geblieben, vor allem in populärwissenschaftlichen Darstellungen der Beziehung zwischen Naturwissenschaft und Religion in den Medien. »Naturwissenschaft widerlegt Religion!«, kann man in westlichen Medienberichten über dieses wichtige Thema immer wieder lesen. Es müssen jedoch noch

weitere Modelle bedacht werden. Im Folgenden werden wir eine grobe Skizze der wesentlichen heute in der Literatur zu findenden Ansätze zeichnen.

Nicht-Konfrontationsmodelle

»Konflikt«- oder »Krieg«-Modelle der Interaktion von Naturwissenschaft und Religion bleiben einflussreich. Auf der anderen Seite können zwei weitere wichtige Zugänge zur Beziehung zwischen Religion und Naturwissenschaften unterschieden werden, obwohl betont werden muss, dass jeder dieser beiden unterteilt werden kann in eine Reihe von Unterkategorien. Sie haben die gemeinsame Eigenschaft, dass sie jegliche Art des »Konfliktes« oder »Krieges« zwischen den Disziplinen vermeiden.

Naturwissenschaft und Religion sind konvergent

Eine Reihe von Entwürfen innerhalb der westlichen christlichen Theologie hat betont, dass »alle Wahrheit Gottes Wahrheit ist«. Auf der Grundlage dieser Annahme müssen alle Fortschritte im wissenschaftlichen Verständnis des Universums begrüßt und innerhalb des christlichen Glaubens beheimatet werden. Dieser Ansatz verlangt unausweichlich eine Berichtigung verschiedener Glaubensinhalte. Die Ursprünge dieser Strömung werden oft zurückgeführt auf den englischen Deismus des 17. Jahrhunderts, obwohl allgemein anerkannt ist, dass sie im 19. Jahrhundert am stärksten ausgeprägt war.

Der Liberale Protestantismus war die vorherrschende Kraft innerhalb des westlichen Protestantismus im 19. Jahrhundert. F. D. E. Schleiermacher (1768–1838), der weithin als Vater dieser Bewegung angesehen wird, plädierte für eine Neuinterpretation des christlichen Glaubens in Begrifflichkeiten, welche konsistent mit dem anerkannten Wissen der Zeit waren. Obwohl Schleiermacher ein Vierteljahrhundert vor der Veröffentlichung von Darwins *Entstehung der Arten* starb, wurde sein Prinzip auf dieses Themenfeld von seinen Nachfolgern, darunter Albrecht Ritschl, angewandt. Der Liberale Protestantismus argumentierte, dass Evolutionstheorien der Theologie erlaubten, die spezifische Weise, in der Gott in

der Welt präsent und aktiv sei, zu erkennen und anzuerkennen. Evolution sollte also als inhaltlich und zeitlich mit Gottes Wirken in einem betrachtet werden.

Prozesstheologie (dazu später mehr) ist ein besonders gutes Beispiel für eine Form religiösen Denkens, welche bewusst versucht, die christliche Überlieferung mit Erkenntnissen der Naturwissenschaften in Übereinstimmung zu bringen. Nimmt man Bezug auf Autoren wie Alfred North Whitehead und Charles Hartshorne, dann kann man sagen, dass die Prozesstheologie sich damit auseinander setzt, wie man das Wirken Gottes in den Naturprozessen verstehen kann. Ein verwandter Zugang zeigt sich in den Schriften des bekannten französischen Jesuiten und Paläontologen Pierre Teilhard de Chardin, für den der gesamte Prozess der Evolution durch die Hand Gottes in Richtung komplexerer Strukturen und Ebenen der Existenz geleitet wird.

Ein ähnliches Verständnis der Interaktion von Naturwissenschaft und Religion findet man in den Schriften des Cambridger Theologen Charles Raven, besonders in *Natural Religion and Christian Theology (Natürliche Religion und christliche Theologie,* 1953). Für Raven müssen dieselben Methoden in allen Sparten der menschlichen Wissenssuche angewandt werden, egal ob religiös oder naturwissenschaftlich:»Das Verfahren ist dasselbe, ob wir die Atomstruktur untersuchen oder eine Fragestellung in der tierischen Evolution, einen Abschnitt der Geschichte oder die religiöse Erfahrung eines Heiligen.« Raven widersteht der Versuchung, das Universum in »physikalische« und »spirituelle« Komponenten aufzuteilen, und betont, dass wir »eine einzige Geschichte erzählen müssen, die das ganze Universum als eins und unteilbar betrachtet«.

Naturwissenschaft und Religion sind distinkt

Eine zweite weit verbreitete Kategorie von Ansätzen betont die Unterscheidbarkeit von Naturwissenschaft und Religion. Dies ist besonders der Fall in der Neo-Orthodoxie, die allgemein angesehen wird als Reaktion gegen den Liberalen Protestantismus, vor allem dessen Tendenz, sich der vorherrschenden Kultur »anzupassen«. Der vielleicht bedeutendste Vertreter dieser Schule ist Karl Barth. Laut Barth spielen die Naturwissenschaften keine Rolle für den Christen. Sie können nicht herangezogen

werden, um den Glauben zu unterstützen oder ihm zu widersprechen, weil Naturwissenschaft und Theologie von ganz unterschiedlichen Voraussetzungen ausgehen.

Die Betonung der Unterschiedenheit von Naturwissenschaft und Religion findet man in den Schriften vieler nordamerikanischer Autoren, die von der Neo-Orthodoxie beeinflusst sind. Ein gutes Beispiel bildet Langdon Gilkey. In seiner 1959 erschienenen Arbeit *Maker of Heaven and Earth (Schöpfer des Himmels und der Erde)* behauptet Gilkey, dass Theologie und Naturwissenschaften unterschiedliche und voneinander unabhängige Wege seien, sich der Realität anzunähern. Die Naturwissenschaft stelle Wie-Fragen, die Theologie stelle Warum-Fragen. Während sich die einen mit Zweitursachen (Interaktionen in der natürlichen Sphäre) befassten, beschäftigten sich die anderen mit Erstursachen (Grund und Ziel der Natur).

Religion und die Herausbildung der Naturwissenschaften

Wie bereits erläutert, muss dieses Thema vor allem hinsichtlich des Christentums behandelt werden, da die Naturwissenschaften im spezifisch christlichen Kontext Westeuropas entstanden sind. Allerdings kann die Betrachtung über diese spezifische Religion hinaus ausgeweitet werden. Im Folgenden werden wir einige allgemeine Faktoren in den Blick nehmen, die an dieser Wechselwirkung beteiligt sind. Wir beginnen mit der Untersuchung zweier Möglichkeiten, wie Religion als Behinderung des wissenschaftlichen Fortschritts gesehen werden kann.

Der Konservatismus der traditionellen Religionen

Unser erster Punkt beschäftigt sich mit dem generell konservativen Charakter eines Großteils traditioneller Religionen. Man muss sehen, dass im spezifischen Kontext Westeuropas von 1100 bis 1900 die christlichen Kirchen zumeist als Hüterinnen der Tradition angesehen wurden, als Gegnerinnen radikal neuer Ideen. Dies ist nicht notwendigerweise eine Folge

christlicher Theologie, spiegelt aber die soziale Rolle wider, welche die Kirchen während einer langen Periode in der westeuropäischen Geschichte spielten. Auf der anderen Seite wurden die Naturwissenschaften oft als radikal angesehen, gerade weil sie das überlieferte Wissen in Frage stellten. Allerdings ist dieses Infragestellen nicht auf das Christentum und Westeuropa beschränkt. Wie Freeman Dyson in einem Aufsatz namens *The Scientist as Rebel (Der Wissenschaftler als Rebell)* aufzeigt, ist ein gemeinsames Element, das den meisten Spielarten des Selbstverständnisses von Wissenschaft eigen ist, dasjenige der »Rebellion gegen die Restriktionen, die durch die örtlich vorherrschende Kultur auferlegt werden«. Wissenschaft ist demzufolge eine fast schon per definitionem subversive Aktivität – eine Tatsache, die in einem Vortrag vor der »Gesellschaft der Häretiker« in Cambridge durch den Biologen J. B. S. Haldane im Februar 1923 wunderbar dargelegt wurde. Für den arabischen Mathematiker und Astronomen Omar Khayyam war Wissenschaft eine Rebellion gegen die intellektuellen Scheuklappen des Islam; für japanische Forscher war Wissenschaft eine Rebellion gegen den lähmenden Feudalismus ihrer Kultur; für die großen indischen Ärzte des 20. Jahrhunderts war ihr Fachwissen eine wirksame intellektuelle Kraft gegen die fatalistische Ethik des Hinduismus (vom britischen Imperialismus dieser Zeit gar nicht zu sprechen). Und in Westeuropa beinhaltete wissenschaftlicher Fortschritt unausweichlich die Konfrontation mit der je aktuellen Kultur – einschließlich ihrer politischen, sozialen und religiösen Elemente. Weil der Westen vom Christentum geprägt war, überrascht es nicht, dass die Spannung zwischen Naturwissenschaft und westlicher Kultur oft als Konfrontation zwischen Naturwissenschaft und Christentum angesehen wurde.

Die wissenschaftliche Weltsicht als Infragestellung traditioneller religiöser Sichtweisen

Man sollte diesen Punkt zwar nicht überbewerten; dennoch stellte das Aufkommen der naturwissenschaftlich untermauerten Weltsicht viele religiöse Sichtweisen in Frage. So war z. B. das kopernikanische Modell des Sonnensystems eine ernst zu nehmende Herausforderung für die geo-

zentrische Sicht des Universums, einen wichtigen Bestandteil traditionellen religiösen Denkens. Dabei darf bezweifelt werden, dass diese geozentrische Sicht überhaupt so tief im religiösen Glauben hätte verankert sein müssen. Denn die Ansicht, dass die Bibel den Geozentrismus vertritt, speiste sich ja weitgehend aus der damaligen allgemeinen Annahme, dass die Erde im Zentrum von allem stehe, was dann folglich auch in die Bibel hineingelesen wurde. Jene Methoden der Bibelauslegung, die ein »Herausfiltern« von kulturell bedingten oder interpretationsabhängigen Elementen der Bibel erlaubten, kamen mit dieser Schwierigkeit zurecht.

Im Fall des Newton'schen Weltbilds schien es zunächst, dass die Fortschritte in der Wissenschaft wichtige Aspekte traditioneller religiöser Lehren bestärkten, vor allem die Schöpfungslehre. Erst im Lauf seiner weiteren Entwicklung begann der »Newtonianismus« antireligiöse Züge anzunehmen, vor allem weil man meinte, für das Funktionieren des Universums nun keinen Gott mehr zu brauchen.

Die Kontroverse um Darwin jedoch war die tiefste Bedrohung für traditionelle religiöse Überzeugungen, weil sie eine wirkliche Herausforderung des Glaubens darstellte, Gott habe jede Art einzeln geschaffen (die Vorstellung der »Einzelschöpfung«); besonders die Vorstellung vom Menschen als Krone der Schöpfung, die vom Tierreich abgehoben sei, geriet ins Wanken. Darwins Ausführungen (die er im Wissen um ihre Brisanz besonders vorsichtig formulierte) ließen keinen Zweifel daran, dass die Menschen weniger außergewöhnlich waren, als sie es gerne wären.

Die kopernikanische Theorie stellte einen Aspekt der traditionellen Auslegung der Schöpfungsgeschichten im Buch Genesis in Frage, der Darwinismus einen anderen. Auch wenn es viele gab, die glaubten, man könne die Bibel, Kopernikus und Darwin sehr wohl miteinander versöhnen (»theistische Evolution«), setzte sich allgemein die Auffassung durch, es gebe einen grundlegenden, vielleicht sogar tödlichen Widerspruch zwischen Naturwissenschaften und Religion. Auch wenn diese Polarisierung durch gesellschaftliche und politische Faktoren, die in Westeuropa (und besonders in England) im späten 19. Jahrhundert wirksam waren, sicher angeheizt wurde, bleibt doch die Tatsache, dass es eine solche Spannung gibt – stets mit der Gefahr verbunden, dass Religion gegenüber wissenschaftlichem Fortschritt zur Feindseligkeit neigt.

Aber das Bild ist komplexer. Nachdem wir zwei negative Faktoren behandelt haben, können wir nun zwei positive betrachten. Wir werden diese später genauer untersuchen; zum jetzigen Zeitpunkt ist es aber nötig, sie schon einmal zu nennen.

Betrachtung der Natur ist Betrachtung Gottes

Der Glaube daran, dass Gott die Welt geschaffen hat, bedeutet nach allgemeiner Ansicht eine kräftige Motivation für wissenschaftliche Forschung. Drei Grundauffassungen über den Status der Schöpfungsordnung lassen sich unterscheiden:

1. Die Welt selbst ist göttlich.
2. Die Welt ist geschaffen und zeigt etwas von ihrem Schöpfer.
3. Die Welt hat keinerlei Beziehung zu Gott.

Natürlich arbeiten wir hier holzschnittartig. Diese Vereinfachung erlaubt uns jedoch eine Feststellung von fundamentaler Bedeutung: Wenn die Natur keine Beziehung zu Gott hat, gibt es für einen religiösen Menschen keinen Grund, sie zu erforschen. Wenn hingegen die Natur einen Bezug zu Gott trägt, gibt es einen guten Grund, sie zu erforschen, weil dadurch tiefere Einsichten in das Wesen Gottes, der sie geschaffen hat, ermöglicht werden. Es ist daher von Bedeutung herauszufinden, welchen Zusammenhang eine Schöpfungslehre – etwa die jüdisch-christliche – zwischen Gott und Schöpfungsordnung herstellt.

Ein Aspekt, der von vielen religiösen Autoren des 16. und 17. Jahrhunderts betont wurde, ist, dass der unsichtbare Gott mittels der sichtbaren Schöpfung erforscht werden kann. Diese Vorstellung (die manchmal im Begriff der »zwei Bücher« Schrift und Natur ausgedrückt wird) hat der Naturforschung zusätzlichen Antrieb gegeben. Auch wenn man Gott nicht sehen konnte, hatte er sein Wesen der Schöpfung doch irgendwie eingeprägt, und man hielt es für möglich, durch Naturforschung ein tieferes Verständnis von Wesen und Willen Gottes zu erlangen.

Ein zweiter, verwandter Punkt betrifft die Ordnung der Natur. Einer der grundlegenden Aspekte einer Schöpfungslehre (jedenfalls einer jüdischen oder christlichen) ist, dass Gott der Schöpfung Ordnung, Vernunft und Schönheit eingeprägt hat. Diese Schöpfungslehre führt zu der Annahme, dass das Universum eine Regelmäßigkeit besitze, die der Mensch erfassen könne. Der religiöse Grundton im Nachvollzug jener Harmonie, die dem Kosmos zugrunde liegt und die sich in den Begriff »Naturgesetze« gießen lässt, ist von fundamentaler Bedeutung für die Entstehung und Entwicklung der Naturwissenschaften.

Es dürfte nun klar sein, dass jede Analyse der historischen Wechselwirkung zwischen Naturwissenschaft und Religion, die das Thema entweder nur in der einen oder nur in der anderen Richtung darstellt, zu kurz greift. Religion hat zur Entstehung der Naturwissenschaften sowohl Ermutigung als auch Entmutigung beigesteuert, sowohl Ansporn gegeben als auch Steine in den Weg gelegt.

Kapitel 3
Religion und Wissenschaftstheorie

N ach der Betrachtung des historischen Rahmens werden wir uns nun den relevanten Theorien selbst zuwenden. Wir beginnen diesen Teil mit der Untersuchung einiger philosophischer Aspekte. Wissenschaftstheorie befasst sich, ganz allgemein gesagt, mit philosophischen Aspekten der Naturwissenschaften. Einiges davon überschneidet sich mit den klassischen Themen der Philosophie. Nehmen wir beispielsweise die »Naturgesetze«, die jene Regelmäßigkeit und Ordnung wiedergeben wollen, die in der Natur zu bestehen scheinen. Gibt es diese »Regelmäßigkeit« in der Natur wirklich? Oder wird sie vom menschlichen Denken auf die Natur projiziert? Dieser Streit, der im späten 18. Jahrhundert besonders durch den schottischen Philosophen David Hume angeheizt wurde, ist allgemein von philosophischem Interesse, für die Naturwissenschaften aber von ganz besonderer Bedeutung.

Andere Sachverhalte haben eine spezifischere Beziehung zu den Naturwissenschaften. Denken Sie z. B. an die Durchführung eines bestimmten Experiments, das von der Annahme ausgeht, dass ein bestimmtes Teilchen existiere. Das Teilchen selbst kann nicht beobachtet werden, aber seine Existenz scheint durch das Verhalten anderer Bestandteile des Systems angenommen werden zu können. Ziel der Wissenschaftstheorie wird sein, die Beschaffenheit dieses vermuteten, aber noch nicht beobachteten Teilchens zu klären. Kann man wirklich sagen, es »existiert«? Für manche Autoren sind die experimentell beobachteten Dinge die einzigen, von denen man sagen kann, dass sie »wirklich existieren«. Für viele von ihnen ist das theoretisch angenommene Teilchen nur eine »nützliche Fiktion«, eine hilfreiche Möglichkeit, die Erscheinung zu erklären.

Dieses Kapitel zielt auf die Beschäftigung mit einigen wichtigen Themen der Wissenschaftstheorie und auf die Erforschung ihrer besonderen Bedeutung für die Religion. Das darauf folgende Kapitel wird den gegenteiligen Sachverhalt untersuchen, indem es darauf schaut, wie die Religionsphilosophie Einsichten der Naturwissenschaften dargestellt hat.

Rationalismus und Empirismus

Eine der wichtigsten philosophischen Unterscheidungen mit Relevanz für die Naturwissenschaften betrifft den »Rationalismus« und den »Empirismus«. Die Begriffe werden von verschiedenen Autoren auf unterschiedliche Weise verwendet, und es ist wichtig zu wissen, dass die Begriffe in diesem Buch in etwas vereinfachter Form gebraucht werden. Die Abgrenzung ist dennoch hilfreich, weil sie erlaubt, einen der bedeutendsten Aspekte für die Entstehung der Naturwissenschaften zu verstehen – unsere Welterfahrung als Ausgangspunkt von Erkenntnis.

Der Begriff »Rationalismus« leitet sich vom lateinischen Wort *ratio* (»Verstand«) ab, und man versteht ihn allgemein als Ausdruck für die Auffassung, dass alle Wahrheit ihren Ursprung in menschlichen Gedanken hat, ohne Hilfe irgendeines übernatürlichen Eingriffs oder Verweises auf Sinneserfahrungen. Für diese Position wird manchmal der Ausdruck »Autonomie der Vernunft« verwendet, der betont, dass Menschen, indem sie ihre natürliche Fähigkeit zu denken richtig und angemessen nutzen, eine Menge von Wahrheiten ableiten können, die immer und überall gültig sind. Der Rationalismus beruft sich oft auf die Vorstellung »angeborener Ideen«, womit Ideen gemeint sind, die von Natur aus im menschlichen Denken angelegt sind.

Die Ursprünge des Rationalismus sind eng verbunden mit den Streitfragen über die Natur und die Autorität göttlicher Offenbarung im Europa des 17. Jahrhunderts. Traditionelle religiöse Autoren behaupteten, dass die Theologie eine rationale Fachrichtung sei, die durch Berufung auf die Vernunft gerechtfertigt werden könne. Dies hieß nicht, dass sie ihre spezifischen Vorstellungen allein durch Vernunftgebrauch entwickelte, sondern eher, dass bestimmte Wahrheiten nur durch göttliche Offenbarung erworben werden könnten, aber dass diese Wahrheiten, einmal offenbart, als vernünftig anzusehen wären. Diese Haltung, die mit Namen wie Thomas von Aquin verbunden ist, geht von der Annahme aus, der christliche Glaube sei von Grund auf vernünftig und könne daher durch Nachdenken untermauert und erforscht werden. Thomas' *Quinque Viae (Fünf Wege,* eine Sammlung von Argumenten zum Beweis der Existenz Gottes) leben aus der Voraussetzung, dass die Vernunft in der Lage ist, den Glauben zu stützen.

Wie schon festgehalten, glaubte Thomas allerdings nicht, das Christentum sei auf das beschränkt, was durch den Verstand ermittelt werden kann. Glaube übersteige die Vernunft, da er Zugang zu Wahrheiten und Einsichten der Offenbarung habe, die die Vernunft nicht ohne Hilfe auszuloten und zu entdecken erhoffen könne. Aufgabe der Vernunft sei es, das, was durch Offenbarung bekannt sei, zu erforschen. In dieser Hinsicht sei Theologie eine rationale Disziplin, die rationale Methoden verwende, um auf der Offenbarung aufzubauen und sie weiterzuentwickeln.

Diese Haltung wurde im 17. Jahrhundert hinterfragt, obwohl sich Kritikpunkte schon früher abzeichneten. In der Mitte des 17. Jahrhunderts wurde besonders in England und Deutschland immer stärker behauptet, der Glaube müsse vollständig auf die Vernunft zurückgeführt werden können. Jeder Aspekt des Glaubens, jede Einzelheit des christlichen Bekenntnisses müsse menschlichem Denken entstammen, ohne von einer übernatürlichen Offenbarung abhängig zu sein. Diese übernatürliche Offenbarung wurde immer mehr als Gefährdung der Unabhängigkeit des menschlichen Denkens angesehen. Man kann derartige Überzeugungen in den Schriften Lord Herberts von Cherbury (1581–1648) nachlesen, vor allem in seinen Arbeiten *De veritate (Über die Wahrheit)* von 1624 und *De religione gentilium (Über die Religion der Heiden)* von 1645.

Cherbury plädierte für ein vernunftgemäßes Christentum, aufbauend auf dem angeborenen Sinn für Gott und auf den moralischen Pflichten des Menschen. Dies hatte zwei wesentliche Auswirkungen. Erstens wurde das Christentum in der Tat auf die Ideen, die mittels der Vernunft bewiesen werden konnten, reduziert. Wenn das Christentum als Ganzes vernunftgemäß war, dann konnten einzelne Elemente davon, die nicht mittels der Vernunft zu beweisen waren, nicht als »rational« gelten und mussten daher aufgegeben werden. Zweitens wurde Vernunft als der Offenbarung übergeordnet angesehen. Man betrachtete daher die Vernunft als fähig, auch ohne Hilfe durch Offenbarung zu erkennen, was richtig sei. Deshalb müsse die Christenheit der Offenbarung folgen, sofern diese der Vernunft entspreche, aber sie verwerfen, sofern sie davon abweiche. Warum also sollte man sich über die Offenbarung Gedanken machen, wenn doch die Vernunft uns alles, was über Gott, die Welt und uns selbst zu wissen möglich sei, erklären könne?

Die Ursprünge dieser ausschließlichen Hinwendung zur Vernunft kann man in dem Wunsch vermuten, zuverlässiges Wissen um die Wahrheit aus jedweder Abhängigkeit von göttlicher Offenbarung herauszulösen. Philosophen, die der Religion gegenüber positiv eingestellt waren, begannen zu argumentieren, dass die Existenz Gottes mit rein rationalen Gründen verteidigt werden könne. Die vielleicht bedeutendsten von ihnen waren Descartes und Leibniz, die allgemein als wichtigste Philosophen des Rationalismus angesehen werden. Descartes' Argument für die Existenz Gottes von 1642 lautet wie folgt: Gott ist das »höchste vollkommene Wesen«. Wenn die Existenz eine Notwendigkeit der Vollkommenheit ist, folgt daraus, dass Gott Existenz besitzen muss, da er sonst nicht vollkommen wäre. Descartes illustriert diese Begründung mit Beispielen von Dreiecken und Bergen. An Gott zu denken bedeutet automatisch, an seine Existenz zu denken, so wie an ein Dreieck zu denken bedeutet, an drei Winkel zu denken, deren Summe 180 Grad beträgt, oder wie der Gedanke an den Berg den Gedanken an das Tal unausweichlich mit einschließt, denn ohne Tal gäbe es ja keinen Berg:

> Es ist ... nicht weniger absurd, sich Gott (also das höchste vollkommene Wesen) ohne Existenz vorzustellen, als an einen Berg ohne Tal zu denken ... Ich kann Gott nicht ohne Existenz denken (das heißt das höchste vollkommene Wesen ohne Vollkommenheit), so wie ich mir ein Pferd mit oder ohne Flügel denken kann ... Wenn ich mich entscheide, an das Erste und Höchste Wesen zu denken, ist es notwendig, ihm alle Vollkommenheit zuzuschreiben ... Diese Notwendigkeit zeigt deutlich, dass ich Recht habe zu schließen, dass das Erste und Höchste Wesen existiert, wenn ich im Folgenden zeige, dass Existenz zur Vollkommenheit gehört.[22]

Descartes' Argumentation lässt sich nicht leicht nachvollziehen. Der wichtigste Aspekt ist, dass er einen Beweisgang für die Existenz Gottes entwickelt, die sich weder auf menschliche Sinneserfahrungen noch auf übernatürliche Offenbarung gründet.

Es ist klar, dass die von Descartes eingenommene Haltung Auswirkungen sowohl auf die Naturwissenschaften als auch die Religion haben

musste. An erster Stelle bedeutet Descartes' Position, dass menschliche Erfahrung oder Sinneswahrnehmung keine ernst zu nehmende Rolle bei der Bildung menschlichen Wissens spielen, dass jeder Versuch, die Welt zu erforschen (wie z. B. durch Biologie oder Physik), weitgehend irrelevant ist. In gewisser Hinsicht kann der Rationalismus als Hemmschuh für den Empirismus in der Wissenschaft bezeichnet werden, da er erklärte, dass solches Wissen ohne wirkliche Bedeutung sei. Daneben wird deutlich, dass der Ansatz Auswirkungen auf die Religion hat, weil das traditionelle religiöse Verständnis, wie man zur Erkenntnis Gottes gelangt (nämlich durch Offenbarung), ebenfalls abgelehnt wird.

Für Descartes und Leibniz war die reine Mathematik die Wissenschaft, die am meisten zu bieten hatte. Wie bei der Geometrie konnte alles Wissen in Form von Axiomen und Prinzipien formuliert werden. Euklid hatte gezeigt, dass auf der Grundlage von einigen Prinzipien ein vollständiges geometrisches System erdacht werden kann. Die grundlegenden Prinzipien stammten nicht aus Erfahrung oder Sinneswahrnehmung, auch nicht aus göttlicher Offenbarung, sondern aus dem Prozess des Denkens selbst. Descartes behauptete, dass eine Anzahl »universeller Vorstellungen der Vernunft« auf ähnliche Weise abgeleitet und in Begriffen bestimmter grundlegender mathematischer und logischer Beziehungen ausgedrückt werden könne. Diese könne man dann auf menschliche Erfahrung und Sinneswahrnehmung anwenden. Es ist wichtig festzuhalten, dass Descartes die *Vorrangigkeit*, nicht aber die *Möglichkeit* empirischer Befunde (also Befunde, die aus der Erfahrung stammen) ablehnte. Diese Befunde sollten aber nach jenen Denk- und Vorstellungsmustern interpretiert werden, die – unabhängig von der Erfahrung – dem menschlichen Geist entstammten.

Der Rationalismus erlangte besondere Bedeutung während der Aufklärung, jener Periode der westlichen Kultur, die vom Glauben an die Vorrangigkeit und Universalität der menschlichen Vernunft beherrscht war. Allerdings warf das Aufkommen der Naturwissenschaften bemerkenswerte Probleme für den Rationalismus auf. Wir werden ein spezifisches Beispiel betrachten, ehe wir uns näher mit dem Empirismus befassen.

In seiner *Dissertatio philosophica de orbitis planetarum (Philosophische Betrachtung über die Planetenbewegungen)*, 1801 veröffentlicht, stellte Hegel,

fußend auf seinen philosophischen Grundannahmen, die These auf, dass die Zahl der Planeten natürlicherweise auf sieben beschränkt sei und es keinen Planeten zwischen Mars und Jupiter gebe. Dieser verwegene Anspruch der menschlichen Vernunft auf astronomische Kompetenz ohne Hilfsmittel wurde, noch während Hegels Buch in Herstellung war, heftig zurückgewiesen. Am 1. Januar 1801 entdeckte der Astronom J. E. Bode (1746–1826) den Planetoiden Ceres und stellte fest, dass seine Umlaufbahn zwischen denen von Mars und Jupiter lag. Hegels idealistische Vorstellung zerplatzte wie eine Seifenblase.

Das Gegenstück zum Rationalismus war eine Hinwendung zur Erfahrung, allgemein als »Empirismus« bezeichnet. Man kann sagen, dass die Ursprünge des Empirismus im 16. Jahrhundert oder noch früher liegen. Seine wachsende Akzeptanz und Glaubwürdigkeit fallen jedoch erst ins späte 17. Jahrhundert. Jemand, der außerordentlich viel zur Entwicklung des Empirismus beigetragen hat, war John Locke, dessen *Essay über den menschlichen Verstand* von 1690 die Vorstellung Descartes' von »angeborenen Ideen« und Prinzipien angriff: Gott, sagt Locke, pflanzt keine Ideen von Geburt an in unser Denken ein, sondern stattet uns mit dem Nötigen aus, um sie erlangen zu können. Für Locke ist die erste Quelle des Wissens die menschliche Erfahrung und Sinneswahrnehmung; die Vernunft wird benötigt, diese Dinge zu reflektieren. Vernunft dient daher nicht als *primäre* Erkenntnisquelle.

Locke kritisiert diejenigen, die sich der Mathematik als Hilfsmittel zur Erklärung beobachteter Daten bedienen. Für ihn »betrachtet die Mathematik Wahrheiten und Eigenschaften, die zu einem Rechteck oder Kreis allein als Vorstellung im Denken gehören«. Die »allgemeinen Prinzipien«, auf die sich der Rationalismus bezieht, sind nach Ansicht Lockes eher die Schlussfolgerungen als die Grundlagen der Wissenschaft.

Locke selbst war sich bewusst, dass sein empiristischer Ansatz religiöse Auswirkungen hatte. Er erklärte, die Vorstellung von Gott sei nicht angeboren. Alles menschliche Wissen über Gott, inklusive des Wissens um Wesen und Existenz Gottes, stamme aus der Erfahrung. Die Vorstellung »Gott« sei vom menschlichen Verstand gebildet, aufbauend auf Erfahrung:

Wenn wir die Vorstellung prüfen, die wir von dem unbegreiflichen höchsten Wesen haben, so werden wir finden, dass wir sie auf dieselbe Weise [wie die anderen] erlangen und dass die komplexen Ideen, die wir von Gott wie auch von anderen geistigen Wesen haben, aus einfachen Ideen gebildet sind, die wir von der Reflexion entgegennehmen ... Von dem, was wir in uns selbst erfahren, die Ideen der Existenz und Dauer, der Erkenntnis und der Kraft, der Freude und des Glücks empfangen habend ... erweitern wir jede dieser Ideen mit Hilfe unserer Idee von Unendlichkeit; indem wir sie miteinander verknüpfen, bilden wir auf diese Weise unsere komplexe Vorstellung von Gott.[23]

Die Streitfrage, die sich aus dieser Diskussion zwischen Empirismus und Rationalismus ergibt, ist die, ob bestimmte Wahrheiten *a priori* oder *a posteriori* gelten. Ersteres (wörtlich »im Vorhinein«) ist typisch für den Rationalismus und meint, eine Wahrheit entstehe im menschlichen Denken. Letzteres (wörtlich »im Nachhinein«) besagt, dass eine Wahrheit durch Reflexion dessen entsteht, was der Mensch durch Sinneswahrnehmung erfährt. Derselbe Streit entsteht in der Religion darüber, ob Erkenntnis Gottes als *a priori* (entstanden durch menschliches Denken oder von Gott eingepflanzt) oder *a posteriori* (durch Reflexion über göttliche Offenbarungserfahrungen entstanden) betrachtet werden soll.

Realismus und Idealismus

Der Idealismus leugnet nicht die Existenz von Dingen wie physikalischen Objekten in der Welt. Allerdings sagt er, dass wir nur wissen können, wie Dinge *uns erscheinen* oder von uns erfahren werden, nicht aber, wie sie wirklich sind. Besonders vehement vertritt der so genannte Phänomenalismus, eine Form des Idealismus, diese Ansicht. Die bekannteste Variante geht auf Immanuel Kant zurück, der behauptet, wir hätten mit dem Anschein oder der Vorstellung von Dingen zu tun, nicht mit den Dingen »an sich«. Kant unterscheidet also zwischen der Welt der Erscheinungen und den »Dingen an sich«, wobei Letztere nicht direkt erkannt werden können. Der Idealist behauptet, dass wir erkennen kön-

nen, wie uns die Dinge durch die ordnende Tätigkeit des menschlichen Verstands erscheinen. Die vom Denken unabhängige Realität bleibt uns hingegen verborgen.

Auch wenn diese Sicht für die Naturwissenschaften relativ ungewöhnlich ist, wurde sie doch von einigen bedeutenden Vertretern übernommen, unter ihnen Ernst Mach (1838–1916). Laut Mach beschäftigen sich die Naturwissenschaften mit den direkten Sinneswahrnehmungen. Wissenschaft untersuche nichts anderes als die »Bezogenheit von Erscheinungen aufeinander«. Die Welt bestehe nur aus unseren Wahrnehmungen. Das führte für Mach zu einer sehr negativen Beurteilung der Atomhypothese, indem er argumentierte, Atome seien theoretische Konstrukte, die nicht beobachtet werden könnten. Atome seien nicht »wirklich«, sie seien nur nützliche Vorstellungen, die Forschern zum Verständnis der Beziehungen zwischen verschiedenen Beobachtungsergebnissen helfen könnten. Ganz im Sinne Kants sagte er, es sei unmöglich, sich von der Welt der Wahrnehmungen zur Welt der »Dinge an sich« zu begeben. Es sei einfach nicht möglich, die Welt der Erfahrungen zu übersteigen. Allerdings erlaubte Mach die Verwendung von »Hilfskonzepten«, die als Brücken dienten, eine Beobachtung mit einer anderen zu verbinden – jedoch nur solange man davon ausginge, dass sie keine wirkliche Existenz hätten und sie nicht als tatsächlich missverstehe. Sie seien »Produkt der Gedanken«, die »nur in unserer Vorstellung und unserem Denken« existieren.

Um die Bedeutung dieses Punktes zu verstehen, kehren wir zu Machs Behauptung zurück, Atome seien nur theoretische Konstrukte, die zum Verständnis der Beziehungen zwischen verschiedenen Beobachtungsergebnissen verhelfen. Unter dieser Voraussetzung, so Mach, sei die Existenz von Atomen nicht haltbar. Man muss sich daran erinnern, dass Mach in den 1870er Jahren über dieses Thema schrieb, zu einer Zeit, als der experimentelle Beweis der Atomhypothese noch relativ unentwickelt war. Als Ludwig Boltzmann und Max Planck behaupteten, Atome seien nicht nur »nützliche Fiktion«, sondern unabhängige Realitäten, konterte Mach auf ihre Argumente mit der Überlegung, dass Atome »Dinge seien, die niemals gesehen oder berührt werden können«. Tatsächlich betrafen Machs pointierteste Fragen in der Debatte eben diese Vorstellung. Wann immer

jemand von »Atomen« redete, fragte Mach, ob er schon eines gesehen habe. In vieler Hinsicht ähnelt diese Haltung der des Philosophen Berkeley in *Eine Abhandlung über die Prinzipien der menschlichen Erkenntnis* (1701),[24] der Existenz von Wahrnehmung abhängig machte. (In einem Raum, in dem ich mich befinde, mag es einen Stuhl geben; aber steht er immer noch da, wenn ich ihn nicht länger wahrnehme?)

Dieser Punkt in Machs Erörterung ist von beträchtlicher Bedeutung und wird oft mit den Begrifflichkeiten »hypothetische Dinge«, »theoretische Begriffe« oder »Unbeobachtbares« diskutiert. Die grundlegende Frage ist, ob etwas gesehen werden muss, bevor es als existent angesehen werden kann. Für Mach hatten sich die Naturwissenschaften lediglich mit der Wiedergabe experimenteller Beobachtungen zu beschäftigen; mit der Frage nach der Existenz etwaiger »unbeobachtbarer« oder »theoretischer« Dinge hinter diesen Beobachtungen hätten sie nichts zu schaffen.

Einen ähnlichen Standpunkt hat in jüngerer Zeit der Wissenschaftstheoretiker Bas van Fraassen eingenommen. Während Mach die tatsächliche und unabhängige Existenz von Atomen verneint, räumt van Fraassen deren Existenz ein, hält aber daran fest, dass Elektronen nicht wirklich existierten. Er unterscheidet zwischen einem Realisten (der annimmt, dass die Naturwissenschaft beschreiben solle, wie die Welt eigentlich ist) und einem – wie er ihn nennt – »konstruktiven Empiriker« (dessen Arbeiten mit einer Theorie nicht schon die Überzeugung von der *Wahrheit* dieser Theorie beinhaltet, sondern der glaubt, dass die Theorie in angemessener Weise die Phänomene erkläre, auf die sie sich beziehe):

Ein Empirist zu sein bedeutet, an nichts zu glauben, das über die tatsächlichen, beobachtbaren Phänomene hinausgeht, und keine objektive Seinsweise in der Natur anzuerkennen. Eine empiristisch verstandene Naturwissenschaft sucht nach der Wahrheit der rein empirischen Welt, dessen also, was faktisch und beobachtbar ist ... Entschieden muss sie den Wunsch zurückweisen, die in der Natur feststellbaren Gesetzmäßigkeiten durch Wahrheiten zu erklären, die sich auf eine Wirklichkeit jenseits des Faktischen und Beobachtbaren beziehen, da dies bei wissenschaftlichen Untersuchungen keine Rolle spielt.[25]

Von »Naturgesetzen« oder theoretischen Entitäten wie etwa Elektronen zu reden bedeutet dann, ohne Gewähr ein unnötiges metaphysisches Element in den wissenschaftlichen Diskurs einzubringen.

Es ist wohl deutlich geworden, dass eines der Probleme für diese Theorie das beharrliche Voranschreiten des naturwissenschaftlichen Wissens und der Technik darstellt. Mach leugnete die Existenz von Atomen, weil er sie nicht sehen konnte. Aber durch die Erfindung des Elektronenmikroskops konnten Atome »gesehen« werden. Van Fraassen hält Elektronen, die derzeit nicht »gesehen« werden können, für nicht real. Aber was ist, wenn die Technik einen Punkt erreicht, an dem man sie sehen kann? Ein Ding kann als explizit »theoretisch« die Bühne betreten, indem es als Mittel zur Erklärung bestimmter Beobachtungen angenommen wird, auch wenn es selbst nicht beobachtet werden kann. Mit dem Fortschritt der Technik wurden zumindest einige dieser Dinge beobachtbar. Die Gentechnik ist dafür ein sprechendes Beispiel.

Diesem Ansatz müssen wir die Position gegenüberstellen, die allgemein als »Realismus« bekannt ist. Da es eine Vielzahl von »Realismen« gibt, die man in philosophischen und naturwissenschaftlichen Kreisen findet, ist es hilfreich, die Grundzüge zu skizzieren. Realismus vertritt die Ansicht, wie W. H. Newton-Smith es ausdrückt, dass »zumindest einige der theoretischen Begriffe einer Theorie wirkliche theoretische Gegebenheiten beschreiben, die das beobachtbare Phänomen verursachen, das uns zur Behauptung ihrer Existenz veranlasste«.

Man kann drei Spielarten von Realismus identifizieren, die sich im Grad der Heftigkeit unterscheiden, mit der die Position vertreten wird:

1. Die Dinge in der Welt existieren unabhängig vom Denken des Menschen (gegen Berkeleys Sicht, dass ihre Existenz von Wahrnehmung abhänge).
2. Die einzigen Dinge, von denen man sagen kann, dass sie wirklich existieren, sind die, die für sich bestehen und als Fakten nachweisbar sind.
3. Es gibt beides, mentale und nichtmentale Dinge.

Jede dieser Behauptungen verkörpert eine Haltung des Realismus. Der Grundtenor, der diesen drei Thesen gemeinsam ist, ist hingegen klar: Es gibt Dinge in der Welt, die unabhängig von menschlicher Wahrnehmung oder jeglichen mentalen Prozessen sind. Einiges von diesem Ansatz ist typisch für die Naturwissenschaften. Auch wenn es schwierig ist, sie nachzuweisen, wird die Existenz »theoretischer« oder »unbeobachtbarer Dinge« für möglich gehalten. Die Tatsache, dass man sie nicht sehen kann, kann nicht als Beweis dafür dienen, dass sie nicht existieren. Es gibt sehr gute Gründe anzunehmen, dass Elektronen, Quarks und Neutronen existieren, auch wenn sie nicht »wahrgenommen« oder direkt beobachtet werden können:

> Wir sind fähig, die physikalische Welt zu verstehen, die uns von ihrer Realität überzeugt, sogar wenn – wie in der schwer fassbaren Welt der Quantentheorie – diese Wirklichkeit sich nicht darstellen lässt. Dies macht die Physik zu einem guten Stück der Theologie ähnlich, da auch Letztere anstrebt, das Undarstellbare zu verstehen.[26]

Als gute Illustration dieses Punktes kann die Suche nach dem »Top Quark« dienen, die ihren Höhepunkt im Mai 1995 im Fermi National Accelerator Laboratory[27] erreichte. Die Existenz dieses Partikels wurde abgeleitet aus der Entdeckung des »Bottom Quark« (1977), der eine Masse von 4,5 Giga-Elektronen-Volt (GeV) hat. Obwohl nicht beobachtbar, wurde die Existenz des Quarks weithin angenommen; man musste es lediglich durch das Herstellen der entsprechenden experimentellen Bedingungen nachweisen. Als der Nachweis gelang, stellte sich heraus, dass die Masse des fraglichen Quarks viel höher war als erwartet (175 GeV), was immense Mengen an Energie nötig machte, um das Partikel in einer Kollision entstehen zu lassen. Allerdings wurde das Top-Quark niemals »gesehen« oder »beobachtet«. Was tatsächlich beobachtet wurde, ist eine Reihe von Ereignissen, von denen einige (mit guten Gründen) als Bildung eines Top-Antitop-Paares interpretiert wurden und die Berechnung der Masse des Top-Quarks erlauben. Trotzdem ist die Existenz des Top-Quarks weithin akzeptiert, trotz des Fehlens direkter Beobachtung – und der fehlenden Erwartung, dass es jemals beobachtet werden wird.

Eine Form des Realismus, die von besonderer Bedeutung für das Thema Naturwissenschaft und Religion ist, wird im Allgemeinen als »kritischer Realismus« bezeichnet. »Naiver Realismus« nimmt eine direkte Beziehung zwischen äußerer Welt und menschlicher Wahrnehmung an, insofern, als »Wirklichkeit« direkt wahrgenommen werden kann. Kritischer Realismus sagt, dass die Wahrnehmung, wenn auch real, doch indirekt und durch Modelle oder Vergleiche vermittelt sei. Beispielsweise werden wir nie genau wissen, wie ein Elektron aussieht, und können nie erwarten, eines zu sehen. Aber das halte uns weder vom Glauben ab, dass Elektronen wirklich existieren, noch von der Entwicklung von Elektronenmodellen, die uns helfen, ihr Verhalten zu verstehen.

Die Bedeutung dieses Themas für die Religion ist offensichtlich. Eine der wichtigsten Fragen, die man diskutieren kann – vor allem in der Religionsphilosophie – ist, ob Gott nur ein Konstrukt des menschlichen Denkens ist oder unabhängig von menschlichem Denken existiert. Auf vielen Gebieten religiösen Denkens besteht wachsendes Interesse an einem »kritischen Realismus«, der sich in zwei Behauptungen zusammenfassen lässt:

1. Gott existiert unabhängig von menschlichem Denken.
2. Menschen müssen Modelle oder Vergleiche benutzen, um sich Gott vorzustellen, der nicht direkt erkannt werden kann.

Aus diesem Grund ist der Gebrauch von Modellen oder Vergleichen in Naturwissenschaft und Religion von Interesse, und das ganze siebte Kapitel wird dieser Thematik gewidmet werden.

Die Duhem-Quine-Hypothese

Wie können wir wissen, ob eine Theorie falsch ist? Die einfache Antwort, die man aus wissenschaftlicher Perspektive geben kann, ist, ein Experiment durchzuführen. In einem »entscheidenden Experiment« (»crucial experiment«) können die zentralen Annahmen einer Theorie überprüft werden. Ist das Experiment gründlich durchdacht, wird es bald zeigen, ob die Theorie richtig oder falsch ist.

Wird es das? Der französische Physiker und Philosoph Pierre Duhem (1861–1916) meldete Zweifel und Kritik an der Vorstellung eines »entscheidenden Experimentes« an. Duhem meinte, eine Theorie sei aus einem komplexen Geflecht von Hypothesen gemacht, von denen einige von zentraler, andere von untergeordneter Bedeutung seien (entscheidende und Hilfshypothesen). Was aber, wenn aus der Theorie ableitbare Vorhersagen nicht mit den experimentellen Daten übereinstimmen? Welche der Annahmen ist dann falsch? Eine entscheidende Hypothese? Wäre dies der Fall, müsste die ganze Theorie aufgegeben werden. Liegt der Irrtum aber in einer der Hilfsannahmen, so müsste die Theorie nur verändert werden.

Nach Duhem ist ein Physiker nicht in der Lage, eine einzelne Hypothese experimentell zu testen: »Ein physikalisches Experiment kann nie eine einzelne Hypothese widerlegen, sondern nur einen ganzen Theoriekomplex.« Ein Experiment kann nur anzeigen, dass eine Hypothese aus einer größeren Gruppe von Hypothesen erneuter Betrachtung bedarf. Es zeigt nicht an, welche der Hypothesen abgeändert werden muss. Selbst wenn eine streng abgeleitete Folgerung aus einer Theorie sich als falsch erweist (angenommen, ein »entscheidendes Experiment« kann erdacht werden, das eine solche eindeutige Schlussfolgerung erlaubt), kann dieser Fehler nicht einer speziellen Stelle der Theorie selbst oder einer der Hilfsannahmen zugeordnet werden.

Kann aber ein solches »entscheidendes Experiment« erdacht werden? Hier muss Duhems Argumentation näher betrachtet werden. In dem Abschnitt seines Werkes *Ziel und Strukturen der physikalischen Theorien*,[28] der mit »Ein entscheidendes Experiment ist in der Physik unmöglich« überschrieben ist, legt Duhem dar, dass wir keinen Zugang zu allen Hypothesen besitzen, die unserem Denken zugrunde liegen. Man könnte zunächst denken, wir wären in der Lage, alle möglicherweise für ein Phänomen verantwortlichen Hypothesen aufzuzählen, um dann experimentell alle Hypothesen bis auf eine auszuschließen. Allerdings, so Duhem, sei ein Physiker einfach nie in der Position, sicher zu sein, dass alle Hypothesen identifiziert und überprüft wurden.

In seinem Aufsatz *Two Dogmas of Empiricism (Zwei Dogmen des Empirismus)* entwickelt der Philosoph Willard Van Orman Quine aus Harvard

Duhems Gedankengang zu dem weiter, was als »Duhem-Quine-Hypothese« bekannt geworden ist. Sie besagt, dass man dann, wenn Theorie und gewonnene Daten unvereinbar seien, nicht die Schlussfolgerung ziehen dürfe, eine bestimmte der theoretischen Annahmen sei falsch und müsse daher aufgegeben werden. Quine entwickelt diese Behauptung, indem er die Komplexität des Verhältnisses erläutert, in dem Denksysteme oder Weltbilder zu Erfahrungen und Experimenten stehen:

> Die Gesamtheit unseres so genannten Wissens oder Glaubens, von den gewöhnlichsten Sachverhalten in Geographie oder Geschichte bis zu den tiefgründigsten physikalischen Gesetzen ... ist ein von Menschen gemachtes Gebilde, das nur am Außenrand mit Erfahrung zusammenkommt ... Ein Konflikt mit der Erfahrung am Rand verursacht Neuordnungen im Zentrum ... Aber das gesamte Gebiet ist durch seine Grenzbedingungen so unbestimmt, dass es viel Spielraum gibt, wie Hypothesen im Licht einer einzelnen widersprechenden Erfahrung neu zu bewerten sind.[29]

Anders gesagt: Erfahrung hat oft relativ wenig Einfluss auf Weltbilder. Wenn eine Erfahrung oder ein Experiment einem Weltbild oder Denksystem zu widersprechen scheint, ist das wahrscheinlichste Ergebnis eher eine innere Neuanpassung des Systems als seine Verwerfung. Quine weist somit auf einige Schwierigkeiten bei der Widerlegung einer Theorie auf der Grundlage von Experimenten hin, denen sich jeder empirische Ansatz stellen muss.

Man sollte hier anmerken, dass Duhem betonte, seine Überlegungen beträfen die Naturwissenschaften und im Besonderen die Physik. Quine erweiterte Duhems Ansatz über dessen ursprüngliche Anwendung hinaus und übertrug ihn auf jede Forschungstätigkeit, die mit der Beziehung von Theorie und Praxis zu tun hat.

Quines Analyse gab einer Sicht Auftrieb, die oft als »Underdetermination Thesis« (»These von der Unterbestimmung«) bezeichnet wird und sich den Naturwissenschaften besonders unter soziologischer Rücksicht annähert. Die These besagt, es gebe im Prinzip eine unendliche Zahl von Theorien, die Untersuchungsergebnisse mehr oder weniger gut erklären

können. Die Auswahl einer Theorie könne also auf der Grundlage soziologischer Faktoren, wie etwa Interessen, erklärt werden. Gemäß dieser Ansicht spielt der experimentelle Beweis für Entstehung und Bekräftigung von Theorien eine viel geringere Rolle, als man annehmen könnte. Die extremste Variante dieses Ansatzes (bezeichnet als »maximal underdetermination«) lautet dann:

Für jede theoretische Behauptung B und annehmbare Theorie T, die B unbedingt enthält, gibt es eine annehmbare Theorie T' mit denselben experimentell feststellbaren Auswirkungen, die aber unbedingt die Negation von B enthält.[30]

Zwei Auswirkungen dieser »Unterbestimmung« sollten festgehalten werden:

1. dass es mehrere mögliche Theorien gibt, die mit einem gegebenen experimentellen Ergebnis übereinstimmen. Alle können gleichermaßen als gültig angesehen werden;
2. dass Theorien nicht rein auf der Grundlage experimenteller Ergebnisse erklärt werden können. Zusätzliche Faktoren, meistens soziologischer Natur, müssen außerdem in die Betrachtung mit einfließen.

Es ist also klar, dass die These von der Unterbestimmung besonders für Wissenschaftssoziologen sehr attraktiv ist, die die Bedeutung sozialer Faktoren für wissenschaftliche Theorien (Stichwort »erkenntnisleitendes Interesse«) betonen.

Allerdings muss festgehalten werden, dass die These von der Unterbestimmung umstritten ist. Duhem selbst sagte, dass Physiker eine recht gute Vorstellung davon hätten, welche Theorien funktionieren und welche nicht. Er bezog sich auf ein »gutes Gefühl«, womit er eine intuitive Wahrnehmung meinte, die auf der Erfahrung der wissenschaftlichen Arbeit im Labor basiere.

Was ist nun die religiöse Bedeutung der Duhem-Quine-Hypothese? Eines der wichtigsten Felder, auf dem sie relevant sein kann, betrifft das Problem

des Leidens, traditionell einer der schwierigsten Aspekte des Glaubens an Gott. Wie, wird gefragt, kann der Glaube an Gott angesichts des Leidens gerechtfertigt werden? Und wenn Gott Güte und Liebe ist, wie ist dann zu verstehen, dass es Leid gibt? Hier scheint ein unauflöslicher Widerspruch zwischen religiöser Theorie und Erfahrung vorzuliegen. Aber was sind die Auswirkungen dieses offensichtlichen Widerspruchs? Bewirkt die Existenz des Leidens in der Welt, dass wir den Glauben an Gott aufgeben? Oder eher, dass wir einige untergeordnete Aspekte unseres Glaubens ändern – oder vielleicht Hilfe in einer zusätzlichen Annahme suchen, die überhaupt kein richtiger Bestandteil des christlichen Glaubens ist?

Um die Bedeutung der Duhem-Quine-Hypothese zu verstehen, müssen wir die religiösen Themen in einer eher naturwissenschaftlichen Sprache darstellen. Es gilt die Grundlagen einer theistischen Theorie auszuarbeiten, die aus einer Anzahl von Hypothesen besteht, von denen zwei lauten:

Theorie: Es gibt einen Gott.

Haupthypothesen:
1. Dieser Gott ist gut, und er liebt.
2. Dieser Gott ist allmächtig.

Hilfshypothesen:
1. Ein allmächtiger Gott kann alles tun (außer logisch unmöglichen Dingen wie etwa quadratische Dreiecke zeichnen).
2. Wir wissen genug von Gott, um Aussagen über ihn machen zu können.

Wir müssen nun ein Beobachtungsergebnis einführen, das die Parallele zum Experiment herstellt – beispielsweise zum Michelson-Morley-Experiment. [Im Jahr 1887 erfand A. A. Michelson das Interferometer und benutzte es für ein weiteres berühmtes Experiment, das er mit dem amerikanischen Chemiker E. W. Morley durchführte. Zu dieser Zeit wurde angenommen, dass sich Licht in Wellen durch einen Äther fortpflanze und dass sich die Erde relativ zum ruhenden Äther bewege. Das Michelson-Morley-Experiment zeigte, dass zwei Lichtstrahlen, die die Erde in ver-

schiedenen Richtungen verlassen, bei gleicher Geschwindigkeit reflektiert werden. Nach der Äthertheorie hätten die Strahlen – abhängig von der Geschwindigkeit der Erde – als Wellen mit verschiedenen Geschwindigkeiten reflektiert werden müssen. Somit diente das Experiment zum Nachweis, dass es keinen Äther gibt. Anm. d. Ü.]

Beobachtung: Es gibt Leid in der Welt.

Die entscheidende Frage ist, ob diese Beobachtung uns dazu bringt, die Theorie als Ganzes zu verwerfen (wie damals die Äther-Theorie) oder eine oder mehrere ihrer Hypothesen (die natürlich nicht spezifisch für das Christliche sein dürfen). Duhem und Quine versichern beide, es sei theoretisch unmöglich herauszufinden, wo genau die Spannung zwischen Theorie und Erfahrung liege.

Es wird deutlich, dass es sich hierbei um einen wichtigen Punkt handelt, vor allem, wenn man die vereinfachenden Argumentationsmuster bedenkt, die oft bei diesem Thema verwandt werden. Man denkt vielfach, dass die bloße Existenz des Leidens in der Welt ausreiche zu bewirken, dass der Glaube an Gott aufgegeben wird. Duhem und Quine verneinen das entschieden. Die Themen, um die es geht, sind bei weitem komplexer, wie aktuelle religionsphilosophische Diskussionen zeigen.

Logischer Positivismus: der Wiener Kreis

Eine der wichtigsten philosophischen Bewegungen, die im 20. Jahrhundert entstanden, hat ihren Ursprung in Wien. Als »Wiener Kreis« (bisweilen auch »Wiener Schule«) wird die Gruppe von Philosophen, Physikern, Mathematikern, Soziologen und Wirtschaftswissenschaftlern bezeichnet, die sich 1924–1936 um Moritz Schlick gebildet hatte. Die Gruppe zerfiel, nachdem Schlick 1936 von einem Studenten erschossen wurde, und zerstreute sich infolge des Aufstiegs des Nationalsozialismus in Österreich vor dem Zweiten Weltkrieg. Eine Folge war, dass die Gedanken des »Wiener Kreises« weithin verbreitet wurden, vor allem in den Vereinigten Staaten. Welche Gedanken waren das?

Allgemeine Aussagen über die zentralen Themen der Gruppe sind heikel, denn es gab erhebliche Unterschiede in den Ansichten der Mitglieder. Außerdem veränderten sich im Laufe der Zeit die Vorstellungen einiger führender Köpfe. Trotzdem lässt sich ein gemeinsamer Nenner in der grundlegenden Ansicht finden, dass Annahmen *durch Erfahrung gerechtfertigt werden müssen.* Dieser Glaube ist in den Schriften David Humes grundgelegt und deutlich empiristisch getönt. Deshalb neigten die Mitglieder der Gruppe dazu, Methoden und Normen der Naturwissenschaften (die als empirischste der Wissenschaften angesehen wurden) besonders zu schätzen, die Metaphysik (die als Versuch gesehen wurde, sich von Erfahrungen zu lösen) dementsprechend gering. Tatsächlich gelang es dem Wiener Kreis, dem Begriff »Metaphysik« einen stark negativen Beigeschmack zu geben.

Für den Wiener Kreis waren Behauptungen, die nicht direkt mit der realen Welt in Zusammenhang stehen oder auf sie bezogen sind, wertlos und lediglich geeignet, die unendlichen fruchtlosen Streitigkeiten der Vergangenheit fortzusetzen. Jeder Lehrsatz musste daher so formuliert werden können, dass er in direktem Bezug zur Welt der Erfahrung stand.

Der Wiener Kreis entwickelte diesen Ansatz, indem er sich die Möglichkeiten der symbolischen Logik nutzbar machte, derer man sich im späten 19. Jahrhundert erstmals bewusst geworden war und die im frühen 20. Jahrhundert sehr effektiv von Bertrand Russell eingesetzt wurden. Die Art und Weise, in der Begriffe und Sätze miteinander in Beziehung stehen, könne durch angemessenen Gebrauch der Logik geklärt werden. Wie Schlick selbst darlegte, könne die strikte Anwendung dieser logischen Prinzipien absurde Fehler zugunsten philosophischer Exaktheit verhindern. Sinnlos, weil unlogisch sei etwa zu sagen: »Mein Freund verstarb übermorgen« oder »Der Turm ist sowohl 100 als auch 150 Meter hoch«.

Den Gesamtansatz kann man in zwei Teile untergliedern:

1. Alle sinnvollen Behauptungen können auf Behauptungen, die nur beobachtbare Begriffe enthalten, zurückgeführt werden oder sind ausdrücklich durch solche definiert.
2. Alle diese ableitbaren Behauptungen müssen in logischen Begriffen ausgedrückt werden können.

Der wichtigste Versuch, dieses Programm weiterzuführen, ist in den Arbeiten Rudolf Carnaps zu sehen, vor allem in seinem Werk *Der logische Aufbau der Welt* von 1928.[31] Hier zeigte Carnap, wie die Welt durch logische Konstruktion aus Erfahrung abgeleitet werden könne; in seinen Augen war dies ein Versuch der »Rückführung der ›Realität‹ auf das ›Gegebene‹« durch Anwendung der Methoden der Logik auf Behauptungen, die auf Erfahrung gründen. Die einzigen beiden Erkenntnisquellen sind somit die Sinneswahrnehmung und die analytischen Prinzipien der Logik. Erstere bewirkt und rechtfertigt Behauptungen, die wiederum durch Letztere zueinander und zu ihren definierenden Begriffen in Beziehung gesetzt werden.

Schnell war klar, dass mathematische und logische Behauptungen zu einem Problem für den Wiener Kreis werden würden. Inwiefern war die Behauptung »2 + 2 = 4« auf Erfahrung bezogen? Manche sagten, derartige Behauptungen seien sinnlos; andere (vielleicht die Mehrzahl) waren der Ansicht, sie sollten als »analytische Behauptungen« angesehen werden, deren Wahrheit durch Definition oder Konvention gesetzt wurde, sodass ihre Gültigkeit keinen empirischen Nachweis benötige. Um Verallgemeinerungsschwierigkeiten zu umgehen, werden wir unsere folgenden Ausführungen auf nicht-analytische Behauptungen beschränken.

Für den Wiener Kreis ist eine Behauptung sinnlos, solange sie sich nicht auf direkt von Beobachtung abhängige Behauptungen zurückführen lässt. Eine solche Behauptung mag grammatisch korrekt sein, sie ist aber sinnlos, weil sie nichts aussagt. Sie mag dem Anschein nach etwas aussagen, aber bei näherer Betrachtung zeigt sich, dass sie wenig mehr ist als »verbale Unordnung« (Otto Neurath). Carnap selbst verdeutlichte diesen Punkt, indem er das Wort »teavy« erfand und es augenzwinkernd einer philosophischen Analyse unterzog:

> Nehmen wir zur Verdeutlichung an, jemand erfindet das neue Wort »teavy« und behauptet, es gebe Dinge, die teavy seien und andere, die nicht teavy seien ... Wie kann man in einem konkreten Fall sicherstellen, ob ein gegebenes Ding teavy ist oder nicht? Beginnen wir mit der Annahme, dass wir von ihm keine Antwort erhalten: Es gebe keine empirischen Anzeichen für Teavykeit, sagt er. In diesem Fall würden

wir die Legitimität der Verwendung des Wortes verneinen. Wenn die Person, die das Wort benutzt, sagt, dass es dennoch Dinge gebe, die teavy seien und andere, die nicht teavy seien, und dass es nur dem schwachen endlichen Intellekt des Menschen ein unendliches Geheimnis bliebe, welche Dinge teavy seien und welche nicht, dann werden wir dies als eine leere Worthülse betrachten.[32]

Anders gesagt: Es gibt keine Erfahrung, die uns erlaubt, die Bedeutung des Wortes »teavy« zu bestimmen, also ist es sinnlos.

Was Carnap damals ausführte, ist heute allgemein als »Verifikationsprinzip« bekannt. Es besagt, dass nur verifizierbare Behauptungen sinnvoll seien. Daraus folgt, dass die Naturwissenschaften in der Erkenntnistheorie eine Vorrangstellung einnehmen, während die Philosophie als Mittel gesehen wird, das zu erklären, was durch empirische Untersuchungen festgestellt wurde. Philosophie, so Carnap, bestehe »in der logischen Analyse der Behauptungen und Konzepte der empirischen Wissenschaften«.

Diese Ansichten wurden durch A. J. Ayers 1936 erschienenes Buch *Language, Truth and Logic (Sprache, Wahrheit und Logik)* im englischen Sprachraum verbreitet. Obwohl der Zweite Weltkrieg diesen Prozess störte, gilt das Buch als philosophischer »Fahrplan« für zumindest die ersten beiden Nachkriegsjahrzehnte. Die darin angeregte mutige und kompromisslose Anwendung des Verifikationsprinzips verwarf so gut wie alles, was als metaphyisch oder religiös angesehen wurde, als »sinnlos«.

Da der Logische Positivismus seine Leitideen den Methoden der Naturwissenschaften entlehnt, ist er von besonderer Bedeutung für unsere Untersuchung. Die entscheidende Frage lautet: In welcher Beziehung steht er zur Religion? Erwartungsgemäß hat der Logische Positivismus für religiöse Behauptungen wenig übrig, weil sie nicht verifizierbar sind. Noch einmal Carnap:

Die systematische Theologie beansprucht, Wissen über angebliche Wesen einer übernatürlichen Ordnung darzustellen. Ein derartiger Anspruch muss mit denselben strengen Maßstäben gemessen werden wie jede andere Behauptung von Erkenntnis. Meinen Erwägungen

zufolge hat diese Untersuchung klar gezeigt, dass die traditionelle Theologie ein Überbleibsel vergangener Zeiten ist, völlig außerhalb des wissenschaftlichen Denkens unseres Jahrhunderts.[33]

Lehrsätze, die Aussagen über »Gott«, »das Transzendente« oder »das Absolute« machen, seien sinnlos, da nicht durch Erfahrung verifizierbar. A. J. Ayer war lediglich bereit zuzubilligen, dass religiöse Behauptungen indirekt Informationen über den Geisteszustand der Personen, die eine solche Behauptung aufstellten, liefern könnten. Allerdings seien sie nicht als Behauptungen zu betrachten, die sinnvolle Aussagen über die äußere Welt machten.

Das Thema der »eschatologischen Verifikation« – der Begriff »eschatologisch« geht auf den griechischen Ausdruck *ta eschata* (»die letzten Dinge«) zurück – erfreute sich zwischen 1955 und 1965 einer gewissen Beliebtheit und ist als direkte Antwort auf die Diskussion um die Verifizierbarkeit als Bedingung für Sinnhaftigkeit zu verstehen. In diesem Zusammenhang debattierte der Oxford University Socratic Club die Frage, ob die Existenz Gottes falsifiziert werden könne. Bevor wir im nächsten Abschnitt dieses Kapitels näher auf die Debatte eingehen, sei hier zunächst nur der Beitrag I. M. Crombies erwähnt. Darin merkte Crombie an, dass die Erfahrung, auf deren Grundlage religiöse Behauptungen verifiziert werden könnten, bloß zu Lebzeiten nicht zugänglich sei, wohl aber nach dem Tod.

Da unsere Erfahrung begrenzt ist, sind wir nicht in der Lage, diese Frage zu entscheiden ... Für Christen nennt sich der Vorgang, in die Lage zu kommen, sie entscheiden zu können, Sterben; und obwohl wir alle sterben können, können wir nicht zurückkehren, um zu berichten, was wir herausfinden.[34]

John Hick präzisierte diesen Ansatz, indem er einen Vergleich zwischen zwei Leuten anstellte, die auf derselben Route reisen und dieselben Erfahrungen machen. Einer glaubt, der Weg führe zur Himmlischen Stadt, der andere nicht.

Während des Verlaufs der Reise ist die Streitfrage zwischen ihnen keine überprüfbare. Sie haben keine unterschiedlichen Erwartungen bezüglich der Einzelheiten des Weges, sondern nur das Endziel betreffend. Und erst wenn sie um die letzte Ecke biegen, wird offensichtlich sein, dass der eine die ganze Zeit Recht hatte und der andere nicht. Obwohl also die Streitfrage zwischen ihnen nicht überprüfbar war, war sie doch von Beginn an eine wirkliche Frage. Sie hatten nicht nur unterschiedliche Meinungen bezüglich des Weges; denn während die Vorahnung des einen hinsichtlich des tatsächlichen Standes der Dinge treffend war, war es die des anderen nicht. Ihre entgegengesetzten Interpretationen des Weges stellen grundlegend gegensätzliche Aussagen dar, auch wenn es Aussagen sind, deren Aussagestatus die seltsame Eigenheit besitzt, erst im Nachhinein durch ein zukünftiges Ergebnis abgesichert zu werden.[35]

Das Thema hat seitdem jedoch an Bedeutung verloren. Ein entscheidender Grund dafür liegt in der Tatsache, dass man sich der Grenzen des Verifikationsprinzips und damit des Logischen Positivismus bewusst wurde. Zu deren Verdeutlichung betrachten wir folgende Behauptung: »Am 18. Juni 1865 um 5.15 Uhr saßen sechs Gänse auf dem Rasen vor dem Buckingham-Palast.« Diese Behauptung ist eindeutig sinnvoll, weil sie etwas aussagt, was hätte verifiziert werden können. Aber wir sind nicht in der Lage, sie zu überprüfen bzw. zu bestätigen. Ein ähnliches Problem stellt sich bei weiteren Behauptungen, die sich auf die genannte beziehen. Jemand wie Ayer muss sie als weder richtig noch falsch einordnen, da sie keinen Bezug zur Außenwelt aufweisen. Dies widerspricht aber eindeutig der Grundannahme, dass solche Behauptungen sinnvolle Aussagen seien.

Ein weiterer strittiger Punkt sind theoretische Dinge wie subatomare Teilchen. Wie schon erwähnt, können sie streng genommen nicht »beobachtet« werden. Dies stellte den Logischen Positivismus vor schwerwiegende Probleme und führte dazu, dass einige seiner Vorkämpfer ihre Haltung in dieser Frage abmilderten. So schieb 1938 V. F. Lenzen in einem Aufsatz über Vorgehensweisen empirischer Wissenschaften, dass bestimmte Dinge aus experimenteller Beobachtung abgeleitet werden müssten. Aus dem Verhalten von Öltröpfchen in einem elektrischen Feld

könne man beispielsweise die Existenz von Elektronen als negativ geladene Teilchen einer bestimmten Masse ableiten. Zwar sind diese nicht sicht- und damit auch nicht verifizierbar, doch ihre Existenz ist eine vernünftige Ableitung aus den Beobachtungsergebnissen. Dies stellte eine sehr bedeutsame Abschwächung des ursprünglichen Verifikationsprinzips dar. Bemerkenswert ist, dass diese Abschwächung teilweise auf theoretischen Entwicklungen innerhalb der vom Logischen Positivismus so hoch geschätzten Naturwissenschaften zurückgeht. Verifikation hat demnach ernst zu nehmende Grenzen. Es ist daher hilfreich, einen Gegenansatz aufzuführen, der als Antwort auf einige der angedeuteten Probleme zu sehen ist. Dieses alternative Prinzip ist allgemein als »Falsifikationismus« bekannt.

Falsifikation: Karl Popper

Karl Popper (1902–1994) spürte, dass das mit dem Wiener Kreis verbundene Verifikationsprinzip zu eng gefasst war und am Ende viele gültige wissenschaftliche Aussagen ausschloss.

Meine Kritik am Verifikations-Kriterium war immer diese: Entgegen der Absicht seiner Verteidiger schloss es offensichtlich metaphysische Behauptungen nicht aus; aber es schloss die wichtigsten und interessantesten aller wissenschaftlichen Behauptungen aus, das heißt die wissenschaftlichen Theorien, die universellen Naturgesetze.[36]

Popper war überzeugt, dass die ausdrückliche Betonung der Verifikation auch aus einem anderen Grund unangebracht sei. Denn sie erlaubte einigen »Pseudowissenschaften« wie Marxismus oder Freudianismus, sich als »wissenschaftlich« zu bezeichnen, während sie es in Wirklichkeit nicht waren.

Was ich an diesen Theorien so auffallend und gefährlich fand, war der Anspruch, dass sie durch einen unerschöpflichen Strom von Beobachtungsergebnissen »verifiziert« oder »bestätigt« würden. Und tatsäch-

lich, wenn die Augen erst einmal geöffnet waren, konnte man überall verifizierende Momente sehen. Ein Marxist konnte keine Zeitung aufschlagen, ohne auf jeder Seite verifizierende Hinweise auf den Klassenkampf zu finden ... Ein Psychoanalytiker, ob Freudianer oder Adlerianer, versicherte Ihnen, dass er seine Theorien täglich, ja stündlich durch seine klinischen Beobachtungen verifiziert sieht ... Es war genau diese Tatsache – dass die Theorien immer passten, dass sie immer »verifiziert« wurden – was ihre Anhänger beeindruckte. Es begann mir zu dämmern, dass diese scheinbare Stärke in Wahrheit eine Schwäche ist und dass all diese »Verifikationen« zu billig sind, um als Argumente zu zählen.[37]

Popper erinnert sich, irgendwann um 1920 eine populärwissenschaftliche Arbeit über Einsteins Relativitätstheorie gelesen zu haben. Was ihn beeindruckte, war Einsteins genaue Aussage darüber, was notwendig wäre, um zeigen zu können, dass seine Theorie falsch sei. Einstein hatte erklärt, dass »wenn die Rotverschiebung oder die Spektrallinien nicht existieren würden, die gesamte Relativitätstheorie unhaltbar« sei.

Für Popper stellte dies eine völlig andere Haltung dar, als er sie von Marxisten und Freudianern kannte. Wer diesen Ideologien nahe stand, suchte einfach nur nach Beweisen, die seine Vorstellungen untermauerten. Einstein suchte nach etwas, was seine Theorie *falsifizieren* könnte! Wenn ein solcher Beweis gefunden würde, wollte er seine Theorie verwerfen.

In der Praxis war das etwas übertrieben. Was, wenn die vorausgesagte Rotverschiebung zu klein wäre, um mit Hilfe der damaligen Technik beobachtet zu werden? Oder wenn sie durch die nicht vermeidbare störende Wirkung eines anderen Effekts verdunkelt würde? Im Fall des von der Sonne abgestrahlten Lichts sagte die Allgemeine Relativitätstheorie voraus, es gebe aufgrund der Abbremsung der Lichtgeschwindigkeit eine schwerkraftbedingte Rotverschiebung um einen sehr kleinen Faktor: ein 2,12-Millionstel. Eine solche Rotverschiebung konnte damals in der Tat nicht beobachtet werden – eine Tatsache, die bei den Beratungen des Nobelpreiskomitees von 1917 und 1919 sehr ins Gewicht fiel. Heute hingegen wissen wir, dass die Technik der 1920er Jahre einfach nicht weit genug war, die Beobachtung des vorausgesagten Effekts zu erlauben; die endgültige Bestätigung erfolgte erst 1960. Anhand der Kriterien, die Einstein selbst

aufgestellt hatte, konnte seine eigene Theorie jedoch nicht bestätigt werden.
Popper spürte, dass das zugrunde liegende Prinzip wichtig war. Theorien müssten an der Erfahrung überprüft werden, was zu ihrer Verifizierung oder Falsifizierung führen würde.

Ich werde ein System nur dann als empirisch oder wissenschaftlich anerkennen, wenn es durch Erfahrung getestet werden kann. Diese Überlegungen legen nahe, dass nicht die *Verifizierbarkeit*, sondern die *Falsifizierbarkeit* eines Systems als Kriterium der Abgrenzung genommen werden kann ... Es muss für ein empirisches wissenschaftliches System möglich sein, durch Erfahrung widerlegt zu werden.[38]

Hier wird deutlich, dass Popper einige der zentralen Aussagen des Logischen Positivismus angenommen hatte, vor allem die grundlegende Rolle der Erfahrung der realen Welt. Ein theoretisches System musste fähig sein, durch die Beobachtung der Welt getestet zu werden. Aber während der Logische Positivismus die Notwendigkeit des Aufstellens von Bedingungen betonte, unter denen eine theoretische Behauptung verifiziert werden könne, war Popper der Ansicht, man müsse vor allem jene Bedingungen angeben, unter denen das System falsifiziert werden könne.

Entsprechend richtete Popper sein Augenmerk auf Experimente, die eine Theorie falsifizieren konnten. Allerdings hatte Duhem behauptet, es sei prinzipiell unmöglich, ein »entscheidendes Experiment« durchzuführen. Denn es gebe immer einen signifikanten Grad an Unsicherheit, ob aus dem Experiment folge, dass die Theorie als Ganzes zu verwerfen sei, oder ob das Problem in einer der Hypothesen oder in einer Hilfshypothese liege, die für die Theorie nicht von grundlegender Bedeutung sei. Poppers Ansatz schien die starke Theorieabhängigkeit experimenteller Beobachtung zu übersehen, was seine Kritik weit weniger stark machte, als er vielleicht erhofft hatte.

Poppers Ansatz hatte beträchtlichen Einfluss innerhalb der Religionsphilosophie der 1950er bzw. 1960er Jahre und ist vor allem mit der »Falsifizierungsdebatte« verbunden. In seiner Studie *Theology and Falsification* führt Anthony Flew aus, dass religiöse Aussagen nicht als sinnvoll

betrachtet werden können, da nichts aus der Erfahrung Abgeleitetes sie falsifizieren könne. Weiter folgt Flew auch Poppers Kritik an Marxismus und Freudianismus, indem auch er ihnen attestiert, Beobachtungen und Erfahrungen willkürlich und im eigenen Interesse auszulegen.

Flew legt seine Bedenken in einer Form dar, die er Parabel nennt: Zwei Forscher kommen zu einer Lichtung im Dschungel. Einer der Forscher sagt, dass er glaube, es gebe einen unsichtbaren Gärtner, der sich um diese Lichtung kümmere. Der zweite Forscher verneint dies und schlägt vor zu versuchen, dies mit Hilfe verschiedener Tests zu belegen. So wollen sie Ausschau nach dem Gärtner halten und mit Bluthunden und elektrischen Zäunen seine Existenz nachweisen. Doch keiner dieser Tests weist den Gärtner nach. Der zweite Forscher behauptet, dies zeige, dass es keinen Gärtner gebe. Der erste jedoch begegnet allen Einwänden mit Einschränkungen.»Es gibt einen Gärtner, der keinen Geruch hat und keine Geräusche macht«, argumentiert er. Am Ende stellt Flew dar, dass die Idee des Gärtners sich mit dem»Tod tausender Einschränkungen trifft«. Der Gärtner kann nicht gesehen, gehört, gerochen oder berührt werden. Ist es deshalb nicht verständlich, wenn jemand schlussfolgert, dass es wirklich keinen Gärtner gebe? So lautete zumindest Flews Konklusion. Sie beruhte freilich auf der Voraussetzung, dass religiöse Aussagen nicht in einer falsifizierbaren Art und Weise formuliert werden können.

Die Forderung nach Falsifizierbarkeit erweist sich jedoch – wie die frühere Forderung nach Verifizierbarkeit – als wesentlich komplexer als zunächst angenommen. Beispielsweise können Flews absolute Forderungen nicht von den Naturwissenschaften erfüllt werden, die jene Abweichungen oder»Einschränkungen« in den Prozess der Theoriebildung einführen, gegen die Flew so starke Einwände hat. Ungewöhnliche Beobachtungsergebnisse werden normalerweise durch einen ausgetüftelten und komplexen Prozess der Anpassung, Veränderung und Einschränkung in die Theorien integriert. Die absolute Forderung nach etwas, das eine Theorie unbestreitbar falsifiziert – das»entscheidende Experiment« – ist in den Naturwissenschaften in der Tat unrealistisch, wie bereits im Zusammenhang mit Duhem gezeigt wurde.

Poppers besonderes Bemühen galt der Beseitigung der Metaphysik aus der Wissenschaft. Er glaubte, einen Weg gefunden zu haben, metaphysi-

sche Behauptungen durch Forderung nach Falsifizierbarkeit auszuschließen. Doch Poppers Versuch, ein sinnvolles Falsifizierungskriterium zu entwickeln, erwies sich als unerwartet kompliziert. Ein vortreffliches Beispiel
dafür liefert das so genannte »tacking paradox« (»Anheftungs-Paradox«).
Lassen sie uns T als falsifizierbare Theorie bezeichnen – z. B. »Alle Schwäne sind weiß«. Weil T falsifizierbar ist, muss es eine Beobachtungs-Behaup-
tung B geben, die aus T folgt. In unserem Beispiel lautet die Beobachtungs-
Behauptung: »Man beobachtet, dass alle Schwäne weiß sind.« Findet man
nun heraus, dass diese Annahme nicht mit der Wirklichkeit übereinstimmt, folgt daraus, dass T falsch ist.

So weit, so gut. Aber das »tacking paradox« verkompliziert dieses einfache Modell nun erheblich. In seiner einfachsten Variante beinhaltet das
Paradox das »Anheften« einer zusätzlichen metaphysischen Behauptung
M, z. B. »Zeus hat Hunger« oder »Das Absolute ist blau«. Für die Theorie T'
gilt deshalb folgende Definition: T' = T & M.

Mit anderen Worten: Die neue Theorie ist eine Mischung aus der
ursprünglichen und einer neuen metaphysischen Behauptung. Weil T falsifizierbar ist, muss auch T' falsifizierbar sein, sodass die Beobachtung
eines schwarzen Schwans zeigen würde, dass die Theorie falsch ist. Wenn
eine völlig willkürliche (und, so unsere Annahme, nicht verifizierbare
oder falsifizierbare) metaphysische Behauptung angehängt wurde, macht
dies hierbei keinen Unterschied.

Um das Gesagte etwas klarer darzustellen, nehmen wir an, wir haben
eine Theorie, die aus zwei Teilen besteht:

1. Alle Schwäne sind weiß.
2. Das Absolute ist blau.

Würde ein schwarzer Schwan beobachtet werden, erwiese sich die Theorie im Ganzen als unrichtig, weil sich einer ihrer Teile als unrichtig erwiesen hätte. Das »tacking paradox« bezieht sich auf die Tatsache, dass
irgendeine willkürliche metaphysische Behauptung in eine falsifizierbare
Theorie eingebaut werden kann – was die Bedeutung von Poppers Ansatz
deutlich mindert.

Aber wie entwickeln sich wissenschaftliche Theorien? Im Folgenden

werden wir den »Paradigmenwechsel« genannten Ansatz untersuchen, der auf Thomas S. Kuhn zurückgeht.

Paradigmenwechsel in der Wissenschaft: Thomas S. Kuhn

Einer der am weitesten entwickelten Beiträge zur Entwicklung der wissenschaftlichen Methodik konzentriert sich auf die Vorstellung der »wissenschaftlichen Revolutionen«. In seinem Buch *The Structure of Scientific Revolutions (Die Struktur wissenschaftlicher Revolutionen)* erläutert Thomas S. Kuhn, dass die vorherrschende Sicht der Natur wissenschaftlicher Prozesse die sei, dass neue Theorien schrittweise durch Verifizierung oder Falsifizierung entstünden. Der Übergang von einem Paradigma zu einem anderen erfolge aber nicht schrittweise, sondern erstaunlich schnell und sei mit beachtlichen Veränderungen im Denken verbunden. Kuhn spielt hier auf das Modell des »schrittweisen Fortschritts« an, das in Karl Poppers *Logik der Forschung* zu finden ist.

Kuhns Gebrauch des Begriffs »Paradigma« ist verworren und hat zu ernsten Uneinigkeiten darüber geführt, was er gemeint habe könnte. Im Allgemeinen verwendet er das Wort auf zwei Weisen:

1. Im weitesten Sinn bezieht er es auf die große Zahl allgemeiner Ansichten, die einer bestimmten Gruppe von Wissenschaftlern gemeinsam ist. Es handelt sich dabei um eine anerkannte Sammlung von Verallgemeinerungen, Methoden und Modellen.
2. Im engeren Sinn bezieht Kuhn den Begriff auf einen wissenschaftlichen Erklärungserfolg in der Vergangenheit, der einen normativen Rahmen zu liefern scheint und als exemplarisch angesehen wird (etwas hat sich bewährt und wird nun verfolgt) – bis schließlich etwas die Aufgabe des Paradigmas bewirkt.

Wir werden den Begriff in der ersten Bedeutung verwenden, d. h. bezogen auf »ein dichtes Netz von Annahmen – begriffliche, theoretische, instrumentelle und methodische«.

Auf der Grundlage seiner Studien zur Entwicklung der Naturwissenschaften behauptet Kuhn, dass ein bestimmtes Paradigma aufgrund seiner Erklärungskraft in der Vergangenheit als normativ angesehen wird. Ist ein Paradigma einmal akzeptiert, folgt eine Zeit, die Kuhn »normale Wissenschaft« nennt. Während dieser Zeit ist das Paradigma, das aus seinem früheren Erfolg resultierte, anerkannt. Experimentelle Befunde, die ihm zu widersprechen scheinen, werden als unnormal betrachtet – d. h. als Dinge, die dem Paradigma Schwierigkeiten bereiten, aber nicht erfordern, es zu verwerfen. Anomalien werden als etwas betrachtet, wofür man eine Lösung innerhalb des Paradigmas erwartet, auch wenn im Moment die Details dieser Lösung noch unklar bleiben. *Ad hoc* werden Veränderungen des Paradigmas vorgeschlagen – wie im Fall der ptolemäischen Astronomie, in der Differenzen zwischen Theorie und Beobachtung durch Hinzufügen zusätzlicher Epizyklen zum System erklärt werden konnten.

Aber was geschieht, wenn sich die Anomalien häufen und schließlich so viele sind, dass sie das Paradigma in Frage stellen? Oder wenn eine einzelne Anomalie so wichtig wird, dass sie zu einer nicht länger ignorierbaren Herausforderung heranwächst? Kuhn meint, dass das betreffende Paradigma durch solche Situationen in eine Krise gerate, die als Vorspiel einer »wissenschaftlichen Revolution« betrachtet werden könne. Kuhn hebt diesen *revolutionären* Ansatz vom *evolutionären* Modell ab, das einen stetigen Fortschritt im wissenschaftlichen Verständnis durch schrittweises Anwachsen von Datenmaterial und Verständnis erkennen will. Wo andere Wissenschaftshistoriker von »wissenschaftlichem Fortschritt« sprachen, bevorzugte Kuhn das Bild der Revolution, bei der ein tiefgreifender Wandel des Verständnisses in kurzer Zeit erfolge:

Der Übergang zwischen konkurrierenden Paradigmen kann nicht Schritt für Schritt erfolgen, erzwungen durch Logik und neutrale Erfahrung ... Er muss plötzlich erfolgen (wenn auch nicht notwendigerweise sofort) oder überhaupt nicht ... Dabei geht es weder um Beweis noch um Irrtum. Der Wechsel von einem Paradigma zu einem anderen, dem man sich verschreibt, ist eine Art Bekehrungserfahrung, die nicht erzwungen werden kann.[39]

Ein entscheidender Punkt in Kuhns Argumentation ist, dass alte und neue Paradigmen unvereinbar sind, sodass das alte dem neuen weichen muss. Es gibt keine Möglichkeit, einen Teil des alten Paradigmas beizubehalten. Der Paradigmenwechsel führt dazu, dass Dinge neu betrachtet, verstanden und erforscht werden:

Geleitet durch ein neues Paradigma übernehmen Wissenschaftler neue Instrumente und schauen an neue Stellen. Noch wichtiger: Während Revolutionen sehen Wissenschaftler neue und andere Dinge, wenn sie mit vertrauten Instrumenten an Stellen schauen, die sie schon vorher untersucht haben. Es ist eher wie wenn die Wissenschaftler plötzlich zu einem anderen Planeten gebracht worden wären, wo bekannte Dinge in anderem Licht gesehen werden und dazu auf unbekannte treffen. Natürlich geschieht nichts Derartiges: Außerhalb des Labors geht das tägliche Leben weiter wie bisher. Trotzdem bewirkt ein Paradigmenwechsel, dass Wissenschaftler die Welt ihres Forschungsgebiets anders betrachten. Insofern, als ihre einzige Hinwendung zu dieser Welt in dem, was sie sehen und tun, besteht, können wir sagen, dass Wissenschaftler nach einer Revolution auf eine andere Welt reagieren.[40]

Entscheidend hierbei ist, dass die Faktoren, die die Revolution auslösen, nicht unbedingt vernunftgemäß sein müssen. Kuhn sagt, ein komplexes Netz von Aspekten liege hinter der Entscheidung, ein Paradigma zu verwerfen und ein anderes anzunehmen, und dies könne nicht nur auf der Grundlage wissenschaftlicher Überlegungen erklärt werden. Höchst subjektive Aspekte spielen eine Rolle. Kuhn vergleicht den »Paradigmenwechsel« mit einer »Konversion«. Seine Betonung der subjektiven Gründe für einen Paradigmenwechsel hat einige seiner Kritiker zur Annahme bewogen, sein Ansatz wissenschaftlicher Entwicklung beruhe zu sehr auf »Massenpsychologie«.

Kuhns Analyse wurde auch aus anderen Gründen heftiger Kritik unterzogen. Teilweise hängt das mit seiner Behauptung zusammen, dass aufeinanderfolgende Paradigmen »unvereinbar« seien. Für einige seiner Kritiker ist das einfach ungenau. Stephen Toulmin behauptet, es gebe weit mehr Kontinuität über eine Revolution hinaus, als Kuhn zulasse; er (Kuhn)

sehe nicht, dass häufige kleine Veränderungen für den wissenschaftlichen Fortschritt typischer seien als die radikaleren »Revolutionen«, von denen Kuhn spricht. Der Wechsel z. B. von der Newton'schen zur Einstein'schen Physik braucht nicht als »Paradigmenwechsel« beschrieben zu werden.

Kuhns Arbeit hat Bedeutung für den religiösen Glauben. Zwei seiner zentralen Themen sollen zur Illustration dieser Relevanz untersucht werden. Erstens ist Kuhns Vorstellung vom »Paradigmenwechsel« hilfreich beim Versuch, die großen geistigen Veränderungen zu verstehen, die es in der Geschichte religiösen Denkens gab. Wie wir schon gesehen haben, ist religiöses Denken zumindest bis zu einem gewissen Grad von den kulturellen und philosophischen Voraussetzungen seiner Zeit beeinflusst. Grundlegende Veränderungen in diesen für eine Epoche typischen Denkmustern können von großer Bedeutung sein, wie die Entwicklung der christlichen Theologie gezeigt hat. Betrachten wir beispielsweise folgende Epochen des modernen christlichen Denkens: die Reformation, die Aufklärung, die Postmoderne. Jede von ihnen kann als Paradigmenwechsel betrachtet werden, mit radikalen Veränderungen in unserem Verständnis, wie Theologie betrieben werden soll. Das vorhandene Gerüst von Hintergrundannahmen, Normen und Methoden wird beim Wechsel von einem Paradigma ins andere oft radikal umgeworfen – und manchmal insgesamt verworfen.

Das zweite für uns relevante Thema Kuhns betrifft den Realismus. Kuhn lehnt den Realismus als eine Erklärung für den Erfolg der wissenschaftlichen Forschung ab und erkennt deshalb auch nicht die wachsende Übereinstimmung zwischen »Realität« und »Theorie« als Erklärung für wissenschaftlichen Fortschritt an. Nichts, behauptet er, sei zu verlieren, wenn man die Vorstellung der Realisten von wissenschaftlicher Entwicklung ablehne. Doch wie kann man sinnvollerweise von »Fortschritt« sprechen, wenn es kein Mittel gibt zu wissen, ob die Wissenschaft überhaupt in die richtige Richtung voranschreitet?

Kuhns Arbeit hat viele Schriften auf dem Gebiet der Wissenssoziologie befruchtet, als er schrieb, dass Theorien immer auf der Basis soziologischer Überlegungen ausgewählt würden, weil es an handfesten Beweisen fehle. Anders ausgedrückt: Die Entscheidung für oder gegen eine Theorie

beruht weniger auf experimentell gewonnenen Daten als auf unterschiedlichen sozialen Werten, althergebrachten Interessen und institutionellen Bedenken. Dies hat die wichtige Frage aufgeworfen, ob religiöse Lehren irgendetwas »Realem« entsprechen oder ob sie eher durch soziale Faktoren bestimmt sind. Beispielsweise könnte man behaupten, die traditionelle christliche Lehre von den »zwei Naturen« Christi sei nicht durch den Sachverhalt bestimmt, den sie erklären will, sondern durch einige Aspekte des politischen Programms des Römischen Reichs. Dieser Streitpunkt ist sehr wichtig, kann aber an dieser Stelle nicht im Detail behandelt werden. Als wesentlich ist jedoch anzuerkennen, dass Kuhns Verständnis davon, wie Paradigmen wechseln, gerade nichtwissenschaftliche Faktoren im Blick hat und damit vieles erklären kann, was religiösen Glauben betrifft.

Wissen und Verpflichtung: Michael Polanyi

Einer der fesselndsten Autoren auf dem Gebiet der Wissenschaftsphilosophie ist der ungarische Chemiker Michael Polanyi (1891–1976). Polanyis Arbeit wurde von Verfassern religiöser Schriften sehr oft zitiert und man kann behaupten, dass er weit größeren Einfluss auf religiöse Literatur hatte als seine Wissenschaftskollegen.

Polanyi entstammte einer jüdischen Budapester Familie. In jungen Jahren gehörte er dem »Galilei-Zirkel« an, einer kleinen Gruppe von Studenten, die meinten, Wissenschaft sei der Schlüssel zur Lösung der Weltprobleme. Diese ehrgeizige und optimistische Haltung gegenüber dem, was Mary Midgely »Wissenschaft als Rettung« nannte, wich einem wachsenden Interesse an der geistlichen Seite des Lebens, geweckt und genährt durch russische Schriftsteller des 19. Jahrhunderts wie Tolstoi und Dostojewski. Mit 28 Jahren wurde Polanyi in die katholische Kirche aufgenommen.

Im folgenden Jahr sicherte sich Polanyi eine akademische Lehrposition am Kaiser-Wilhelm-Institut für Physikalische Chemie. Durch den Aufstieg des Nationalsozialismus wurde diese Stellung in den 1930er Jahren unsicher. Polanyi erkannte, dass er Deutschland würde verlassen müssen.

Er erhielt 1933 eine Stelle als Professor für Physikalische Chemie in Manchester, England. Mit seinen Forschungsinteressen wandelte sich auch sein Lehrauftrag: 1948 wurde er auf einen Lehrstuhl für Sozialwissenschaften berufen.

Allgemein wird Polanyis wissenschaftstheoretische Arbeit *Personal Knowledge: Towards a Post-Critical Philosophy (Individuelles Wissen. Hin zu einer post-kritischen Philosophie)* von 1958 als seine wichtigste angesehen. Sie hatte großen Einfluss auf viele Verfasser religiöser Texte, vor allem der christlichen Tradition. Thomas F. Torrance ist ein besonders eindrucksvolles Beispiel eines christlichen Gelehrten, dessen Ideen sich im Gespräch mit Polanyi entwickelten. Dieses große Interesse von religiöser Seite darf nicht als Verzerrung von Polanyis Zielen und Interessen gesehen werden. Polanyi selbst war ein religiöser Mensch (auch wenn allgemein anerkannt ist, dass die genaue Beschaffenheit seiner religiösen Ansichten wahrscheinlich unklar bleiben wird) und behandelte oft religiöse Themen in seinen Schriften.

Was sind nun die Hauptfelder, in denen Polanyi für die Diskussion über Naturwissenschaft und Religion bedeutsam ist? Die Einsicht Polanyis, die von Theologen am häufigsten zitiert wurde, bezieht sich auf die Natur des Wissens selbst. Diese Vorstellung wird besonders stark in *Personal Knowlegde* entwickelt, auch wenn sie schon in der früheren Arbeit *Science, Faith and Society (Wissenschaft, Glaube und Gesellschaft)* anklingt. Polanyis grundlegende Behauptung ist, dass alles Wissen – ob aus Naturwissenschaften, Religion oder Philosophie – *individuell* sei. Polanyis post-kritische Annäherung an das Wesen der Erkenntnis besagt, dass Erkenntnis individuelle Verpflichtung beinhalten müsse. Obgleich Erkenntnis Begriffe oder Vorstellungen enthalte, enthalte sie trotzdem auch etwas Tiefergehendes – eine individuelle Verflechtung mit dem, was man weiß. Polanyi bezeichnete dies als »vertrauensvolle Verwurzelung aller Rationalität«.

Dieser Punkt ist nicht leicht nachzuvollziehen und bedarf genauerer Erklärung. Polanyi verwendet das Bild eines Blinden, der mit Hilfe eines weißen Stocks seinen Weg findet. Er kann nichts »sehen«, doch wird er sich der Hindernisse auf dem Weg bewusst, indem er allem, was er mit dem Stock ertastet, gedanklich eine genaue Form gibt. Der Blinde ist abhängig von seinem Stock, um zu erfahren, was auf dem Weg liegt. Wenn

er sich einmal an den Gebrauch des Stockes gewöhnt hat, wird das so normal für ihn, dass er den Stock nicht mehr *bewusst* verwendet. Der Stock ist damit gewissermaßen eine Verlängerung seiner selbst geworden.

Diese Analogie erfasst man vielleicht am ehesten, wenn man sie mit den Wahrnehmungstheorien der Aufklärung vergleicht, vor allem der Richtung um Descartes. Diese Sicht legte einen Dualismus von *passiver Wahrnehmung* und *aktiver Vernunft* nahe. Anders gesagt: Von den Sinnen, etwa dem Sehsinn, übernimmt die Vernunft (passiv) Daten, die er (aktiv) interpretiert. So wie der Blinde lernt, seinem weißen Stock zu vertrauen und sich auf ihn zu verlassen, sind wir gezwungen, unseren Wahrnehmungen zu vertrauen. Zuweilen können sie uns in die Irre führen. Erkenntnisse sind daher nicht, wie die Aufklärung behauptete, entkörperlichte Vorstellungen, sondern besitzen das individuelle Element der (Selbst-)Verpflichtung *(commitment)* sowohl gegenüber dem, was bekannt ist, als auch gegenüber dem Mittel, das zu seinem Erkennen nötig ist. Die Naturwissenschaften lassen sich mit Begriffen von individuellem Wissen, intellektueller Verpflichtung und einer leidenschaftlichen Suche nach einem Bauplan in der Natur beschreiben. Während die Aufklärung dazu tendierte, individuelle Verpflichtung als unvereinbar mit Objektivität zu betrachten, sagt Polanyi, sie sei integraler Bestandteil im Prozess der Erkenntnis.

Die religiöse Bedeutung dieses Gedankengangs liegt auf der Hand. Polanyi befreite die Theologie von mehreren Zwängen, die ihr der Rationalismus der Aufklärung auferlegt hatte. Dazu zählte beispielsweise die Forderung, die Theologie müsse frei von jeder Verpflichtung gegenüber ihrem Gegenstand und ihren Methoden sein. Für die Aufklärung war Verpflichtetheit das Gegenteil von Objektivität. Dies bereitete religiös verwurzelten Autoren Probleme, da sie sich oft den Fragen, die sie untersuchten, tief verbunden fühlten. Polanyis Erklärung der »vertrauensvollen Verwurzelung aller Rationalität« räumt diese Schwierigkeit mit der Versicherung aus, alles gültige Wissen beinhalte Verpflichtung auf Seiten des Wissenden.

Anliegen dieses Kapitels war zu zeigen, inwiefern Wissenschaftsphilosophie religiöses Denken beeinflusst hat. Im nächsten Kapitel nehmen wir uns der umgekehrten Frage an: Inwiefern hat Religionsphilosophie wissenschaftliche Einsichten beeinflusst?

Kapitel 4
Naturwissenschaft und Religionsphilosophie

Im vorigen Kapitel haben wir untersucht, inwiefern einige der Leitthemen der Wissenschaftstheorie für religiöse Fragen interessant und potenziell wichtig sind. Das vorliegende Kapitel entwickelt diesen Ansatz weiter, indem es untersucht, wie Einsichten der Naturwissenschaften Auswirkungen auf die Religionsphilosophie haben. Die Religionsphilosophie ist ein sehr weites Gebiet. Es ist deshalb notwendig, dass wir uns auf eines ihrer wichtigsten Themen konzentrieren – die philosophischen Argumente für die Existenz Gottes, so genannte Gottesbeweise. Inwiefern beeinflussen Einsichten der Naturwissenschaften solche Argumentationen?

Es ist nicht unser Anliegen, diese Frage erschöpfend zu diskutieren, sondern aufzuzeigen, wo es wichtige Wechselwirkungen zwischen den modernen Naturwissenschaften und der Religionsphilosophie gibt. Fest steht, dass die moderne Diskussion von Gottesbeweisen ausführlich auf naturwissenschaftliche (besonders astronomische) Weltanschauungen Bezug nimmt.

Der aussichtsreichste Weg, die Frage zu beantworten, ist, einige der Argumentationsmuster zu betrachten, die in der Religionsphilosophie entwickelt wurden, und sich dann auf diejenigen zu konzentrieren, die besonders von den Naturwissenschaften beeinflusst werden. Wir sollten daher unsere Analyse mit einigen der klassischen Gottesbeweise beginnen, um dem Leser ein Grundverständnis der allgemein zur Diskussion stehenden Herangehensweisen zu geben.

Philosophische Gottesbeweise

Die bekanntesten Gottesbeweise wurden von Anselm von Canterbury und Thomas von Aquin im Mittelalter entwickelt. Wir werden im Folgenden den »ontologischen Gottesbeweis« und die »Fünf Wege« betrachten.

Anselm von Canterbury (ca. 1033–1109) wurde in Italien geboren. Er zog 1059 in die Normandie, trat in das berühmte Kloster Bec ein, wurde 1063 dort Prior und 1078 Abt. 1093 wurde er zum Erzbischof von Canterbury berufen. Er ist hauptsächlich für seine Verteidigung der intellektuellen Wurzeln des Christentums bekannt, und sein Name ist besonders eng mit dem »ontologischen Gottesbeweis« verbunden. Dieser »ontologische Gottesbeweis« – der Begriff »ontologisch« bezieht sich auf das Teilgebiet der Philosophie, das sich mit dem Begriff des »Seins« befasst – ist erstmals in Anselms *Proslogion*⁴¹ ausgeführt, einem Werk, das auf 1079 datiert wird. Anselm selbst nennt seinen Beweis nicht »ontologisch«. Das *Proslogion* ist eigentlich ein Meditationsbuch, keine logische Abhandlung. Im Verlauf der Arbeit reflektiert Anselm, wie selbstverständlich die Vorstellung von Gott für ihn geworden sei und welche Auswirkungen das haben könnte.

Im *Proslogion* gibt Anselm eine Definition Gottes als »etwas, über dem Größeres nicht gedacht werden kann« *(aliquid quo maius cogitari non potest)*.⁴² Er behauptet, dass wenn diese Definition von Gott richtig sei, sie notwendigerweise die Existenz Gottes beinhalte. Der Grund dafür ist: Falls Gott nicht existiert, bleibt die Vorstellung von Gott, aber die Realität Gottes fehlt. Die Realität Gottes ist nun aber größer als die Vorstellung von Gott. Wenn Gott »etwas, über dem Größeres nicht gedacht werden kann« ist, muss eine Vorstellung von Gott daher zur Anerkennung der Realität Gottes führen, weil sonst die bloße Vorstellung von Gott das Größte wäre, was gedacht werden könne. Und dies widerspricht der Definition Gottes, auf der der Beweis beruht. Sieht man daher die Existenz einer Vorstellung von Gott als gegeben an und akzeptiert die vorgeschlagene Definition Gottes, folgt die Existenz Gottes notwendigerweise. Das lateinische Verb *cogitare* wird manchmal mit begreifen übersetzt, was zur Definition Gottes als »etwas, über dem Größeres nicht begriffen werden kann« führt. Beide Übersetzungen sind möglich.

Gott wird also definiert als »etwas, über dem Größeres nicht gedacht werden kann«. Jetzt ist die Vorstellung eines solchen Wesens eine Sache, die Realität ist eine andere. An einen Hundertmarkschein zu denken ist etwas anderes, als ihn in der Hand zu halten – und viel unbefriedigender

dazu. Anselm sagt also Folgendes: Die Vorstellung von etwas ist weniger wert als die Realität. So enthält die Vorstellung von Gott als »etwas, über dem Größeres nicht gedacht werden kann« einen Widerspruch – weil die Realität Gottes größer ist als diese Vorstellung von ihm. Mit anderen Worten: Wenn diese Definition von Gott korrekt ist und im menschlichen Denken existiert, muss auch die dazugehörige Realität existieren. Anselm drückt dies wie folgt aus:

Das existiert schlechthin so wahrhaft, daß auch nicht gedacht werden kann, daß es nicht existiert. Denn es läßt sich denken, daß es etwas gibt, das als nichtexistierend nicht gedacht werden kann – was größer ist, als was als nichtexistierend gedacht werden kann. Wenn deshalb »das, über dem Größeres nicht gedacht werden kann«, als nichtexistierend gedacht werden kann, so ist eben »das, über dem Größeres nicht gedacht werden kann«, nicht das, über dem Größeres nicht gedacht werden kann; was sich nicht vereinbaren läßt. Und das ist Du, Herr, unser Gott. So wirklich also bist Du, Herr, mein Gott, daß Du als nicht existierend auch nicht gedacht werden kannst. Und mit Recht. Denn wenn ein Geist etwas Besseres als Dich denken könnte, erhöbe sich das Geschöpf über den Schöpfer und säße über den Schöpfer zu Gericht, was ganz widersinnig ist. Und in der Tat läßt sich von allem, was sonst ist, außer Dir allein, denken, daß es nicht existiert. Somit hast Du allein am wahrsten von allem und damit am meisten von allem das Sein, weil alles, was es sonst gibt, nicht so wahr und daher weniger das Sein hat.[43]

Dies ist ein wichtiges Argument, aber es überzeugte einen seiner frühesten Kritiker nicht, den Benediktinermönch Gaunilo, der eine Entgegnung schrieb, die als *Eine Antwort im Namen des Narren (Quid ad haec respondeat quidam pro insipiente)*[44] bekannt ist (er nimmt Bezug auf den von Anselm zitierten Psalm 14,1 »Der Narr sagt in seinem Herzen: Es gibt keinen Gott«). Nach Gaunilo gibt es eine offensichtliche logische Schwäche in Anselms »Beweis« (wobei betont werden muss, dass Anselm ihn nicht in erster Hinsicht als Beweis ansieht). Man stelle sich, so Gaunilo, eine Insel vor, so wunderbar, dass man sich keine perfektere Insel vorstellen kann.

Mit derselben Beweisführung, erklärt Gaunilo, muss diese Insel existieren, weil die Realität dieser Insel notwendigerweise vollkommener ist als die bloße Vorstellung. Sehr ähnlich könnten wir argumentieren, dass die Vorstellung eines Geldscheins, nach Anselm, nahelegt, dass wir einen solchen Schein in der Hand halten. Die bloße Vorstellung von etwas – ob nun eine perfekte Insel oder Gott – garantiert nicht seine Existenz. Gaunilo legt seine Einwände wie folgt dar:

Die Leute erzählen, dass irgendwo im Ozean eine Insel liegt, die aufgrund der Schwierigkeit (oder eher der Unmöglichkeit) etwas zu finden, was es nicht gibt, von einigen den Namen »Verlorene Insel« erhielt. Und es wird erzählt, dass sie mit allen Reichtümern und Freuden im Überfluss gesegnet sei, viel mehr noch als die glücklichen Inseln, und da sie keinen Besitzer oder Bewohner habe, sei sie in jeder Hinsicht üppiger als alle anderen bewohnten Länder. Nun, würde mir jemand das erzählen, könnte ich ohne Schwierigkeiten verstehen, was er meint. Aber würde mir dann gesagt, so als ob das eine direkte Folge wäre: »Du kannst nicht länger bezweifeln, dass diese Insel, die vortrefflicher ist als alle anderen Inseln, wirklich irgendwo in der Realität existiert; schließlich ist es für dich unstrittig, ihr in deiner Vernunft Sein zuzuschreiben. Und da es vortrefflicher ist, zu existieren als nicht zu existieren, muss sie existieren. Denn wenn sie nicht existieren würde, wäre ja jedes andere tatsächlich existierende Land vortrefflicher, und dann würde diese Insel, die du dir bereits als besser als alle anderen vorgestellt hast, nicht vortrefflicher sein.« Würde irgendjemand versuchen, mich auf diese Weise davon zu überzeugen, dass diese Insel zweifellos tatsächlich existiert, dann würde ich entweder denken, er scherze, oder ich würde nicht wissen, wen von uns beiden ich für den größeren Narren halten sollte: mich selbst, falls ich ihm zustimmen würde, oder ihn, falls er denken würde, dass er die Existenz der Insel mit Sicherheit bewiesen hätte – es sei denn, er hätte mich zuerst davon überzeugt, dass die absolute Vorzüglichkeit jener Insel in meinem Geist als ein wirklicher, zweifellos existenter Gegenstand existiert und nicht nur als etwas Unwirkliches oder zweifelhaft Wirkliches.[45]

Gaunilos Entgegnung gilt allgemein als Offenlegung einer ernsten Schwachstelle in Anselms Beweis. Der Text selbst ist so klar, dass kein weiterer Kommentar nötig ist. Es darf jedoch hinzugefügt werden, dass Anselm nicht so leicht abzutun ist. Wichtiger Bestandteil seines Beweises ist die Definition Gottes als »etwas, über dem Größeres nicht gedacht werden kann«. Gott gehört demnach in eine völlig andere Kategorie als Inseln oder Geldscheine. Zum Wesen Gottes gehört es, alles andere zu übersteigen. Ist die oder der Gläubige einmal zum Verständnis dessen gelangt, was das Wort »Gott« bedeutet, dann existiert Gott wirklich für ihn oder sie. Das ist das Ziel von Anselms Meditation im *Proslogion*: darüber nachzudenken, wie das christliche Verständnis von der Natur Gottes den Glauben an dessen Realität stärkt. Der »Beweis« hat außerhalb des Glaubenszusammenhangs keine wirkliche Kraft, und Anselm wollte nie, dass er in allgemein-philosophischer Diskussion benutzt würde.

Darüber hinaus behauptete Anselm, Gaunilo habe ihn nicht richtig verstanden.[46] Der Beweis, den er im *Proslogion* ausführte, enthielt nicht die Vorstellung, dass es ein Wesen gäbe, das tatsächlich größer als alles andere sei. Anselm hatte eher für ein so großes Wesen plädiert, dass ein größeres nicht erfasst werden könne. Der Streit dauert an, und es ist bis heute umstritten, ob Anselms Beweis eine echte Grundlage hat oder nicht.

Thomas von Aquins Fünf Wege

Thomas von Aquin (ca. 1225–1274) ist wahrscheinlich der bekannteste und einflussreichste Theologe des Mittelalters. In Italien geboren, erlangte er durch seine Tätigkeit an der Universität von Paris und an anderen Universitäten des Nordens Ansehen. Einen Namen machte er sich vor allem mit seinem Werk *Summa Theologica*, das er gegen Ende seines Lebens begann und bis zu seinem Tod nicht vollenden konnte. Er schrieb jedoch noch weitere bedeutende Werke. Hervorzuheben ist die *Summa contra gentiles (Summe gegen die Heiden)*, eine große Verteidigung der Rationalität des christlichen Glaubens, besonders der Existenz Gottes. Thomas glaubte, es sei völlig korrekt, Hinweise auf die Existenz Gottes aus der allgemeinen menschlichen Erfahrung mit der Welt abzuleiten. Seine »Fünf Wege«[47]

stellen fünf Argumentationen zum Beweis der Existenz Gottes dar, wobei sich jede auf einen Aspekt der Welt bezieht, der auf die Existenz ihres Schöpfers hinweist.

Welche Hinweise findet Thomas von Aquin? Sein Grundgedanke ist, dass die Welt Gott, ihren Schöpfer, spiegelt, eine Vorstellung, die einen eher formalen Ausdruck in der Lehre der »Analogie des Seins« gefunden hat. Wie ein Künstler ein Gemälde signiert, um es als Werk seiner Hände zu kennzeichnen, so hat Gott der Schöpfung ein göttliches »Signum« eingeprägt. Was wir in der Welt beobachten, beispielsweise Zeichen der Ordnung, kann auf der Grundlage der Existenz Gottes als dessen Schöpfer erklärt werden. Gott ist zugleich Erstursache und Gestalter, denn er hat sowohl die Welt ins Dasein gerufen als auch das göttliche Abbild in ihr ausgedrückt.

Wo könnten wir in der Schöpfung nach Hinweisen für die Existenz Gottes suchen? Thomas sagt, dass die Ordnung der Welt der überzeugendste Beweis für Gottes Existenz und Weisheit ist. Diese Annahme liegt jedem der »Fünf Wege« zugrunde, obwohl es von besonderer Bedeutung im Fall jenes Beweises ist, der »Beweis der Entwicklung« oder »teleologischer Beweis« genannt wird. Zunächst werden wir jeden dieser »Wege« einzeln betrachten und uns anschließend auf zwei konzentrieren.

Der erste Weg setzt bei der Beobachtung an, dass die Dinge der Welt Bewegung und Wandel unterworfen sind. Die Welt ist nicht statisch, sondern dynamisch. Beispiele lassen sich leicht anführen: Regen fällt vom Himmel. Steine rollen ins Tal. Dies ist der erste Beweis, normalerweise als »Beweis der Bewegung« bezeichnet; wobei jedoch klar ist, dass die fragliche »Bewegung« sehr allgemein verstanden werden muss, sodass der Begriff »Wandel« passender ist.

Wie kam die Natur nun in Bewegung? Warum verändert sie sich? Warum ist sie nicht statisch? Thomas behauptet, dass alles, was sich bewegt, von etwas anderem bewegt wird. Für jede Veränderung gibt es eine Ursache. Nun muss aber jede Ursache einer Bewegung selbst eine Ursache haben. Und diese muss wiederum eine Ursache besitzen. Und deshalb, so Thomas, gebe es eine ganze Kette von Ursachen der Bewegung bzw. des Wandels, die hinter der Welt stehen, wie wir sie kennen. Wenn man aber annimmt, dass diese Kette nicht unendlich sei, so müsste es eine

letzte, alleinige Ursache am Beginn dieser Kette geben, von der letztlich alle Bewegung abgeleitet ist. Dies ist der Anfang einer langen Kausalitäts-Kette, welche sich im Verhalten der Welt niederschlägt. Aus der Tatsache, dass sich Dinge in Bewegung befinden, schließt Thomas von Aquin also auf eine letzte Ursache für all diese Bewegung – und dies, so folgert er, sei niemand anderes als Gott.

Die zweite Beweisführung beginnt mit der Idee der Ursächlichkeit. Thomas stellt fest, dass es eine Abfolge von Ursachen und Wirkungen in der Welt gebe. Mit anderen Worten: Ein Ereignis (Wirkung) wird durch ein anderes (Ursache) hervorgerufen. Die Idee der Bewegung, die wir gerade kurz betrachtet haben, ist ein gutes Beispiel dieser Ursache-Wirkungs-Sequenz. Mit einem dem in Beweis eins ähnlichen Argumentationsmuster behauptet Thomas von Aquin also, dass alle Wirkungen letztendlich auf eine einzige Ursache zurückgeführt werden können – auf Gott.

Der dritte Beweis bezieht sich auf die Existenz bedingter Seinsformen, d. h. jener Dinge, die nicht als eine Notwendigkeit existieren. Thomas von Aquin setzt dieser Seinsweise die des notwendigen Seins gegenüber. Während Gott ein notwendiges Wesen ist, sind Menschen bedingte Wesen. Die Tatsache, dass wir existieren, ist erklärungsbedürftig. Warum existieren wir? Was hat uns zur Existenz verholfen? Thomas von Aquin sagt, dass ein Wesen beginne zu existieren, weil etwas bereits Existierendes ihm dazu verhelfe. Die Existenz sei also durch ein anderes Wesen verursacht. Wir seien die Wirkung einer Kette von Ursachen. Verfolgen wir diese Kette bis zu ihrem Beginn zurück, so Thomas, könne die Ursache unseres Seins nur jemand sein, dessen Existenz notwendig sei – mit anderen Worten: Gott.

Der vierte Weg setzt bei menschlichen Werten wie Wahrheit, Güte und Edelmut an. Woher kommen diese Werte? Was verursacht sie? Thomas behauptet, es müsse etwas geben, was in sich wahr, gut und edel sei und damit unsere Vorstellung von Wahrheit, Güte und Edelmut erzeuge. Dies, so Thomas, sei Gott.

Der fünfte und letzte Weg der Beweisführung ist der teleologische Beweis selbst. Thomas führt an, dass die Welt offensichtliche Spuren eines intelligenten Entwurfs zeige. Natürliche Prozesse und Gegenstände scheinen mit einer bestimmten, festgelegten Absicht geschaffen worden zu sein

und einen Zweck zu haben. Sie scheinen regelrecht entworfen worden zu sein. Aber Dinge entwerfen sich nicht selbst: Sie werden von etwas oder jemandem verursacht und entworfen. Daraus folgert Thomas, dass man zugeben müsse, die Quelle der natürlichen Ordnung sei Gott.

Es wird offensichtlich, dass die meisten Gottesbeweise Thomas von Aquins ähnlich strukturiert sind. Bei jedem wird ein ursächlicher Zusammenhang bis zu seinem Ursprung verfolgt und dieser mit Gott gleichgesetzt. Doch schon während des Mittelalters erhob sich Kritik. Denker wie Duns Scotus und William von Ockham warfen kritische Fragen auf. Die wichtigsten sind:

1. Warum ist die Vorstellung, Ursachen unendlich zurückverfolgen zu können, unmöglich? Der Beweis der Bewegung beispielsweise funktioniert nur, wenn gezeigt werden kann, dass die Reihenfolge von Ursachen und Folgen irgendwo aufhört. Laut Thomas muss es einen ersten unbewegten Beweger geben. Aber es gelingt ihm nicht, ihn aufzuzeigen.
2. Warum führen diese Beweise zum Glauben an nur einen Gott? Der Beweis der Bewegung beispielsweise könnte zum Glauben an mehrere unbewegte Beweger führen. Es scheint keinen dringlichen Grund zu geben, auf nur einer Ursache bestehen zu müssen – mit Ausnahme der fundamental christlichen Behauptung, dass es nur einen Gott gibt.
3. Die Beweise belegen nicht, dass Gott noch immer existiert. Nachdem er die Dinge verursacht hat, könnte Gott aufgehört haben zu existieren. Die andauernde Abfolge von Ereignissen bedeutet nicht notwendigerweise die andauernde Existenz des Urhebers. Thomas' Beweise, so William, könnten zu dem Glauben führen, dass Gott früher einmal existiert habe, aber nicht notwendigerweise noch immer existieren müsse. Um dieses Problem zu lösen, entwickelte er (William von Ockham) einen recht umfangreichen Beweis, der auf der Idee basiert, dass Gott das Universum weiterhin aufrechterhält.

Dies sind also einige der traditionellen Gottesbeweise, die von der Religionsphilosophie entwickelt und angewandt wurden. Aber wie beeinflussen die Einsichten der Naturwissenschaften diese Gottesbeweise? Wir werden dies im Folgenden betrachten.

Naturwissenschaften und Gottesbeweise

Man kann sagen, dass es drei Kategorien von Gottesbeweisen gibt, die in Bezug auf die Naturwissenschaften von besonderer Bedeutung sind. Sie werden allgemein als »kosmologischer«, »teleologischer« und »Kalam«-Beweis bezeichnet, obwohl es umstritten ist, ob der dritte als eigene Kategorie oder Beweis angesehen werden soll oder als Teil des allgemeineren kosmologischen Beweises. Für unsere Zwecke werden wir annehmen, dass er als eigener Beweis eine getrennte Untersuchung erfordert.

Der kosmologische Beweis

Bei der Betrachtung von Thomas' »Fünf Wegen« haben wir die Wichtigkeit des Beweises aus der Bewegung (oft mit dem lateinischen Begriff *ex motu* bezeichnet) festgehalten, der von der Beobachtung von Veränderung oder Bewegung in der Welt auf die Existenz einer ersten Ursache schließt, die für diese Ereignisse verantwortlich ist. Der Beweis der »Erstursache« wird oft einfach als »kosmologischer Beweis« bezeichnet, wobei festgehalten werden sollte, dass er als einer von mehreren möglichen kosmologischen Beweisen behandelt werden kann (eingeschlossen der später noch betrachtete »Kalam«-Beweis). Es wird hilfreich sein, wenn wir Thomas' eigene Darstellung dieses Beweises anführen, der den ersten seiner »Fünf Wege« darstellt:

Die Existenz Gottes kann auf fünf Wegen bewiesen werden. Der erste und offensichtlichste Beweis ist jener aus der Bewegung (*ex parte motus*). Denn es steht aus der sinnlichen Wahrnehmung fest und ist sicher, dass es in der Welt Veränderung gibt. Nun wird alles, was sich im Prozess der Veränderung befindet, von etwas anderem verändert, weil sich nichts verändert, wenn es nicht potenziell (*in potentia*) das ist, wozu es verändert wird, wohingegen das, was verändert, wirklich (*in actu*) ist. Etwas zu verändern ist nichts anderes, als es von der Möglichkeit zur Wirklichkeit zu bringen, und etwas kann nur durch ein wirklich Seiendes von der Möglichkeit zur Wirklichkeit gebracht werden. So lässt ein Feuer, das wirklich

heiß ist, Holz, das potenziell heiß ist, heiß werden und verändert es damit. Nun kann ein und dieselbe Sache nicht gleichzeitig als dieselbe der Möglichkeit und der Wirklichkeit nach existieren, sondern nur in zu unterscheidender Hinsicht. Was wirklich heiß ist, kann nicht zur gleichen Zeit der Möglichkeit nach heiß sein, wohingegen es der Möglichkeit nach kalt ist. Es ist daher unmöglich, dass auf dieselbe Weise etwas gleichzeitig das sein kann, was die Veränderung bewirkt, und das, was verändert wird. Ebenso unmöglich kann es sich selbst verändern. Denn alles, was sich verändert, muss von einem anderen verändert werden. Wenn also das, was etwas verändert, sich selbst verändert, dann muss es gleichermaßen von etwas anderem verändert werden und dieses wiederum von einem anderen. Dies kann sich aber nicht unendlich so fortsetzen, denn dann gäbe es in diesem Prozess keine erstes Veränderndes und daraus folgend überhaupt nichts, was etwas anderes verändert: denn sekundäre Dinge, die etwas verändern, können dies nicht, wenn sie nicht von einem ersten Verändernden verändert werden, so wie ein Stock sich nicht bewegen kann, wenn er nicht von einer Hand bewegt wird. Wir kommen also zu einem ersten Verändernden, das von nichts verändert wird *(primum movens, quod a nullo movetur)*, und darunter verstehen alle Gott.[48]

Wie aus diesem Zitat deutlich wird, schließt Thomas die Möglichkeit einer unendlichen Abfolge von Ursachen für ein bestimmtes Ereignis aus. Denn an einem Punkt endet die Kette der Ursächlichkeit in der ersten Ursache. Für Thomas gibt es keinen Zweifel, dass diese Gott ist.

In jüngerer Zeit wurde dieser Beweis in explizit kosmologischen Begriffen neu formuliert (daher wird auch der Titel heute oft verwendet). Am häufigsten stößt man auf den Beweis in folgenden Argumentationslinien:

1. Alles im Universum ist in seiner Existenz abhängig von etwas anderem.
2. Was für seine einzelnen Teile zutrifft, trifft auch für das Universum als Ganzes zu.
3. Das Universum ist deshalb in seiner Existenz von etwas anderem abhängig, solange es existiert hat oder existieren wird.
4. Das Universum ist deshalb in seiner Existenz abhängig von Gott.

Der Beweis geht grundsätzlich davon aus, dass die Existenz des Universums etwas ist, das Erklärung erfordert. Es wird klar, dass diese Art des Gottesbeweises direkt auf moderne kosmologische Forschung bezogen ist, vor allem die »Urknall-Theorie« über den Ursprung des Kosmos. Dies gilt auch für die »Kalam«-Version des kosmologischen Beweises, der wir uns nun zuwenden.

Der Kalam-Gottesbeweis

Der Argumentationsstrang, der als »Kalam«-Gottesbeweis bezeichnet wird, leitet seinen Namen von einer arabischen Philosophenschule ab, die im frühen Mittelalter ihre Blütezeit hatte. A. E. Sabra definierte *Kalam* als »ein Untersuchen Gottes und der Welt als Gottes Schöpfung und des Menschen als herausgehobene Kreatur, die Gott in die Welt gebracht hat und die ihrem Schöpfer verpflichtet ist«. Die *Mutakallimun* (wie Menschen bezeichnet wurden, die den *Kalam*-Ansatz praktizierten) sahen sich selbst als Versöhner zwischen Offenbarungswahrheit und menschlicher Weisheit.

Die *Mutakallimun* entwickelten als Teil dieser Aufgabe einen Gottesbeweis, der die Bedeutung der Kausalität betonte. Einige Gelehrte verstehen dies als Variante des kosmologischen Gottesbeweises, den wir bereits betrachtet haben. Andere sehen jedoch deutliche Unterschiede und plädieren für eine gesonderte Behandlung dieses Beweises. Die Grundstruktur des Gedankenganges kann in vier Annahmen dargestellt werden:

1. Alles, was einen Beginn hat, muss auch eine Ursache haben.
2. Die Existenz des Universums hat einen Beginn.
3. Deshalb muss dieser Beginn der Existenz des Universums durch etwas verursacht worden sein.
4. Die einzig mögliche Ursache ist Gott.

Es ist offensichtlich, dass die Grundstrukturen dieses Gottesbeweises in den bereits diskutierten fünf Ansätzen des Thomas von Aquin wiederzuerkennen sind.

Die Struktur des Gedankenganges ist klar und seine Implikationen bedürfen kaum weiterer Ausführungen. Wenn ein Beginn für etwas angenommen werden kann, dann muss es dafür auch eine Ursache geben. Verknüpft man dieses Argument mit der Vorstellung des Urknalls, wird seine Bedeutung für unsere Überlegungen deutlich. Moderne Kosmologie beharrt darauf, dass das Universum einen Beginn hatte. Wenn das Universum zu einem bestimmten Zeitpunkt zu existieren begann, dann muss es eine Ursache dafür gegeben haben. Und welche Ursache außer Gott könnte dies sein?

Diese Form des »Kalam«-Gottesbeweises wurde in den letzten Jahren oft diskutiert. Einer seiner bedeutendsten Verteidiger ist William Lane Craig gewesen, der die wesentlichen Merkmale folgendermaßen darstellt:

> Da alles, das zu existieren beginnt, eine Ursache für seine Existenz hat, und da das Universum zu existieren begann, schließen wir daraus, dass das Universum eine Ursache für seine Existenz hat ... Das gesamte Universum transzendierend existiert eine Ursache, die die Existenz des Universums bewirkt hat.[49]

Die Auseinandersetzung um diese Argumentation hat sich auf drei Fragen konzentriert, von denen man eine als naturwissenschaftlich und die beiden anderen als philosophisch bezeichnen könnte.

1. Kann etwas einen Anfang, aber keine Ursache haben? In einem seiner Dialoge behauptet David Hume, dass es möglich sei, sich etwas vorzustellen, das zu existieren beginnt, ohne dass notwendigerweise bestimmte Ursachen für seine Existenz ersichtlich seien. Trotzdem wirft diese Annahme erhebliche Schwierigkeiten auf.
2. Kann man behaupten, das Universum habe einen Anfang? Einerseits ist dies eine hochgradig philosophische Frage. Andererseits handelt es sich jedoch auch um eine naturwissenschaftliche Frage, die auf der Grundlage sowohl bekannter Beobachtungen zur Ausdehnung des Universums als auch des Hintergrundrauschens als Hinweis auf den Urknall durchdacht werden kann.
3. Wenn man das Universum als »verursacht« betrachtet, kann man dann

diese Ursache direkt als Gott identifizieren? Ein in diesem Zusammenhang nennenswerter Argumentationsstrang ist folgender: Eine Ursache muss zeitlich vor dem verursachten Ereignis liegen. Wenn man also von einer Ursache für den Anfang des Universums spricht, spricht man von etwas, das bereits vor dem Universum existiert hat. Wenn dies nicht Gott ist, was ist es dann?

Verständlicherweise hat der traditionelle »Kalam«-Gottesbeweis durch die Urknall-Theorie zur Entstehung des Universums neuen Auftrieb erhalten. Die mit dem Gottesbeweis verbundenen philosophischen Fragen werden wohl weiterhin umstritten bleiben. Nehmen wir beispielsweise Elizabeth Anscombes Kritik an der Behauptung, dass Dinge nicht verursacht seien, sondern sich einfach ereignen:

Wenn ich sage, ich könne mir vorstellen, dass ein Kaninchen ins Sein kommt ohne elterliche Kaninchen, schön und gut: Ich stelle mir das Werden eines Kaninchens und unsere Beobachtung vor, dass es keine elterlichen Kaninchen gibt. Aber was muss ich mir vorstellen, wenn ich mir bloß das Werden eines Kaninchens ohne eine Ursache vorstelle? Nun, ich stelle mir einfach das Werden eines Kaninchens vor. Diese Vorstellung des Werdens eines Kaninchens ohne Ursache ist wie *der Titel* des Bildes. Tatsächlich kann ich mir eine Vorstellung bilden und meinem Bild diesen Titel geben. Aber von meiner Fähigkeit, *dies* zu tun, lässt sich nicht folgern, ob es möglich ist, es »ohne Widerspruch und Absurdität« als real anzunehmen.

Anscombes Äußerung meint, dass man sich vom Werden ohne Ursache eines Dinges (wie etwa einem Kaninchen) ein Bild vor dem geistigen Auge machen kann, dass dies aber noch kein Aufweis dafür ist, dass diese Situation auch in der Realität existiert.

Eine vergleichbare Auseinandersetzung dreht sich um die Frage, ob das Universum als »entworfen« bezeichnet werden kann. Diese Thematik wollen wir im Folgenden bedenken.

Der teleologische Gottesbeweis

Der »teleologische« Gottesbeweis kann auch als »Gottesbeweis des durchdachten Entwurfs« bezeichnet werden und gehört zu den am meisten diskutierten philosophischen Gottesbeweisen. Wie von Thomas von Aquin formuliert, hat der Beweis (als fünfter seiner »Fünf Wege«) folgende Form:

Der fünfte Weg basiert auf der Lenkung der Dinge. Wir sehen, wie manche Dinge, etwa natürliche Körper, auf ein Ziel hin arbeiten, auch wenn sie keine Erkenntnis besitzen. Die Tatsache, dass sie fast immer auf dieselbe Art handeln und so das größtmögliche Gute erringen, macht das offensichtlich und zeigt, dass sie ihr Ziel durch Absicht erreichen und nicht zufällig. Dinge, die kein Wissen besitzen, richten sich auf kein Ziel, es sei denn durch das Handeln von etwas, das Erkenntnis und Einsicht besitzt, so wie im Falle eines Pfeils und eines Bogenschützen. Es gibt also ein intelligentes Wesen, von dem alle natürlichen Dinge zu ihrem Ziel gelenkt werden. Dies nennen wir »Gott«.[50]

Thomas sagt, dass es deutliche Anzeichen für einen Entwurf in der Ordnung der Natur gebe. Die Dinge existieren nicht einfach, sie scheinen mit einer bestimmten Absicht geplant worden zu sein. Der Begriff »teleologisch« (»auf ein Ziel ausgerichtet« von griech. *telos* = Ziel) wird für diese anscheinende Zielgerichtetheit der Natur verwendet.

Es ist dieser Aspekt der Natur, der oft in Bezug auf die Naturwissenschaften diskutiert wurde. Die Ordnung der Natur – offenbar z. B. in den Naturgesetzen – scheint ein Hinweis darauf zu sein, dass die Natur mit einem bestimmten Ziel »entworfen« wurde.

Man stimmt darin überein, dass der bedeutendste Beitrag zum »Gottesbeweis der Planung« von William Paley stammt. Seine *Natürliche Theologie oder Beweise der Existenz und Eigenschaften der Gottheit, gesammelt aus den Naturerscheinungen*[51] (1802) hatte einen tiefen Einfluss auf das religiöse Denken in England in der ersten Hälfte des 19. Jahrhunderts. Man weiß, dass selbst Darwin das Werk gelesen hat.

Paley war von Newtons Entdeckung der Regelmäßigkeit in der Natur tief beeindruckt, besonders die »Himmelsmechanik« betreffend. Es war

klar, dass das gesamte Universum als komplexer Mechanismus verstanden werden konnte, der nach regelmäßigen und nachvollziehbaren Prinzipien funktioniert. Für einige deistische Autoren hieß das, Gott sei nicht länger notwendig. Ein Mechanismus könne wunderbar funktionieren, ohne dass sein Schöpfer immer anwesend sei. Eine von Paleys wichtigen Errungenschaften, die in der Literatur noch nicht ausreichend gewürdigt wurden, war es, den Gedanken der »Welt als Mechanismus« in christlicher Perspektive zu rehabilitieren. Paley gelang es, die Uhrwerk-Metapher von einem Bild, das mit Skepsis und Atheismus verbunden war, in eines umzuwandeln, das mit dem klaren Bekenntnis zur Existenz Gottes verbunden war.

In Paley rief das Newton'sche Bild der Welt als Mechanismus sofort den Gedanken an eine Uhr wach. Dies warf die Frage auf, wer den komplizierten Mechanismus entworfen hatte, der sich im Funktionieren der Welt so offensichtlich zeigte. Eines von Paleys wichtigsten Argumenten ist, dass ein Mechanismus Planung impliziert. Da er gegen die aufsteigende Industrielle Revolution schrieb, versuchte Paley das apologetische Potenzial des wachsenden Interesses an Maschinen wie »Uhren, Teleskopen, Strick- und Dampfmaschinen« bei Englands geistiger Elite zu nutzen.

England erlebte damals die Industrielle Revolution, in der Maschinen eine immer bedeutendere Rolle zu spielen begannen. Paley schreibt, dass nur ein Verrückter behaupten könne, die komplexe mechanische Technologie sei durch zweckfreien Zufall entstanden. Ein Mechanismus setze Planung voraus – und damit einen Sinn für Zweck und die Fähigkeit, zu entwerfen und herzustellen. Der menschliche Körper im Besonderen und die Welt im Allgemeinen könnten als Mechanismen gesehen werden, die so entwickelt und konstruiert wurden, dass sie Harmonie von Mittel und Ergebnis erzielen könnten. Zu betonen ist, dass Paley keine Analogie zwischen menschlicher Technik und Natur sah. Sein Beweis beruht auf folgender Annahme: Die Natur ist ein Mechanismus und deshalb intelligent entworfen worden.

Die ersten Absätze von Paleys *Natürlicher Theologie* sind recht bekannt geworden, so dass es hilfreich ist, sie zu zitieren und mit einigen Anmerkungen zu versehen.

Beim Überqueren einer Heide, nehmen wir an, stößt mein Fuß an einen Stein, und ich werde gefragt, wie der Stein hierher kam. Ich könnte antworten, dass – da ich nichts Gegenteiliges weiß – der Stein schon immer dort gelegen habe; es wäre wohl auch nicht leicht, die Absurdität dieser Antwort zu zeigen. Aber nehmen wir an, ich hätte eine *Armbanduhr* auf dem Boden gefunden und würde gefragt, wie die Uhr an diesen Ort gekommen sei. Die Antwort, dass ich sicher wüsste, die Uhr hätte schon immer hier gelegen, könnte ich mir an dieser Stelle kaum vorstellen. Aber warum soll diese Antwort für die Uhr nicht ebenso zutreffen wie für den Stein; warum ist sie im zweiten Fall nicht ebenso zulässig wie im ersten? Aus einzig und allein dem Grund, dass wenn wir die Uhr näher betrachten, wir etwas wahrnehmen, was wir am Stein nicht entdecken können: nämlich, dass ihre verschiedenen Einzelteile mit einer Absicht zusammengesetzt sind, beispielsweise so, dass sie Bewegung erzeugen und dass die Bewegung so reguliert ist, dass sie die Tageszeit anzeigt; dass die verschiedenen Teile eine unterschiedliche Form haben, je nachdem, was sie sind, oder auf eine Weise angeordnet sind, ohne die es keine Bewegung in der Maschine gäbe, oder keine, die den Zweck erfüllen würde, dem sie jetzt dient.[52]

Anschließend gibt Paley eine genaue Beschreibung einer Taschenuhr, er vermerkt vor allem ihr Gehäuse, die gedrehte zylindrische Feder, viele verzahnte Rädchen und die Glasoberfläche. Nach dieser präzisen Analyse zieht Paley eine entscheidende Schlussfolgerung:

Dieser beobachtete Mechanismus verlangt in der Tat eine Untersuchung des Instruments und vielleicht Vorwissen über den Gegenstand, um ihn zu erkennen und zu verstehen; aber wenn er einmal, wie wir sagten, beobachtet und verstanden ist, dann ist der Schluss unvermeidlich, dass die Uhr einen Uhrmacher gehabt haben muss – dass irgendwann und irgendwo ein Erfinder existiert haben muss, der sie zu dem Zweck gemacht hat, den sie jetzt erfüllt, der ihre Konstruktion begriff und ihre Verwendung plante.

Paleys Schreibstil ist sehr blumig, was den Geschmack seiner Zeit widerspiegelt. Trotzdem wird deutlich, was er herauszuheben versucht.

Der entscheidende Punkt ist, dass die Natur Zeugnis für eine Reihe biologischer Strukturen gibt, die »geplant« sind – also zu einem bestimmten Zweck entwickelt wurden. »Jeder Hinweis auf Planung, jeder Ausdruck eines Entwurfs, den wir in der Uhr sahen, existiert auch in der Natur.« Paley behauptet, der tatsächliche Unterschied sei, dass die Natur einen noch höheren Grad an Planung zeige als die Uhr. Es ist wohl gerechtfertigt zu sagen, dass Paley vor allem bei der Beschreibung von mechanischen Systemen in der Natur sehr gut ist, wie etwa der extrem komplexen Struktur des menschlichen Auges oder Herzens. In diesem Fallbeispiel kann Paley das Herz als Maschine mit Ventilen behandeln und den Schluss ziehen, dass es mit Absicht so entworfen wurde:

Es ist bewiesen, dass das Herz der Intervention von *Ventilen* bedarf – dass der Erfolg seines Wirkens von ihnen abhängt; denn wenn eine seiner Kammern sich zusammenzieht, wird das eingeschlossenem Blut nicht nur in die Öffnung der Arterie bewegt, in die es fließen soll, sondern auch wieder zurück in die Öffnung der Vene, aus der es kam.

Paleys Einfluss auf das Verhältnis zur Natürlichen Theologie war in England sehr groß. Die gefeierten *Bridgewater Treatises* zeigen seinen Einfluss an vielen Stellen, auch wenn sie einen unabhängigen Ansatz entwickeln. Richard Dawkins macht ihm ein zweifelhaftes Kompliment, indem er eines seiner bekanntesten anti-teleologischen Werke *Der blinde Uhrmacher* nennt. Für Dawkins ist der Uhrmacher, den Paley mit Gott identifizierte, nichts als der blinde und absichtslose Prozess der natürlichen Selektion.

Der »Beweis des gezielten Entwurfes« wurde in verschiedenen Aspekten vom schottischen Philosophen Hume kritisiert. Die wichtigsten Kritikpunkte Humes können so zusammengefasst werden:

1. Der direkte Schluss von der Beobachtung eines der Welt zugrunde liegenden Entwurfs auf einen Gott, der diese Welt erschuf, ist nicht mög-

lich. Es besteht ein gewaltiger Unterschied zwischen der Schlussfolgerung, dass, weil Planung zu beobachten ist, es ein planendes Wesen geben müsse, und dem Beharren darauf, dass dieses planende Wesen niemand anderes als Gott sein könne. Es gibt somit eine logische Schwachstelle in der Argumentationskette.

2. Die Annahme, es gebe einen Planer des Universums, kann zu einer nicht enden wollenden Regression führen: Wer hat den Planer geplant? Wir haben schon angemerkt, dass Thomas die Vorstellung eines solchen unendlichen Zurückverfolgens der Ursachen explizit ablehnte. Er gibt hierfür jedoch keine zwingende Begründung, wohl in der Annahme, seine Leser würden seine Ablehnung als nicht erklärungsbedürftig und als selbstverständlich richtig ansehen. Hume behauptet aber, dass dies nicht zutreffe.

3. Der »teleologische Beweis« benutzt einen Vergleich mit Maschinen. Insofern erhält der Beweis seine Plausibilität durch den Vergleich mit etwas, was eindeutig entwickelt und konstruiert wurde – so wie eine Uhr. Aber ist dieser Vergleich angemessen? Warum sollte man das Universum nicht mit einer Pflanze vergleichen oder sonst einem lebenden Organismus? Pflanzen werden nicht entwickelt, sie wachsen einfach. Die Bedeutung dieses Arguments für Paleys Beweis ist offensichtlich.

Gottes Wirken in der Welt

Eine der Schnittstellen zwischen wissenschaftlichem und religiösem Denken betrifft die Weise, in der man vom Wirken Gottes in der Welt spricht. Im Folgenden werden wir drei bedeutende Ansätze zur Beantwortung dieser Frage erforschen.

Deismus: Gott handelt durch die Naturgesetze

In einem früheren Abschnitt haben wir eine enge Verbindung zwischen der Newton'schen Betonung der Regelmäßigkeit des Universums und dem Aufstieg des Deismus bemerkt. Die deistische Position könnte man sehr

knapp wie folgt skizzieren: Gott schuf die Welt auf vernünftige und geordnete Weise, was Gottes eigene vernünftige Natur widerspiegelt. Die Ordnung der Welt ist offen für die menschliche Forschung. Wenn sie erforscht wird, zeigt die Ordnung die Weisheit Gottes an. Die Naturgesetze wurden von Gott aufgestellt; für geniale menschliche Wesen bleibt nun sie zu entdecken. Alexander Popes schon erwähnter berühmter Grabspruch für Newton bringt dieses allgemeine Verständnis der Wichtigkeit des Forschers zum Ausdruck:

Die Natur und ihr Gesetz lagen verborgen in der Nacht.
Da sprach Gott: Es werde Newton – und es ward Licht.

Der Deismus vertrat die Vorstellung, Gott habe die Welt geschaffen und sie mit der Fähigkeit ausgestattet, ohne seine weitere Anwesenheit und sein Eingreifen zu funktionieren und sich zu entwickeln. Diese Sichtweise, die besonders im 18. Jahrhundert an Einfluss gewann, sah die Welt als Uhr mit Gott als Uhrmacher. Gott schuf die Welt mit einem gewissen Selbsterhaltungsmechanismus, sodass sie daraufhin ohne dauerndes Eingreifen Gottes funktionieren konnte. Es ist daher kein Zufall, dass William Paley das Bild von Uhr und Uhrmacher zur Verteidigung der Existenz eines Schöpfergottes nutzte.

Wie handelt nun Gott in der Welt nach Ansicht des Deismus? Die Antwort ist einfach: Gott handelt nicht in der Welt. Wie ein Uhrmacher hat Gott die Welt mit Regelmäßigkeit ausgestattet (was man in den »Naturgesetzen« sieht) und ihren Mechanismus in Bewegung gesetzt. Seitdem er das System in Bewegung gesetzt und die dieser Bewegung zugrunde liegenden Prinzipien festgeschrieben hat, gibt es für Gott nichts mehr zu tun. Die Welt muss als riesige Uhr verstanden werden, die völlig unabhängig und autark ist. Kein Eingreifen Gottes ist nötig.

Dies führte zwangsläufig zur Frage, ob Gott vollständig aus dem Newton'schen Weltbild entfernt werden könne. Wenn für Gott nichts mehr zu tun ist, welche fassbare Notwendigkeit gäbe es dann für ein göttliches Wesen? Wenn gezeigt werden kann, dass es selbsterhaltende Prinzipien in der Welt gibt, braucht man die traditionelle Vorstellung der »Vorsehung«, also der allgegenwärtigen Anwesenheit der erhaltenden und len-

kenden Hand Gottes, nicht mehr. Das Newton'sche Weltbild ermutigt daher zu der Sicht, dass, obwohl Gott möglicherweise die Welt geschaffen hat, es keine weitere Notwendigkeit für göttliches Eingreifen gibt. Die Entdeckung der Erhaltungssätze (z. B. der Gesetze der Impulserhaltung) scheinen nahe zu legen, dass Gott die Schöpfung mit all den Mechanismen ausgestattet hat, die sie zum Fortbestehen braucht. Es ist dieser Punkt, der in Laplaces berühmtem Ausspruch anklingt, den er bezüglich der Vorstellung von Gott als Erhalter der Planetenbewegung machte: »Ich benötige diese Hypothese nicht.«

Ein aktiveres Verständnis dessen, wie Gott in der Welt handelt, verdanken wir Thomas von Aquin und modernen Autoren, die von ihm beeinflusst wurden. Es konzentriert sich auf den Gebrauch von Zweitursachen.

Thomismus: Gott wirkt durch Zweitursachen

Eine in mancher Hinsicht andere Annäherung an das Thema des Handelns Gottes in der Welt fußt auf den Schriften Thomas von Aquins. Dessen Vorstellung des göttlichen Handelns konzentriert sich auf die Unterscheidung zwischen Erst- und Zweitursachen. Er meint, Gott wirke nicht direkt in der Welt, sondern durch Zweitursachen.

Diese Idee lässt sich am besten durch einen Vergleich erklären. Angenommen, wir stellen uns eine besonders begabte Pianistin vor. Sie besitzt die Fähigkeit, wundervoll Klavier zu spielen. Trotzdem hängt die Qualität ihres Spiels auch von der Qualität des Klaviers ab, das man ihr gibt. Ein schlecht gestimmtes Klavier klingt grauenhaft, unabhängig davon, wie gut der Spieler ist. In unserem Vergleich ist die Pianistin die Erstursache und das Klavier die Zweitursache, beispielsweise für die Aufführung einer Nocturne von Chopin. Man braucht beide, sie spielen jedoch eine unterschiedliche Rolle. Die Fähigkeit der Erstursache, das gewünschte Ziel zu erreichen, hängt von der Zweitursache ab.

Thomas benutzt diesen Rückgriff auf Zweitursachen, um mit der Existenz des Bösen in der Welt umgehen zu können. Leid und Schmerzen werden nicht dem direkten Handeln Gottes zugeschrieben, sondern der

Schwäche der Zweitursachen, durch die Gott handelt. Anders ausgedrückt: Gott muss als Erstursache begriffen werden und viele Dinge der Welt als die damit verbundenen Zweitursachen.

Für Aristoteles (von dem Thomas viele Ideen ableitet) können Zweitursachen aus sich selbst heraus handeln. Natürliche Dinge können durch ihre eigene Natur als Zweitursachen wirken. Diese Sicht war für theistische Autoren des Mittelalters, christliche wie islamische, inakzeptabel. So beharrte beispielsweise der islamische Schriftsteller al-Ghazali (1058–1111) darauf, dass die Natur völlig Gott unterworfen und es daher unangemessen sei zu sagen, Zweitursachen wären unabhängig. Gott allein müsse als Erstursache gesehen werden. Nur er sei fähig, andere Ursachen zu bewirken. Eine ähnliche Vorstellung findet sich bei Thomas, der behauptet, Gott sei der »unbewegte Beweger«, die Erstursache jeder Handlung, ohne den nichts geschehen könne. (Wir haben schon früher die Bedeutung dieses Aspekts bezüglich des Beweises *ex motu* festgestellt.)

Die theistische Interpretation der Zweitursachen bietet also die folgende Erklärung für Gottes Handeln in der Welt: Gott wirkt indirekt in der Welt durch Zweitursachen. Man kann eine lange Kette der Kausalität entdecken, die zu Gott als Urheber und erstem Beweger von allem, was in der Welt geschieht, führt. Gott handelt nicht direkt in der Welt, doch er initiiert und lenkt die Abfolge der Ereignisse.

Damit wird deutlich, dass der Ansatz von Thomas von Aquin zur Vorstellung führt, dass Gott einen Vorgang auslöst, der sich dann unter göttlicher Führung weiterentwickelt. Gott *delegiert* sozusagen göttliches Handeln auf Zweitursachen innerhalb der natürlichen Ordnung. Beispielsweise könnte Gott einen menschlichen Willen von innen so lenken, dass jemand, der krank ist, Hilfe erfährt. Hier wird eine Handlung, die Wille Gottes ist, *indirekt* durch Gott ausgeführt – wir können jedoch nach Thomas immer noch davon sprechen, dass diese Handlung durch Gott auf eine sinnvolle Weise »verursacht« ist.

Ein Zugang, der klare Verbindungen zu diesem aufweist, aber an entscheidenden Stellen radikal von ihm abweicht, findet sich in der als »Prozessdenken« bekannten Bewegung.

Prozesstheologie: Gott wirkt durch Überzeugung

Die Anfänge des Prozessdenkens liegen nach allgemeiner Ansicht in den Schriften des anglo-amerikanischen Philosophen Alfred North Whitehead (1861–1947), besonders in seinem wichtigen Werk *Process and Reality (Prozess und Realität*[53], 1929). Als Reaktion auf das eher statische Weltbild, das mit der traditionellen Metaphysik verbunden ist (und sich in den Vorstellungen der »Substanz« und des »Wesens« ausdrückt), nimmt Whitehead die Realität als einen Prozess wahr. Die Welt als ein organisches Ganzes ist etwas Dynamisches, nichts Statisches: etwas, das *geschieht*. Realität setzt sich aus Bausteinen »tatsächlicher Entitäten« oder »tatsächlicher Ereignisse« zusammen und ist somit charakterisiert durch Werden, Wandel und Geschehen.

All diese »Entitäten« oder »Ereignisse« besitzen einen gewissen Grad an Freiheit, sich zu entwickeln, und sind durch ihre Umwelt beeinflusst. An diesem Punkt wird der Einfluss der Evolutionstheorie erkennbar: Ebenso wie später Pierre Teilhard de Chardin ist es Whitehead wichtig, dass Entwicklung innerhalb der Schöpfung, die einer Gesamtrichtung und Führung unterliegt, sinnvoll denkbar ist. Dieser Prozess der Entwicklung vollzieht sich auf dem fortwährenden Hintergrund einer Ordnung, einem Organisationsprinzip, das unabdingbar für das Wachstum ist. Gemäß Whitehead kann Gott aufgrund dieses Hintergrunds der Ordnung innerhalb des Prozesses identifiziert werden. Whitehead behandelt Gott als eine »Entität«, unterscheidet ihn jedoch von anderen Entitäten aufgrund seiner Unvergänglichkeit. Während andere Entitäten nur für eine begrenzte Dauer existieren, existiert Gott fortwährend. Jede Entität wird also von zwei wesentlichen Quellen beeinflusst: von vorherigen Entitäten und von Gott.

Verursachung besagt also nicht, dass eine Entität gezwungen wird, auf bestimmte Weise zu handeln: Vielmehr handelt es sich dabei um eine Frage von *Einfluss* und *Überzeugungskraft*. Entitäten beeinflussen sich in einer »dipolaren« Weise gegenseitig – geistig und physisch. Dies trifft sowohl für Gott als auch für andere Entitäten zu. Gott kann nur durch Überzeugungskraft innerhalb der Grenzen des Prozesses selbst handeln. Gott »hält die Spielregeln des Prozesses ein«. Ebenso wie Gott andere Entitäten beeinflusst, wird auch Gott durch sie beeinflusst. Gott ist, um Whiteheads

berühmte Formulierung zu verwenden,»ein Leidensgenosse, der versteht«.
Gott ist also von der Welt betroffen und beeinflusst. Dieser Aspekt im Denken Whiteheads wurde im Kontext der Wechselwirkung von Naturwissenschaft und Religion durch Ian G. Barbour weiterentwickelt, auf dessen spezifisches Verständnis wir später zurückkommen werden.

Prozessdenken definiert Gottes Allmacht bezogen auf das gesamte Weltgeschehen in Begriffen von Einfluss und Überzeugung neu. Die Anziehungskraft dieser Sichtweise ergibt sich aus ihrem Potenzial für die Frage, wie man Gottes Handeln hinsichtlich des Problems des Bösen in der Welt begreifen kann. Wo die traditionelle Verteidigung des freien Willens beim moralischen Übel behauptet, dass der Mensch frei entscheiden kann, ob er Gott gehorcht oder nicht, behauptet die Prozesstheologie, dass die individuellen Bestandteile der Welt eine analoge Freiheit besitzen, göttliche Versuche von Einfluss und Überzeugung zu übergehen. Gott wird damit von der Verantwortung für moralisches und natürliches Übel freigesprochen.

Die traditionelle Verteidigung des freien Willens Gottes angesichts des Übels ist im Fall des moralischen Übels, also desjenigen, das aus menschlichen Entscheidungen und Handlungen hervorgeht, überzeugend – auch wenn der Grad der Überzeugungskraft strittig ist. Aber was ist mit dem natürlichen Übel? Wie verhält es sich mit Erdbeben, Hungersnöten und anderen Naturkatastrophen? Prozessdenker argumentieren, dass Gott die Natur nicht zwingen kann, den göttlichen Willen zu befolgen. Gott kann nur versuchen, durch Einfluss und Überzeugung auf den Prozess einzuwirken. Dabei kann er sich nicht über jenen analogen Grad an Freiheit und Kreativität, den jede Entität besitzt, hinwegsetzen.

Wenngleich dieses Verständnis vom überzeugenden Wesen göttlichen Handelns offensichtliche Vorzüge hat, nicht zuletzt wegen seiner Antwort auf die Frage nach dem Problem des Bösen – wenn Gott etwas nicht kontrolliert, kann er nicht für dessen Folgen verantwortlich gemacht werden –, behaupten Kritiker des Prozessdenkens, dass ein zu hoher Preis gezahlt werde. Die traditionelle Vorstellung der Transzendenz Gottes ist offenbar aufgegeben worden, zumindest wurde sie einer so grundlegenden Neuinterpretation als Vorrangstellung oder Beständigkeit Gottes unterzogen, dass Gott nun selbst als Entität *innerhalb* des Prozesses

erscheint. In diesem Sinne bedeutet göttliche Transzendenz eigentlich nur, dass Gott andere Entitäten überdauert und übertrifft.

Whiteheads Grundgedanken wurden von einigen Autoren weiterentwickelt. Hervorzuheben sind Charles Hartshorne (*1897), Schubert Ogden (*1928) und John B. Cobb (*1925). Hartshorne veränderte Whiteheads Gottesbegriff in mehreren Punkten, vielleicht am entscheidendsten mit dem Vorschlag, der Gott des Prozessdenkens solle eher als Person denn als Entität gedacht werden. Dadurch konnte er einem gewichtigen Einwand gegen das Prozessdenken – dass damit die Vorstellung der göttlichen Vollkommenheit gefährdet werde – begegnen: Wenn Gott vollkommen ist, wie kann er sich ändern? Gibt man damit nicht seine Unvollkommenheit zu? Hartshorne definierte demgegenüber Vollkommenheit neu als Aufnahmefähigkeit für Veränderungen. Damit ist Gottes Überlegenheit nicht gefährdet. Bedeutet doch seine Fähigkeit, von anderen Entitäten Einfluss zu erfahren, nicht, dass Gott auf ihre Ebene reduziert wird. Gott übertrifft andere Entitäten, auch wenn er von ihnen beeinflusst wird.

Einer der einflussreichsten frühen Beiträge der Prozesstheologie findet sich in Charles Hartshornes *Man's Vision of God (Vision des Menschen von Gott*, 1941), die einen detaillierten Vergleich des »klassischen« und »neoklassischen« Verständnisses von Gott enthält. Der erste Begriff wird im Blick auf das Verständnis von Natur und göttlichen Eigenschaften im Sinne Thomas von Aquins verwendet, der letztere in Bezug auf die von Hartshorne entwickelten Gedanken. Wegen Hartshornes Bedeutung für die Formulierung der Prozesstheologie stellen wir seine Vorstellungen von den Eigenschaften Gottes tabellarisch der von ihm kritisierten klassischen Sicht gegenüber, um einen Vergleich zu erleichtern. Auch wenn Hartshorne nicht das voll entwickelte Vokabular des Prozessdenkens aus der Zeit nach dem Zweiten Weltkrieg verwendet, zeigen sich die Grundgedanken bereits in seiner frühen Arbeit deutlich formuliert.

Für die Prozesstheologie – soviel dürfte klar sein – ist es kein Problem, vom »Handeln Gottes in der Welt« zu sprechen. Darüber hinaus bietet sie einen Rahmen, in dem dieses Handeln in Begriffen von »Einflussnahme innerhalb des Prozesses« beschrieben werden kann. Die traditionell theistische Position mit ihrer kritischen Distanz zum Gottesbegriff der Prozesstheologie begegnete dieser Sichtweise ängstlich, weist doch der Gott

der Prozesstheologie in ihren Augen kaum eine Beziehung zu Gott auf, wie er im Alten und Neuen Testament beschrieben wird.

Die klassische Sicht (z. B. Thomas von Aquin)	Charles Hartshorne
Schöpfung geschah *ex nihilo* durch einen freien Willensakt. Es gibt keinen notwendigen Grund dafür, dass irgendetwas außer Gott existiert. Schöpfung ist abhängig von Gottes Entschluss zu erschaffen. Er hätte ebenso die Entscheidung, nichts zu schaffen, treffen können.	Sowohl Gott als auch die Schöpfung existieren notwendigerweise. Die Welt hängt in ihrer Existenz nicht von einer Handlung Gottes ab, wenngleich die Feinheiten ihrer Existenz bedingt sind.
Gott besitzt die Macht, alles zu tun, was er tun will, solange kein logischer Widerspruch vorliegt (z. B. kann Gott kein quadratisches Dreieck erschaffen).	Gott ist ein Handelnder unter vielen in der Welt und hat so viel Macht wie jeder andere. Diese Macht ist nicht absolut, sondern begrenzt.
Gott ist körperlos und unterscheidet sich grundlegend von der geschaffenen Ordnung.	Die Welt muss als Körper Gottes gesehen werden.
Gott steht außerhalb der Zeit und der zeitlichen Ordnung. Die Vorstellung, dass Gott sich ändert oder auf irgendeine Weise vom Lauf der Welt beeinflusst wird, ist deshalb unangebracht.	Gott ist an der zeitlichen Ordnung beteiligt. Durch seine Verflechtung erreicht Gott immer umfassendere Erfahrungs-Synthesen.
Gott existiert in einem Zustand absoluter Vollkommenheit und man kann sich ihn nicht vollkommener vorstellen.	Zu jedem Zeitpunkt ist Gott vollkommener als irgendetwas anderes in der Welt. Trotzdem ist Gott durch seine Beteiligung an der Welt fähig, in einem späteren Entwicklungsstadium höhere Stufen der Vollkommenheit zu erreichen.

Kapitel 5
Schöpfung und Naturwissenschaften

Die Vorstellung der Welt als Schöpfung hat für viele Religionen – besonders für Christentum und Judentum – grundlegende Bedeutung. In einem der vorausgegangenen Kapitel haben wir die Wichtigkeit dieses Themas in Bezug auf Argumente für die Existenz Gottes schon erwähnt. Im vorliegenden wollen wir uns näher mit dem Begriff der Schöpfung und seiner Bedeutung für unser Thema befassen. Es versucht, die Hauptinhalte der religiösen Schöpfungsvorstellung zu umreißen. Dabei wird der Schwerpunkt auf christlichen Aussagen liegen, die für die Entstehung der Naturwissenschaften in der westlichen Kultur bedeutsam waren.

Die Vorstellung, dass die Welt geschaffen wurde, ist eine der weitverbreitetsten und grundlegendsten religiösen Vorstellungen und spiegelt sich in unterschiedlicher Weise in den verschiedenen Weltreligionen. Die Religionen des Alten Orients wählten oft die Form des Streits zwischen einer Schöpfergottheit und den Chaosgewalten. Die vorherrschende Form der Schöpfungslehre ist allerdings durch Judentum, Christentum und Islam repräsentiert. Im Folgenden werde ich die Grundlagen dieser Lehre aus christlicher Perspektive darstellen und ihre Auswirkungen auf das Thema »Naturwissenschaft und Religion« untersuchen.

Einige Aspekte der Schöpfungsvorstellung

Das Thema »Gott als Schöpfer« ist im Alten Testament von großer Bedeutung. Eine der vielleicht wichtigsten Glaubensaussagen des Alten Testaments ist, dass die Natur *nicht göttlich* ist. Die Schöpfungserzählungen der Genesis betonen, dass Gott Mond, Sonne und Sterne erschaffen hat. Die Bedeutung dieses Aspekts wird leicht übersehen. Jeder dieser Himmelserscheinungen wurde im Altertum als Gottheit gehuldigt. Durch die Betonung, sie seien von Gott geschaffen worden, besteht das Alte Testament darauf, dass sie Gott untergeordnet sind und selbst keine göttliche Natur besitzen.

Die Aufmerksamkeit hat sich meist auf die Schöpfungsberichte in den ersten beiden Kapiteln des Buches Genesis konzentriert, die den alttestamentlichen Kanon eröffnen. Es ist jedoch zu beachten, dass das Thema auch tief in der Weisheitsliteratur und den prophetischen Schriften des Alten Testaments verankert ist. Mit seiner Betonung der Rolle Gottes als Schöpfer und Erhalter der Welt bietet das Buch Hiob (38,1–42,6) das fraglos tiefste Verständnis von Gott als Schöpfer im Alten Testament. Die Rede von Gott als Schöpfer begegnet in zwei unterschiedlichen, wenngleich verwandten Zusammenhängen: erstens in Aussagen, die das Lob Gottes im Rahmen der individuellen und gemeinschaftlichen Verehrung durch das Volk Israel zum Thema haben; zweitens in der Betonung der Tatsache, dass der Schöpfergott auch der Gott ist, der Israel aus der Versklavung befreit hat und es fortwährend begleitet.

Von besonderer Bedeutung für unseren Zusammenhang ist das alttestamentliche Thema der Schöpfung als ordnungschaffendes Handeln und die Weise, in der das wichtige Motiv der Ordnung eingeführt und in Beziehung zu den kosmologischen Grundlagen gerechtfertigt wird. Häufig wurde darauf hingewiesen, wie das Alte Testament von der Schöpfung als Kampf gegen und Sieg über die Chaoskräfte spricht. Diese »Errichtung einer Ordnung« wird auf zwei verschiedene Arten dargestellt:

1. Schöpfung ist die Ordnung eines formlosen Chaos. Dieses Modell ist im Besonderen mit der Vorstellung des Töpfers verbunden, der dem Ton eine erkennbare Form gibt (z. B. Gen 2,7; Jes 29,16; Jer 18,1–6).
2. Schöpfung entsteht aus dem Kampf mit Chaoskräften – oft dargestellt als Drache oder ein anderes Ungeheuer und verschiedentlich bezeichnet als »Behemoth«, »Leviathan«, »Nahar«, »Rahab«, »Tannim« oder »Yam« –, die unterworfen werden müssen (Hiob 3,8; 7,12; 9,13; 40,15–32; Ps 74,13–15; Jes 27,1; Sach 10,11).

Bekanntlich bestehen bezüglich der Vorstellung von Gott als im Kampf mit den Chaosmächten befindlich Parallelen zwischen dem Alten Testament und kanaanäischen und ugaritischen Mythen. Bezeichnend sind allerdings die Unterschiede in wichtigen Punkten, nicht zuletzt die strikte Weigerung des Alten Testaments, den Chaoskräften göttlichen Cha-

rakter zuzugestehen. Schöpfung darf nicht als Krieg verschiedener Götter um die Herrschaft in einer (zukünftigen) Welt verstanden werden, sondern ist zu begreifen als Gottes Herrschaft über das Chaos und sein Ordnung schaffendes Handeln in der Welt.

Die Vorstellung einer geordneten Welt ist eng mit zwei Vorstellungen verknüpft, die im Alten Testament wie allgemein im Alten Orient eine große Rolle spielen:»Rechtschaffenheit« und»Wahrheit«.»Rechtschaffenheit« lässt sich – auch wenn solcherart Verallgemeinerungen gefährlich sind – als sittliche Übereinstimmung mit der von Gott geschaffenen Weltordnung begreifen,»Wahrheit« als deren metaphysisches Gegenstück, wobei beiden das Motiv der Übereinstimmung mit der Weltordnung zugrunde liegt.

Dieses Motiv entwickelt sich in der Folgezeit im Rahmen der theologischen Reflexion über das Alte Testament weiter und tritt in den Schriften Anselms von Canterbury im 11. Jahrhundert wohl am deutlichsten zu Tage.[54] Im Denken Anselms ist der Begriff der»Rechtheit« *(rectitudo)* auf die von Gott gewollte grundlegende Ordnung der Welt bezogen. Wahrheit kann dementsprechend als metaphysische und Rechtschaffenheit als moralische»Rechtheit« gesehen werden. Die Vorstellung einer»Naturordnung«, die auch bei dem führenden reformierten Theologen Johannes Calvin eine herausragende Rolle spielt, wird gemeinhin als dessen Ausgangspunkt für seine positive Einstellung gegenüber dem genauen Studium der Natur als Mittel, etwas über Gott zu erfahren, betrachtet.

Nach der kurzen Erläuterung einiger Momente des Schöpfungsbegriffs, vor allem im jüdischen und christlichen Kontext, sind einige von ihnen nun in einer expliziter theologischen Weise zu betrachten.

Der theologische Begriff von Schöpfung

Die Lehre von Gott als Schöpfer hat – wie gezeigt – ihre unverrückbaren Grundlagen im Alten Testament (z. B. Gen 1–2). Im Lauf der Theologiegeschichte wurde die Lehre von Gott dem Schöpfer häufig mit der Frage nach der Autorität des Alten Testaments verbunden. Der Grund für die bleibende Bedeutung des Alten Testament wird oft in der Identität»sei-

nes« Gottes mit demjenigen, der sich im Neuen Testament offenbart, gesehen. Gott der Schöpfer und Gott der Erlöser sind ein und derselbe. Die Gnosis, die besonders im zweiten nachchristlichen Jahrhundert großen Einfluss gewann, bekämpfte gleichermaßen heftig die Autorität des Alten Testaments und die Vorstellung von einem Schöpfergott. Für die Gnosis verlief eine scharfe Trennlinie zwischen Gott, der die Menschen von der Welt erlöst, und einer untergeordneten Gottheit – meist Demiurg genannt –, der sie am Anfang erschaffen haben soll. Gegenstand des Alten Testaments war nun in der Sicht der Gnosis diese minderwertige Gottheit, während das Neue Testament von Gott dem Erlöser handelte. Auf diese Weise verband sich die Frage nach der Autorität des Alten Testaments schon früh mit dem Glauben an Gott den Schöpfer. Besonders bedeutend sind für diesen Zusammenhang die Aussagen des Irenäus von Lyon.

Eine differenzierte Auseinandersetzung kreiste um die Frage, ob die Schöpfung aus dem Nichts (ex nihilo) hervorgegangen sei. In seinem Dialog *Timaios* entwickelte Platon die Vorstellung, die Welt sei aus zuvor existierender Materie zu ihrer gegenwärtigen Gestalt geformt worden. Diese Vorstellung übernahmen die meisten gnostischen Schriftsteller, aber auch einzelne christliche Theologen wie etwa Theophilus von Antiochien und Justin der Märtyrer vertraten den Glauben an eine präexistente Materie, aus der die Welt im Schöpfungsakt geformt worden sei. Die Schöpfung sei also nicht aus dem Nichts entstanden, vielmehr sei sie als Bauvorgang auf der Grundlage schon vorhandenen Materials zu verstehen, wie ein Iglu aus Schnee oder ein Haus aus Stein gebaut werde. Das Problem des Bösen in der Welt wurde durch die Widerspenstigkeit dieser Materie erklärt. Gottes Möglichkeiten im Schöpfungsprozess seien durch die schlechte Qualität des zur Verfügung stehenden Materials begrenzt gewesen. Die Existenz des Bösen oder von »Fehlern« in der Welt ist also nicht Gott anzulasten, sondern beruht auf dem mangelhaften Ausgangsmaterial, aus dem die Welt gebaut wurde.

Der Konflikt mit der Gnosis zwang zu einer Neubetrachtung dieser Thematik. Einesteils war die Vorstellung von der Erschaffung der Welt aus bereits existierender Materie durch ihre Bezüge zur Gnosis diskreditiert, anderenteils wurde sie durch die immer differenziertere Lektüre der alt-

testamentlichen Schöpfungsberichte in Frage gestellt. Theophilus von Antiochien beispielsweise hielt an der Lehre von der Schöpfung aus dem Nichts fest und markierte damit den Beginn des Aufstiegs dieser Lehre vom Ende des 2. Jahrhunderts an, bis dieselbe dann zur anerkannten Lehre der Kirche wurde.

Thomas F. Torrance macht in seinen Forschungen deutlich, wie wichtig die entschiedene Ablehnung des Gnostizismus in der frühen Kirche für die Entwicklung der Naturwissenschaften war. Die Behauptung der grundlegenden Gutheit der Schöpfung begründete die Sicht der empirischen, kontingenten Welt als Wirklichkeit und zerstörte damit die Jahrhunderte alte hellenistische und orientalische Annahme, das Wirkliche sei nur im Überstieg über das Kontingente zu erreichen. Gegenüber jeder Vorstellung der natürlichen Ordnung als chaotisch, unvernünftig oder aus sich heraus schlecht – drei häufig als zusammenhängend gedachte Motive – betonte die christliche Tradition Güte, Vernünftigkeit und Geordnetheit der natürlichen Ordnung als direkte Ableitung von ihrer Schöpfung durch Gott.

Die Sichtweise eines radikalen Dualismus zwischen Gott und der Schöpfung wurde überwunden zugunsten einer Perspektive, der gemäß Wahrheit, Güte und Schönheit Gottes (so die platonische Triade, die so viele zeitgenössische Denker beeinflusste) innerhalb der natürlichen Ordnung für wahrnehmbar gehalten wurden, da ja Gott selbst diese Ordnung hervorgebracht hat. Origenes führte beispielsweise an, dass der Akt, mit dem Gott die Welt geschaffen habe, der natürlichen Ordnung eine derartige Struktur gegeben habe, das sie vom menschlichen Geist erfasst werden könne – und zwar dadurch, dass er diese mit einer inneren Vernünftigkeit und Ordnung ausgestattet habe, die aus der göttlichen Natur selbst abgeleitet und deren Widerspiegelung sind.

Drei Modelle von Schöpfung

Bis zum Ende des 5. Jahrhunderts dominierten in christlichen Kreisen drei Vorstellungen über die Schöpfertätigkeit Gottes. Ich werde sie kurz darstellen und ihre Relevanz für unser Thema aufzeigen.

Emanation

Dieser Begriff zur Klärung des Verhältnisses zwischen Gott und Welt fand große Verbreitung bei den frühen christlichen Autoren. Obwohl weder Platon noch Plotin ihn verwendeten, war er für viele Kirchenväter, die mit den verschiedenen Formen des Platonismus liebäugelten, eine passende Gelegenheit, platonisches Gedankengut darzulegen. Die Metapher, die diesen Ansatz beherrscht, ist die der Licht- oder Wärmestrahlung der Sonne oder einer durch Menschen verursachten Energiequelle, wie etwa eines Feuers. Schöpfung (angedeutet in der Aussage »Licht vom Licht« des nicänischen Credos) wird in diesem Modell als Überfließen der schöpferischen Energie Gottes verstanden. So wie das Licht von der Sonne stammt und deren Natur widerspiegelt, so stammt die Schöpfungsordnung von Gott und gibt dem göttlichen Wesen Ausdruck. Auf der Grundlage dieses Modells gibt es eine *natürliche* beziehungsweise *organische* Verbindung zwischen Gott und Schöpfung.

Dieses Modell hat jedoch Schwächen, von denen zwei zu nennen sind. Erstens legt das Bild der Sonne, die Licht ausstrahlt, oder des Feuers, das Wärme abgibt, eher ein nicht-willentliches Ausströmen nahe, als den bewussten Entschluss zu erschaffen. Die christliche Tradition hat nun aber durchgängig betont, dass der Schöpfungsakt seinen Grund in einem ursprünglichen schöpferischen Entschluss hat. Im vorliegenden Modell kann dieser Aspekt aber nicht angemessen ausgedrückt werden. Dies führt zwangsläufig zum zweiten Manko des Modells: seiner unpersönlichen Natur. Die Vorstellung eines personalen Gottes, der seine Persönlichkeit im Schöpfungsakt selbst ebenso wie in der daraus entstehenden Schöpfung ausdrückt, lässt sich mit diesem Bild schwer vermitteln. Nichtsdestotrotz drückt das Bild eine deutliche Beziehung zwischen Schöpfer und Schöpfung aus, was erwarten lässt, in der Schöpfung könne etwas vom Wesen und der Natur Gottes gefunden werden. Man könnte also annehmen, dass die Schönheit Gottes – ein theologisches Motiv, das in der frühen mittelalterlichen Theologie von einiger Bedeutung war und in neuerer Zeit in den Schriften Hans Urs von Balthasars[55] wieder als solches hervorgetreten ist – sich in der Natur der Schöpfung widerspiegelt.

Viele biblische Passagen zeichnen Gott als genialen Baumeister, der aus freien Stücken die Welt erbaut (z. B. Ps 127,1). Die Ausdrucksstärke dieses Bildes liegt in seiner Dimension von Zwecksetzung, Planung und dem bewussten Willen zum Schöpfungsakt. Es lenkt die Aufmerksamkeit auf Schöpfer und Schöpfung und erlaubt – über die Betonung der Fähigkeiten des Schöpfers hinaus –, Schönheit und Ordnung der entstandenen Schöpfung anzuerkennen, sei es nun um ihrer selbst willen oder als Zeugnis für das kreative Potenzial und die Sorge des Schöpfers.

Aber auch dieses Bild hat eine Schwäche, die sich bereits in unseren Ausführungen im Zusammenhang mit Platons Dialog *Timaios* andeutete. Es beschreibt Schöpfung als aus bereits vorhandener Materie ausgehend und versteht den Schöpfungsakt als Prozess der Form- und Gestaltgebung für etwas bereits Existierendes. Diese Vorstellung steht nun wiederum in einem gewissen Spannungsverhältnis zum oben erwähnten Glauben an eine Schöpfung *ex nihilo*. Das Bild von Gott als Baumeister unterstellt die unzureichende Vorstellung der Errichtung der Welt aus bereits vorhandenem Material. Trotz dieser Schwierigkeit ist das Modell in der Lage, die Einsicht zu vermitteln, der Charakter des Schöpfers sei gewissermaßen in der natürlichen Welt ausgedrückt, so wie sich Künstler in ihren Werken selbst verkörpern oder mitteilen. Besonders der Begriff »Ordnung« als Bezeichnung für einen Prozess, in welchem dem fraglichen Material Kohärenz und Struktur verliehen werden, wird in diesem Modell deutlich. Gleichgültig welche Aspekte der komplexe Begriff der Schöpfung in einem christlichen Kontext hat, enthält er doch immer diesen grundlegenden Gedanken einer Ordnung – ein Wesenszug, der vor allem in den alttestamentlichen Schöpfungsberichten deutlich wird.

Künstlerischer Ausdruck

Viele christliche Autoren aus unterschiedlichsten Epochen reden von Schöpfung als dem »Handwerk Gottes«, vergleichen sie mit einem Kunstwerk, das sowohl eigene Schönheit besitzt als auch das Wesen seines

Schöpfers ausdrückt. Dieses Modell der Schöpfung als »künstlerischer Ausdruck« von Gottes Schaffenstätigkeit ist besonders erhellend in den Schriften des nordamerikanischen Theologen Jonathan Edwards (18. Jahrhundert) ausgeführt.

Das Modell ist sehr hilfreich, weil es den Mangel der beiden oben erwähnten Modelle – ihren unpersönlichen Charakter – auffängt. Das Modell von Gott als Künstler enthält die Vorstellung von personalem Ausdruck in der Erschaffung von etwas Schönem. Aber auch hier gibt es eine potenzielle Schwäche: Das Modell kann leicht zur Vorstellung der Schöpfung aus präexistentem Material führen, wie im Fall eines Bildhauers, der eine Statue aus einem bereits existierenden Steinblock haut. Trotzdem ermöglicht uns dieses Modell, die Schöpfung aus dem Nichts wenigstens zu denken, wenn man sie mit einem Schriftsteller vergleicht, der einen Roman schreibt, oder mit einem Komponisten, der Melodien und Harmonien schafft. Das Modell ermutigt uns auch, nach dem Selbstausdruck Gottes in der Schöpfung zu suchen, und verleiht der so genannten Natürlichen Theologie eine größere Glaubwürdigkeit. Außerdem besteht eine natürliche Verbindung zwischen einem Verständnis der Schöpfung als »künstlerischem Ausdruck« und dem wichtigen Aspekt der »Schönheit«.

Schöpfung und Zeit

Eine der wichtigsten Auseinandersetzungen innerhalb der christlichen Theologie zum Nutzen unserer Fragestellung kreist um das komplexe Themenfeld des Verhältnisses von Schöpfung und Zeit. Der Gebrauch des bildhaften Ausdrucks »Emanation« samt seinem platonischen Hintergrund kam in der Behandlung des frühen christlichen Schöpfungsdenkens bereits zur Sprache. Für Augustinus von Hippo – einen der entscheidendsten Kritiker dieser Sichtweise – setzt diese Perspektive einen Wandel im göttlichen Wesen selbst voraus oder impliziert ihn zumindest. Zur Verteidigung seiner Gesamtsicht der Lehre von der Schöpfung lehrte er, Gott könne die Schöpfung nicht zu einem bestimmten Moment innerhalb der Zeit ins Dasein gebracht haben, weil dann die Zeit vor der Schöpfung bestanden hätte. Zeit ist für Augustinus selbst ein Teil der Schöpfungs-

ordnung im Gegensatz zur Zeitlosigkeit, die er als wesentliches Element von Ewigkeit ansieht. Daraus erwachsen wichtige Implikationen für sein Verständnis vom Wesen der Geschichte, und darin gründet auch sein besonderes Interesse an der Erinnerung *(memoria)*.

Am deutlichsten wohl kommt die Vorstellung der Zeit als einer geschaffenen Größe in Augustins Gedanken in seinen *Confessiones* zum Vorschein – einem ausgedehnten Selbstgespräch, das sich die Form eines Gebets zu Gott gibt.

Eben diese Zeit hattest doch Du erschaffen, und Zeiten konnten nicht verfließen, ehe Du Zeiten erschufst. Wenn aber vor Himmel und Erde Zeit überhaupt nicht war, was soll dann die Frage, was Du »damals« tatest? Es gab kein »Damals«, wo es Zeit nicht gab. Nein, Du gehst den Zeiten nicht in der Zeit voraus; sonst gingest Du ja nicht all und jeder Zeit voraus. Sondern Du gehst allen vergangenen Zeiten voraus durch die zeitlose Erhabenheit stets gegenwärtiger Ewigkeit, und Du stehst über allen Zukunftszeiten deshalb, weil sie noch nicht sind und, wenn gekommen, schon vergangen sein werden ... Die Zeiten alle hast Du gewirkt, und vor den Zeiten allen »bist« Du, und niemals gab es eine Zeit, wo Zeit nicht war.[56]

Augustinus spricht eher von der Erschaffung *der* Zeit (oder der Schöpfung zusammen mit der Zeit) als von einer Schöpfung *in der* Zeit. Es gibt für ihn keinen Zeitabschnitt vor der Schöpfung, ebenso wenig wie einen unendlich ausgedehnten Zeitraum, der mit der Ewigkeit koextensiv wäre. Zeit ist ein Aspekt der geschaffenen Ordnung – Ewigkeit dagegen ist Zeitlosigkeit. Die Aussage t=0 wäre eine Aussage nicht nur über den Ursprung der Schöpfung, sondern ebenso der Zeit selbst.

Im Licht der von der modernen Kosmologie gelieferten Einsichten erfreuten sich die augustinischen Vorstellungen einer neuen Welle von Popularität und Plausibilität, wenn man etwa die Anmerkungen von Paul Davies zu diesem Punkt heranzieht:

[Der Urknall] trat nicht an einem bestimmbaren Punkt im Raum auf, vielmehr begann der Raum zusammen mit dem Urknall zu existieren.

Eine ähnliche Schwierigkeit tut sich bei der Frage auf, was sich denn vor dem Urknall ereignete. Als Antwort darauf taugt nur, dass es kein »Davor« gab, sondern dass die Zeit im Moment des Urknalls entstand. Wie oben ausgeführt vertrat Augustinus schon lange vorher genau den modernen wissenschaftlichen Standpunkt – dass nämlich die Welt zusammen mit der Zeit, aber nicht in der Zeit geschaffen wurde.[57]

Mir liegt hier nicht daran, die Feinheiten dieser Debatten innerhalb der Kosmologie zu entfalten. Dennoch ist festzuhalten, dass neue Entwicklungen im kosmologischen Denken eine positive und kritische Relecture der christlichen Lehre in Gang setzen können. An deren Ende könnte die Entdeckung stehen, dass es sich hierbei um Quellen handelt, die für die gegenwärtig stattfindende neue wissenschaftliche Diskussion relevant und angemessen sind.

Schöpfung und Ökologie

An dieser Stelle müssen wir, um einen wichtigen Punkt in den Blick zu nehmen, kurz innehalten: Es handelt sich um die Frage nach dem Verhältnis von Schöpfungslehre und Ausbeutung der Natur. In einem einflussreichen Beitrag veröffentlichte Lynn White 1967 die These, die aufkommende ökologische Krise sei dem Christentum anzulasten, weil es die Beschreibung des Menschen als Abbild Gottes aus dem Schöpfungsbericht der Genesis (Gen 1,26 f) als Rechtfertigung für die Ausbeutung der Welt vorschiebe. Die Genesis legitimiere die menschliche Herrschaft über die Welt und führe so zu ihrer Ausbeutung. Trotz (oder vielleicht gerade wegen?) seiner historischen und theologischen Oberflächlichkeit hatte dieser Beitrag große Auswirkungen auf populärwissenschaftliche Einstellungen gegenüber der Religion im Allgemeinen und dem Christentum im Besonderen.

Mit der Zeit erlangte eine fundiertere Bewertung der White'schen Position Verbreitung. Seine Argumentation gilt mittlerweile als fehlerhaft. Genauere Lektüre des Buches Genesis zeigt, dass Themen wie »der Mensch als Verwalter der Schöpfung« und »der Mensch als Partner Got-

tes« eher Tenor des Textes sind als »der Mensch als Herr der Schöpfung«.
Weit davon entfernt, der Ökologie gegenüber feindlich gesonnen zu sein,
betont die Schöpfungslehre die Bedeutung der Verantwortung des Menschen
gegenüber der Umwelt. In einer viel gelesenen Studie unterstrich
der bekannte kanadische Autor Douglas John Hall, dass der biblische
Begriff von »Herrschaft« im Sinne von »Verwalterschaft« verstanden
werden muss, unabhängig von seiner Auslegung in einem säkularen Kontext.
Einfach ausgedrückt: Das Alte Testament sieht die Schöpfung als
Besitz des Menschen an, sie ist der Menschheit anvertraut, die für ihren
Schutz und ihre Bewahrung verantwortlich ist. Ähnliche Gedankengänge
– mit Unterschieden in Akzentsetzung und Begründung – finden sich
in anderen Religionen. Die Erklärung von Assisi (1986) zur ökologischen
Bedeutung der Religion kann als Anerkennung dieses wichtigen Aspekts
gesehen werden.

Eine Schöpfungslehre kann daher als Grundlage einer Ethik dienen,
die ökologische Problemstellungen berücksichtigt. In einer wichtigen
neueren Untersuchung hat Calvin B. DeWitt herausgearbeitet, dass sich in
den biblischen Schöpfungserzählungen vier grundlegende ökologische
Prinzipien entdecken lassen:

1. das »Prinzip der Bewahrung der Erde«: So wie der Schöpfer die Menschheit
   bewahrt und pflegt, so muss die Menschheit die von Gott geschaffene
   Welt bewahren und pflegen;
2. das »Sabbat-Prinzip«: Die Schöpfung muss sich von der Nutzung ihrer
   Schätze durch den Menschen erholen können;
3. das »Fruchtbarkeits-Prinzip«: Die Fruchtbarkeit der Schöpfung soll
   man genießen, nicht zerstören;
4. das »Prinzip von Fülle und Beschränkung«: Der Rolle der Menschheit in
   der Schöpfung sind Beschränkungen auferlegt, die sie beachten muss.

Einen weiteren Beitrag hat der Tübinger Theologe Jürgen Moltmann
(*1926) mit dem ihm eigenen Bemühen, eine strikt theologische Anwendung
christlicher Theologie in sozialen, politischen und ökologischen
Themenfeldern sicherzustellen, geleistet. Beispielsweise stellt er in seinem
Werk *Gott in der Schöpfung*[58] (1985) dar, dass die Ausbeutung der Welt

den Aufstieg der Technik widerspiegele und wenig mit spezifisch christlichen Lehren zu tun habe. Darüber hinaus betont er, dass von Gott als durch den Heiligen Geist in der Schöpfung innewohnend gesprochen werden kann, sodass die Ausbeutung der Schöpfung eine Beleidigung Gottes bedeute. Auf der Grundlage dieser Analyse gelingt es Moltmann, eine streng trinitarische Verteidigung einer entschieden christlichen Umweltethik vorzulegen. Dieser Punkt ist so wichtig, dass er weiterer Untersuchung bedarf.

Ein grundlegender Aspekt des Modernismus – ein Begriff, der normalerweise in Bezug auf eine kulturelle Haltung verwendet wird, die zu Beginn des 20. Jahrhunderts entstand – ist sein Wunsch zu kontrollieren, was in Nietzsches Motiv vom »Willen zur Macht« seinen wohl deutlichsten Niederschlag findet. Die Menschheit benötigt nur den Willen, um Selbstbestimmung in Autonomie zu erreichen; die Anerkennung des Gegebenen, stamme es nun aus Natur oder Tradition, ist nicht notwendig. Grundsätzlich kann alles beherrscht und kontrolliert werden. Das Aufkommen der Technik wurde als eben jenes Werkzeug gesehen, das es der Menschheit erlaubte, die Umwelt zu kontrollieren, ohne auf natürliche Begrenzungen Rücksicht nehmen zu müssen.

Dieses Machtdenken führte zu Widerstand gegen den traditionellen religiösen Glauben, der die Achtung vor der geschaffenen Ordnung als Gabe für notwendig hielt. Ein wichtiges Thema mit direktem Bezug zu unserer Fragestellung kommt in den Schriften Ludwig Feuerbachs und Karl Marx' während der 1830er und 1840er Jahre auf: die Vergöttlichung der Menschheit. Laut Feuerbach entsteht der Begriff »Gott« durch einen Fehler in der Analyse der menschlichen Erfahrungen, wobei Selbsterfahrung als Gotteserfahrung fehlinterpretiert wird. Am Ende ist es der Mensch selbst, der »Gott« ist, nicht eine objektive äußere Realität.[59] In der Weiterentwicklung der Feuerbach'schen Gedanken durch Marx liegt in der sozioökonomischen Entfremdung der Ursprung einer religiösen Erfahrung, die als »Gott« interpretiert wird.

Durch Veränderung der Welt wird die menschliche Erfahrung, die als »Gott« bezeichnet wird, verschwinden. Sozioökonomische Veränderung erlaubt daher die Überwindung der Religion, die zusammen mit ihren Ursachen ausgemerzt wird. Die Überwindung der Religion liegt in den

Händen der Menschheit, durch revolutionäre Aktivität kann der Traum des Prometheus wahr gemacht werden.

Das heikle Thema des »menschlichen Rechts zu herrschen« ist eng mit dem Aufstieg der Technik in der Moderne verbunden. In einer bemerkenswert klugen, 1923 vorgenommenen Analyse der sozialen Rolle der Technik arbeitet der katholische Theologe und Philosoph Romano Guardini (1885–1968) heraus, dass die tragende Verbindung zwischen Natur und Kultur durch das Aufkommen von »Maschinen« durchtrennt worden sei. Die Menschheit war einst fähig gewesen, Natur als Ausdruck eines Willens, einer Intelligenz und eines Entwurfs zu sehen, die »nicht von uns gemacht worden war«. Der Aufstieg der Technik hat die Möglichkeit eröffnet, die Natur zu verändern und ihrem eigentlichen Zweck zu entfremden. Die Technik ermöglicht es dem Menschen, die Natur zu unterwerfen und in seinem Interesse zu lenken. War der Mensch früher fähig, sich über die Natur Gedanken zu machen, liegt ihm jetzt nur noch daran, Macht zu erlangen, die Dinge beeinflussen zu können und sie rational formulierbaren Gesetzen zu unterwerfen. Hier haben wir Grundlage und Wesen seiner Herrschaft: willkürlicher Zwang ohne jede Achtung. Die Menschheit muss die Natur nicht länger achten, sie kann sie durch den Aufstieg der Technik beherrschen und lenken.[60]

Diese Fähigkeit, Natur zu beherrschen und zu kontrollieren, wird – folgt man zumindest einigen Kulturkritikern – unvermeidlich zur Vergötterung der Technik führen. Ergebnis wird eine Kultur sein, die »Autorität in der Technik sucht, ihre Befriedigung in der Technik findet und ihre Ordnung aus der Technik bezieht« (Postman). Wie Moltmann richtig beobachtet, kann die Schuld dafür kaum auf das Christentum oder eine andere Religion geschoben werden.

Der Streit um die Ökologie ist ein deutliches Beispiel für eine moderne Diskussion, in der Religion und Naturwissenschaft interagieren. Das erfordert ein gründliches und klares Verständnis der Geschichte religiöser Traditionen und ihrer Implikationen. Der Einfluss von Lynn Whites Artikel stand vermutlich in umgekehrt proportionalem Verhältnis zu seiner Genauigkeit und Zuverlässigkeit. Ein fundierter Beitrag zu dieser Debatte, der die rhetorische Ungenauigkeit und vereinfachenden Behauptungen der Vergangenheit vermeidet, ist dringend notwendig.

Nachdem wir einige klassische Schöpfungsvorstellungen der christlichen Tradition untersucht haben, können wir uns nun ihrer möglichen Bedeutung für das Thema Religion und Naturwissenschaft zuwenden. Dabei lassen wir uns von zwei allgemeinen Themen führen: Schöpfung und Ordnung – und: Schöpfung und Schönheit.

Schöpfung und Naturgesetze

Das Thema der »Regelmäßigkeit in der Natur« wird allgemein als wesentliches Thema der Naturwissenschaften angesehen. In der Tat hat ein moderner Physiker vorgeschlagen, »der Gott der Physiker sei die kosmische Ordnung« (Pagels). Man könnte behaupten, dass die Naturwissenschaften auf der *Wahrnehmung der erklärbaren Regelmäßigkeit in der Natur* gegründet sind. Mit anderen Worten: Es gibt etwas in der Natur – und in der Natur des menschlichen Denkens –, das es uns erlaubt, Muster in der Natur zu entdecken, für die Erklärungen vorgeschlagen und geprüft werden können. Eine der wichtigsten Parallelen zwischen den Naturwissenschaften und der Religion ist die grundlegende Überzeugung, dass die Welt durch Regelmäßigkeit und Verständlichkeit gekennzeichnet ist. Diese Wahrnehmung von Ordnung und Verständlichkeit ist sowohl auf naturwissenschaftlichem als auch religiösem Gebiet von enormer Bedeutung. Paul Davies meint dazu: »Im Europa der Renaissance war die Rechtfertigung für das, was wir heute wissenschaftlichen Ansatz der Forschung nennen, der Glaube an einen vernünftigen Gott, dessen geschaffene Ordnung durch sorgfältige Erforschung der Natur entdeckt werden kann.«

Diese Einsicht ist unmittelbar aus der christlichen Schöpfungslehre abgeleitet und spiegelt die tief religiöse Weltsicht des Mittelalters und der Renaissance wider, die sicherstellte, dass selbst die »profansten« Tätigkeiten, wie Wirtschaft, Politik oder Wissenschaft, von Themen der christlichen Theologie erfüllt waren. Die grundlegende Annahme der Naturwissenschaften – dass Gott eine geordnete Welt geschaffen habe, deren Ordnung von den Menschen entdeckt werden könne, die wiederum selbst als »Bilder und Abbilder Gottes« geschaffen seien – durchdringt implizit oder explizit die Schriften dieser Zeit.

Wir haben schon festgehalten, inwiefern der Gedanke der »Ordnung«
im Alten Testament von großer Bedeutung ist, und kurz angeschnitten,
wie er in nachfolgende theologische Überlegungen eingeflochten wurde.
Wegen der Wichtigkeit für unser Thema ist dies noch ein wenig genauer
zu betrachten. Eine der differenziertesten Untersuchungen zur Bedeutung
des Ordnungsbegriffes für christliche Theologie und moralische Überlegungen findet sich in Oliver O'Donovans *Resurrection and Moral Order (Auferstehung und moralische Ordnung*, 1986), das heute als Standardwerk gilt.
Darin legt O'Donovan – Professor für Moraltheologie und Pastoraltheolo-
gie an der Universität Oxford – die enge Verbindung zwischen den theologischen Vorstellungen von »Schöpfung« und »Ordnung« dar.

Wir dürfen »Schöpfung« nicht nur als Rohmaterial begreifen, aus dem
die uns bekannte Welt zusammengesetzt ist, sondern als eben jene har-
monische Ordnung, zu der sie zusammengefügt wurde ... Von dieser
Welt als »geschaffen« zu sprechen, heißt schon, von Ordnung zu sprechen. In den ersten Worten des Glaubensbekenntnisses, noch bevor wir
mit dem Ausdruck »Himmel und Erde« die geschaffene Ordnung zu
erfassen suchen, bekennen wir einfach durch die Aussage »Ich glaube
an Gott den Schöpfer«, dass die Welt ein geordnetes Ganzes ist. Aufgrund der Tatsache, dass es einen Schöpfer gibt, gibt es auch eine Schöpfung, die auf ihren Schöpfer hingeordnet ist, eine Welt, die als Schöpfung und nur als solche existiert, sodass allein schon ihre Existenz auf
Gott verweist.[61]

Drei höchst bedeutsame Themen von großer Relevanz für unsere Überlegungen stecken in O'Donovans Analyse:

1. Die Vorstellung der Schöpfung hat ihren Kern in der Errichtung einer
   in sich schlüssigen Ordnung der Welt.
2. Diese schlüssige Ordnung innerhalb der Welt kann als Ausdruck oder
   Widerspiegelung des göttlichen Wesens selbst angesehen werden.
3. Die Schöpfung kann daher als auf Gott hinweisend verstanden werden.
   Indem man ihre Ordnung und Schlüssigkeit erforscht, lernt man den
   zu begreifen, der sie in dieser Weise gemacht hat.

O'Donovan lehnt die Vorstellung ab, die vor allem mit dem schottischen Philosophen David Hume verbunden ist, dass die beobachtete »Ordnung« in Wirklichkeit eher ein Produkt des menschlichen Geistes als objektive Realität sei. Für Hume war »Ordnung« die Schöpfung eines »ordnungliebenden« menschlichen Verstandes – ein menschliches Konstrukt, und keine Eigenschaft der natürlichen Welt selbst.

Wenn wir von der Ordnung reden, die Gott der Schöpfer und Erlöser im Universum eingerichtet hat, sprechen wir nicht bloß von unseren eigenen Fähigkeiten, Ordnung(svorstellungen) auf das, was wir sehen, zu übertragen. Natürlich können wir Ordnung auf das, was wir sehen, übertragen, da wir frei handeln können und fähig sind, die Welt, der wir begegnen, schöpferisch zu interpretieren. Aber unsere Ordnung ist abhängig davon, dass Gott die Bedingung für ihre Freiheit gewährt. Sie ist frei, weil sie auf eine gegebene Ordnung antwortet, achtend oder mißachtend, einverstanden oder ablehnend, mit Gehorsam oder Auflehnung.[62]

Christliches Verständnis von Schöpfung ist, wie wir gesehen haben, eng mit der Vorstellung der Ordnung verbunden. Wir haben unsere Aufmerksamkeit bereits auf diesen Wesenszug der erklärbaren Regelmäßigkeit der Welt gelenkt und dies mit der Vorstellung von »Schöpfung als Ordnung schaffendem Handeln« verknüpft. Wie Stephen Hawking, zusammen mit vielen anderen, ausgeführt hat, hängt die Existenz Gottes einfach und natürlich mit der Regelmäßigkeit und Ordnung der Welt zusammen. »Es passt vollkommen zu all dem, was wir wissen, wenn wir sagen, dass es ein Wesen gibt, das für die Gesetze der Physik verantwortlich ist.« Der bekannte theoretische Physiker Charles A. Coulson zeigte die Bedeutung der »religiösen Überzeugung« für die Erklärung der »unbeweisbaren Annahme, dass es Ordnung und Erhaltung in der Natur gibt«, auf. Im Folgenden wollen wir uns den »Naturgesetzen« zuwenden, die einen äußerst bedeutenden Versuch darstellen, die in der Welt vorgefundene Ordnung darzustellen (und zu interpretieren).

Das Thema einer kosmischen Ordnung nimmt in den Schriften Isaac Newtons einen hohen Stellenwert ein. Er war der Auffassung, die Regel-

mäßigkeit und Berechenbarkeit der Welt seien eine direkte Folge ihrer geschaffenen Ursprünge. Popes gefeierter Epitaph für Newton, den wir schon erwähnten, erfasst ebenfalls Aspekte dieses Punktes:

> Die Natur und ihr Gesetz lagen verborgen in der Nacht.
> Da sprach Gott: Es werde Newton – und es ward Licht.

Das Universum ist nicht »zufällig«, sondern verhält sich auf regelmäßige Weise, die beobachtet und erklärt werden kann. Dies führte zur weit verbreiteten Überzeugung, dass Systeme, die Newtons Bewegungsgesetzen folgen, vorherbestimmt seien und daher mit beträchtlicher Genauigkeit vorausgesagt werden könnten – eine Sicht, die sich auf populärem Niveau häufig im Begriff des »Uhrwerk-Universums« niederschlägt.

Der Begriff »Naturgesetze« scheint im frühen 18. Jahrhundert erstmals systematisch benutzt worden zu sein. Nach allgemeiner Ansicht steht der Begriff für die sowohl im Deismus als auch in der orthodoxen Christenheit beherrschende Vorstellung, dass die Welt von einem göttlichen Gesetzgeber geordnet wurde, der festgelegt hat, wie sich die Schöpfung zu verhalten habe. Ein »Naturgesetz« war deshalb mehr als die Beschreibung oder Zusammenfassung beobachtbarer Eigenschaften der Welt; es galt als Widerspiegelung jenes göttlichen Entschlusses darüber, wie die Schöpfung sich verhalten sollte. Mit der Säkularisierung der westlichen Kultur ging dieser allgemeine Glaube innerhalb und außerhalb der Wissenschaftsgemeinschaft verloren. Trotzdem blieb der Begriff »Naturgesetze« erhalten, wenn auch mit dem Status einer toten Metapher. Er bleibt jedoch eine Vorstellung mit tief greifenden religiösen Auswirkungen.

Wir versuchen nun zu klären, was ein Naturgesetz sein könnte. Der allgemeine Konsens über Wesen und Reichweite der Naturgesetze in der wissenschaftlichen Gemeinschaft wurde von Paul Davies ausgeführt. Allgemein ausgedrückt haben die Naturgesetze folgende Eigenschaften:

1. Sie sind *universell*. Man nimmt an, dass die Gesetze der Physik immer und überall gelten und fehlerfrei anwendbar sind. Sie können überall

im Universum und in jeder Epoche der kosmischen Geschichte stets angewandt werden.

2. Sie sind *absolut* – sie hängen also nicht vom Beobachter ab (z. B. seinem oder ihrem sozialen Status, Geschlecht oder sexueller Orientierung). Der Zustand eines Systems kann sich mit der Zeit verändern und bezogen sein auf zufällige, randständige Beobachtungen. Die Gesetze, die Beziehungen zwischen diesen unterschiedlichen Stadien herstellen, verändern sich nicht.

3. Sie sind *ewig*, insofern man davon ausgeht, dass sie in den mathematischen Strukturen begründet sind, die zur Darstellung der physikalischen Welt verwendet werden. Die Korrelation zwischen allem, was wir einfach »mathematische Realität« nennen können, und der beobachteten physikalischen Welt ist von großer Bedeutung, und wir werden hierauf zurückkommen. An dieser Stelle ist es wichtig festzuhalten, dass alle bekannten grundlegenden Gesetze mathematisch ausgedrückt werden können.

4. Sie sind *allmächtig*, da es nichts außerhalb ihres Wirkungsbereichs gibt.

Es wird deutlich, dass diese Eigenschaften bemerkenswerte Nähe zu denen zeigen, die traditionell in theistischen religiösen Systemen wie dem Christentum Gott zugeschrieben werden.

Humes Vermutung, dass die Naturgesetze in die Natur hineingelesen werden, wird unter Wissenschaftlern weithin als nicht plausibel betrachtet. Bei dieser Sichtweise wird Regelmäßigkeit nicht als Eigenschaft der »realen Welt« gesehen, sondern als Konstrukt eines Ordnung stiftenden menschlichen Geistes.

In der Wissenschaftsgemeinschaft ist weithin anerkannt, dass die Regelmäßigkeit (einschließlich der statistischen Regelmäßigkeit) ein der Welt innewohnendes Charakteristikum ist, das durch menschliches Forschen entdeckt (nicht gestiftet) wird. Betrachten Sie beispielsweise die Erläuterungen von Paul Davies, denen Naturwissenschaftler weithin zustimmen würden:

Es ist wichtig zu verstehen, dass die Regelmäßigkeiten der Natur real sind ... Ich glaube, dass jede Vorstellung, die Naturgesetze seien Projek-

tionen menschlichen Denkens, absurd ist. Die Existenz von Regelmäßigkeiten in der Natur ist eine objektive mathematische Tatsache.

Andererseits sind die Gesetze genannten Behauptungen in Lehrbüchern sicher menschliche Erfindungen, aber Erfindungen, die entwickelt wurden, wenn auch unvollständig, um tatsächlich existierende Eigenschaften der Natur wiederzugeben. Ohne die Annahme, dass die Regelmäßigkeiten real seien, wird die Wissenschaft zu einer Absurdität. Ein anderer Grund, warum ich nicht denke, dass die Naturgesetze einfach von uns erfunden sind, ist, dass sie uns helfen, Neues über die Welt herauszufinden, manchmal Dinge, die wir nie erwartet hätten. Das Kennzeichen eines aussagekräftigen Gesetzes ist, dass es tiefer geht als eine naturgetreue Beschreibung des ursprünglichen Phänomens, das es erklären wollte, und zu anderen Phänomenen ebenfalls Verbindungen schafft ... Die Wissenschaftsgeschichte zeigt, dass, wenn ein neues Gesetz einmal akzeptiert ist, seine Auswirkungen schnell erprobt werden und das neue Gesetz in vielen unbekannten Zusammenhängen getestet wird, was oft zur Entdeckung neuer, unerwarteter und bedeutender Phänomene führt. Dies bewegt mich dazu anzunehmen, dass wir durch das Betreiben von Wissenschaft tatsächliche Regelmäßigkeiten und Zusammenhänge der Natur entdecken und sie nicht in die Natur hineinschreiben.[63]

Es wird deutlich, dass ein religiöser (und besonders ein christlicher) Zugang zu der Diskussion sich auf die Vorstellung konzentrieren wird, es gebe diese auf die Schöpfungsordnung bezogene Geordnetheit in der Welt, unabhängig davon, ob der menschliche Verstand sie erkennt oder nicht. Wenn auch viele Naturwissenschaftler den ursprünglichen theologischen Rahmen verlassen haben, der ihre Vorgänger im 17. und 18. Jahrhundert zur Rede von den »Naturgesetzen« bewegt hatte, spricht nichts dagegen, dass diese Ansichten von jenen Naturwissenschaftlern wieder aufgegriffen werden sollten, die für die religiösen Aspekte ihrer Arbeit aufgeschlossen sind.

Der kurze Überblick über die Beziehung zwischen Schöpfungslehre und Naturgesetzen macht in bemerkenswerter Weise deutlich, wie Naturwissenschaften und Religion beim Thema Geordnetheit der Natur kon-

vergieren. Was die Naturwissenschaften entdecken, kann die Religion erklären. Dies führt uns zu der Frage, in welchem Umfang wir aus der natürlichen Ordnung etwas über Gott erfahren können – ein Aspekt religiösen Denkens, der allgemein als Natürliche Theologie bezeichnet wird.

5. SCHÖPFUNG UND NATURWISSENSCHAFTEN

Kapitel 6
Natürliche Theologie: Gott in der Natur finden

K ann Gott durch die Natur erkannt werden? Wenn auch nur irgendetwas von Gott durch die Betrachtung der natürlichen Welt erkannt
werden kann, hätten Religionen und Naturwissenschaften weit mehr
gemeinsame Themen von Bedeutung. Der Naturbegriff selbst ist einer der
wichtigsten Punkte in diesem Zusammenhang, ebenso wie die Frage, ob
Natur als etwas zu gelten habe, das – wie auch immer – von Gott geformt
worden ist und folglich als – wenngleich indirekte – Widerspiegelung von
Gottes Wesen angesehen werden kann. Im vorangegangenen Kapitel war
dieses Thema unter der Rücksicht Gegenstand, wie die Lehre von der
Schöpfung die Verbindung von Gott und Natur voranbrachte.

Hier geht es nun um einige Aspekte der theologischen Denkfigur, die
als Natürliche Theologie eingeführt ist – den in der Schöpfungslehre grün-
denden religiösen Glauben, wenigstens teilweise könne Gott aus der Natur
erkannt werden. Zu Anfang sind jedoch zwei gewichtige Einwände gegenüber dem Konzept einer Natürlichen Theologie zu nennen, die im 20. Jahrhundert von großem Einfluss waren.

Einwände gegen die Natürliche Theologie

Wenngleich die positive Haltung einer natürlichen Gotteserkenntnis
gegenüber die Mehrheitsmeinung innerhalb der christlichen Tradition
darstellt, ist zuzugeben, dass immer auch andere Sichtweisen bestanden
haben. Zwei paradigmatische – wenn auch nicht abschließend entscheidende – Einwände gegenüber der Natürlichen Theologie sind in ihrer
jeweils philosophischen beziehungsweise theologischen Eigenart Gegenstand der folgenden Darstellung.

Die wohl ablehnendste Haltung, mit der man sich in der christlichen Theologie auseinander zu setzen hatte, ist diejenige des führenden Schweizer reformierten Theologen Karl Barth. Dessen Kontroverse mit Emil Brunner in dieser Sache veranschaulicht einige der ernsthaften Bedenken, die innerhalb der Gemeinschaft der protestantischen Theologen gegenüber der Natürlichen Theologie bestanden. Barths scharfer und streitbarer Kritik an der Natürlichen Theologie lässt sich argumentativ begegnen, zumal sie als Extremposition innerhalb des theologischen Spektrums angesehen wird. Beachtung verdient sie allemal, da sie zu einem »Meilenstein« innerhalb dieser Diskussion geworden ist.

1934 veröffentlichte Emil Brunner, ebenfalls Schweizer Theologe, sein Werk *Natur und Gnade*.[64] Darin behauptete er: »Die Aufgabe der Theologen unserer Generation ist es, einen Weg zurück zu einer begründeten Natürlichen Theologie zu finden.« Brunner situierte seinen Ansatz in der Schöpfungslehre, näherhin darin, dass der Mensch als *imago Dei*, als Bild Gottes geschaffen sei. Die menschliche Natur sei so verfasst, dass sie in Analogie zum Sein Gottes stehe. Trotz ihrer Verfallenheit an die Sünde bleibt die menschliche Natur fähig, Gott in der Natur zu erkennen. Sündige Menschen bleiben in der Lage, Gott in der Natur und geschichtlichen Ereignissen zu erkennen, ja sogar sich ihrer eigenen Schuld vor Gott bewusst zu sein.

Brunner behauptet sogar, dass die Natur des Menschen dergestalt sei, dass es dort einen vorausliegenden »Anknüpfungspunkt« für göttliche Offenbarung gebe. Die Offenbarung richte sich an eine menschliche Natur, die bereits eine gewisse Vorstellung von Offenbarung habe. Nehmen wir zum Beispiel die Forderung des Neuen Testaments, die Sünde zu bereuen. Für Brunner ist eine solche Aussage nur sinnvoll, wenn Menschen bereits eine Ahnung davon haben, was »Sünde« ist. Die Forderung des Evangeliums richtet sich also an eine Zuhörerschaft, die zumindest eine Vorahnung dessen hat, was »Sünde« und »Reue« bedeuten. Wenn Offenbarung dann ein umfassendes Verständnis von Sünde vermittle, baue sie dabei doch auf jener bereits existierenden Vorstellung des Menschen auf.

Barth reagierte heftig auf diese Position. Seine Antwort auf Brunner – die er 1934 veröffentlichte und die ihre lange Freundschaft abrupt beendete – hat einen der kürzesten Titel in der Geschichte theologischer Veröffentlichungen: *Nein!*[65] Barth sah sich gezwungen, »nein« zu Brunners positiver Einschätzung der Natürlichen Theologie zu sagen, schien sie doch die Vorstellung zu beinhalten, Gott bedürfe der Hilfe, um erkannt zu werden, oder der Mensch arbeite im Vollzug der Offenbarung auf irgendeine Weise mit Gott zusammen. »Der Heilige Geist braucht keinen anderen Anknüpfungspunkt als den, den derselbe Geist schafft«, ist Barths zornige Replik. Barth erkennt keinen mit der menschlichen Natur gegebenen Anknüpfungspunkt an, denn jeder so geartete Anknüpfungspunkt wäre selbst Ergebnis göttlicher Offenbarung. Es handelt sich dabei um etwas, das durch das Wort Gottes wach gerufen wird, nicht um einen dauerhaften Bestandteil der menschlichen Natur.

Die Konnotationen dieser Auseinandersetzung für ein anderes Feld sind leicht zu übersehen. Die Kontroverse zwischen Barth und Brunner spielte sich 1934 – dem Jahr nach Hitlers Machtergreifung – ab. Bei Brunners Annäherung an die Natur schwingt eine Vorstellung mit, die bis auf Luther zurückverfolgt werden kann: die Vorstellung von den Ordnungen der Schöpfung. Gott habe – so Luther – in seiner Vorsehung Ordnungen in der Schöpfung eingerichtet, um deren Rückfall ins Chaos zu verhindern. Zu diesen Ordnungen gehörten Familie, Kirche und Staat. (Die enge Verbindung von Kirche und Staat im deutschen lutherischen Gedankengut spiegelt diese Vorstellung wider.) Der Liberale Protestantismus im Deutschland des 19. Jahrhunderts nahm diese Idee auf und entwickelte eine Theologie, die der deutschen Kultur und deren positivem Staatsverständnis eine besondere Bedeutung für die Theologie zuteil werden ließ. Ein Teil der Bedenken Barths war nun, dass Brunner, vielleicht unbewusst, die theologischen Voraussetzungen dafür geliefert hatte, dass der Staat zu einem Modell für Gott werden konnte. Und wer schon wollte Hitler als Vorlage für Gott nehmen?

Ein ähnlich kritische Position zur Natürlichen Theologie entwickelte der schottische Theologe Thomas F. Torrance – wenngleich aus anderen Gründen. Zwischen Barth und Torrance gibt es offensichtliche Parallelen. Daher legt er noch einmal dar, was er für Barths grundlegenden Einwand

gegen die Natürliche Theologie hält: die von einigen Autoren vorgenommene radikale Trennung zwischen »Offenbarungstheologie« und einer völlig autonomen und unverbundenen »Natürlichen Theologie«.

Erkenntnistheoretisch gesehen, wendet sich Barth gegen die traditionelle Natürliche Theologie nicht aufgrund irgendeiner Ungültigkeit in ihrer Argumentation oder wegen ihrer Denkstrukturen als solchen, sondern aufgrund ihres *unabhängigen Charakters* – d. h. der autonomen Denkstrukturen, die die Natürliche Theologie auf der Basis der »reinen Natur« ohne Berücksichtigung der aktiven Selbstmitteilung des lebendigen und dreieinen Gottes entwickelt –, da dies die Erkenntnis Gottes in zwei Teilbereiche aufspaltet, in die natürliche Erkenntnis des einen Gottes auf der einen Seite und die offenbarte Erkenntnis des dreieinen Gottes auf der anderen Seite. Das aber ist sowohl naturwissenschaftlich wie theologisch unhaltbar. Es geht dabei nicht darum, den Stellenwert einer vernünftigen Struktur im Rahmen der Gotteserkenntnis abzulehnen, was Anliegen der Natürlichen Theologie ist. Zu beharren ist allerdings darauf, dass jede vernünftige Struktur, sofern sie nicht mit wirklicher Gotteserkenntnis unlösbar zusammengebracht wird, zur verzerrenden Abstraktion gerät. Deshalb kommt Barth – richtig verstanden – zu dem Schluss, dass Natürliche Theologie in der offenbarten Theologie enthalten ist.[66]

Torrance betont außerdem, dass Barths Kritik an der Natürlichen Theologie nicht auf irgendeiner Form des Dualismus beruht – beispielsweise auf einer Art von deistischem Dualismus zwischen Gott und der Welt oder einer Form des markionitischen Dualismus zwischen Erlösung und Schöpfung, welche eine Herabsetzung der Schöpfung impliziert. Es ist offensichtlich, dass Torrance an diesen Stellen mit Barth sympathisiert.

Torrance nennt des Weiteren eine fundamentale philosophische Schwierigkeit, welche er hinter den von Barth abgelehnten Ansichten der Natürlichen Theologie ausmacht. Er argumentiert, dass die autonome Natürliche Theologie ein »verzweifelter Versuch (ist), eine *logische Brücke* zwischen Begriffen und Erfahrungen zu finden, um die fatale Trennung zwischen Gott und der Welt zu überbrücken, welche sie ursprüng-

lich postuliert hatte, die aber mit der Feststellung zusammenbrechen musste, dass die Naturwissenschaft durch Ableitungen aus Beobachtungsdaten vorankommt.« Die Natürliche Theologie versuche durch Errichten einer logischen Brücke zwischen Ideen und Sein schließlich zu Gott zu gelangen und somit eine logische Formalisierung von empirischen und theoretischen Komponenten der Erkenntnis Gottes herzustellen. Nach Torrance wurde diese Entwicklung beträchtlich durch die mittelalterliche Annahme unterstützt, dass »naturwissenschaftlich zu denken *more geometrico* zu denken bedeutete, das heißt, im Sinne des Modells der Euklid'schen Geometrie. Im späteren Denken verstärkte sich diese Tendenz, da sie erlaubte, sich auf die logisch-wirkursächlichen Zusammenhänge eines mechanistischen Universums zu beschränken.« Damit wird deutlich, dass Torrance die »traditionelle abstrahierende Form« der Natürlichen Theologie als auf einer »deistischen Trennung von Gott und der Welt« ruhend versteht – darauf kommen wir gleich zurück.

Von besonderem Interesse ist, wie Torrance eine Parallele ausmacht zwischen dem theologischen Status und der theologischen Bedeutung der Natürlichen Theologie einerseits sowie der empirischen Herausforderung der einzigartigen Stellung der Euklid'schen Geometrie durch das Aufkommen der nicht-Euklid'schen Geometrie im 19. Jahrhundert und Einsteins Darstellung der Riemann'schen Geometrie der Raumzeit andererseits.

Wenn es in der Beziehung zwischen Geometrie und Physik, wie Einstein darlegte, Unachtsamkeit war, dass die axiomatische Konstruktion der Euklid'schen Geometrie eine empirische Grundlegung hat, die für den folgenschweren Fehler verantwortlich ist, dass die Euklid'sche Geometrie eine gedankliche Notwendigkeit vor jeder Erfahrung ist, dann sollte theologische Wissenschaft vor der Möglichkeit gewarnt sein, Natürliche Theologie im Herzen der dogmatischen Theologie als ein formales System zu betrachten, von dem gezeigt werden kann, dass es einen Wert in sich selbst hat, da dies lediglich dazu dienen würde, es zurückzuversetzen in ein System a priori, das nur ein leeres Gedankenschema ist.[67]

Natürlich anerkennt Torrance, dass Natürliche Theologie eine bedeutende Stellung innerhalb der christlichen Theologie hat angesichts eines Gott- und Weltverständnisses, das auf göttlicher Offenbarung beruht und nicht durch menschliches Forschen ermittelbar ist.

Torrance ist deshalb als jemand zu betrachten, der Natürliche Theologie in den Bereich der systematischen Theologie rückt, in ähnlicher Weise wie Einstein die Geometrie in den formalen Bereich der Physik rückte. Der rechte Ort für eine Diskussion über Natürliche Theologie ist nicht eine Auseinandersetzung über die Möglichkeit einer hypothetischen Erkenntnis Gottes, sondern im Kontext der positiven und offenbarten Erkenntnis des Schöpfergottes. Die angemessene theologische Sichtweise der Natur ermöglicht, dass sie im rechten Licht gesehen wird:

So ist es mit der Natürlichen Theologie: aus der positiven Theologie entstanden und entwickelt als ein Komplex von Denkstrukturen, die in unserer tatsächlichen Erkenntnis Gottes entstehen, wird sie auf neue Weise »natürlich«; natürlich in Bezug auf ihr eigentliches Objekt: Gott, der in selbst offenbarender Weise in Raum und Zeit mit uns in Austausch getreten ist. Natürliche Theologie bildet dann die erkenntnistheoretische Geometrie im Gefüge der Offenbarungstheologie.[68]

Barths Herausforderung kann also in einer Weise begegnet werden, von der Torrance glaubt, sie finde Barths Unterstützung. Es gab jedoch noch andere Einwände gegen die Natürliche Theologie aus den Reihen des Protestantismus.

Philosophische Einwände

Innerhalb der letzten Jahre haben Religionsphilosophen, die sich der reformierten theologischen Tradition verpflichtet fühlen, einen hohen Grad an Bekanntheit erlangt. Alvin Plantinga und Nicholas Wolterstorff sind Beispiele für diese Kategorie von Denkern, die in den letzten Jahrzehnten hochbedeutsame Beiträge zur Religionsphilosophie geleistet haben. Plantinga versteht Natürliche Theologie als einen Versuch, die Existenz Gottes

zu beweisen oder aufzuzeigen, und lehnt sie entschieden ab aufgrund seiner Überzeugung, sie hänge von einem irrigen Verständnis der Natur religiösen Glaubens ab. Die Wurzeln dieses Einwands sind vielfältig und können in Form zweier grundlegender Überlegungen zusammengefasst werden:

1. Natürliche Theologie nimmt an, dass der Glaube an Gott einer Beweisgrundlage bedarf. Der Glaube an Gott ist daher – streng genommen – kein ursprünglicher Glaube, d. h. etwas, das selbstevident, mit den Sinnen nicht korrigierbar oder wahrnehmbar ist. Es ist daher ein Glaube, der sich wiederum auf einen tiefer liegenden Glauben gründen muss. Den Glauben an Gott auf einen anderen Glauben zu gründen, bedeutet jedoch schlussendlich, letzterem Glauben höheren erkenntnistheoretischen Status zuzusprechen als dem Glauben an Gott. Laut Plantinga besteht jedoch ein eigentlich christlicher Ansatz darin zu versichern, dass der Glaube an Gott aus sich heraus grundlegend sei und keiner Rechtfertigung durch andere Formen des Glaubens bedürfe.
2. Natürliche Theologie sei in Bezug auf die reformierte Tradition, Calvin und seine späteren Nachfolger eingeschlossen, nicht gerechtfertigt.

Der letzte Punkt ist historisch unzutreffend und braucht uns nicht zu beschäftigen. Die erste Argumentationsrichtung fand jedoch zunehmendes Interesse.

Plantinga betrachtet eindeutig Thomas von Aquin als den »Natürlichen Theologen *par excellence*« und richtet große Aufmerksamkeit auf dessen Methoden. Für Plantinga ist Thomas von Aquin insofern ein Fundamentalist auf den Gebieten der Theologie und Philosophie, als »*scientia* genau genommen aus einem Corpus von Aussagem besteht, die mittels Vernunftschlüssen aus selbstevidenten ersten Prinzipien abgeleitet werden«. Die *Summa contra gentiles* zeigt laut Plantinga, dass Thomas von offensichtlichen Grundannahmen ausgehend zu Argumenten für einen Glauben an Gott kommt. Das freilich macht solch einen Glauben von entsprechenden evidenten Grundannahmen abhängig. (Die Wichtigkeit der wachsenden Kritik am klassischen Fundamentalismus

in der modernen Philosophie und Theologie sollte an diesem Punkt erwähnt werden.) Unser Anliegen hier ist, festzuhalten, dass Plantingas Konzeption der Natürlichen Theologie seine Überzeugung beinhaltet, dass die Natürliche Theologie versuche, die Existenz Gottes zu *beweisen*. Es ist jedoch offensichtlich nicht notwendig, dass eine Natürliche Theologie etwas Derartiges annehmen sollte; tatsächlich gibt es beste Gründe dafür, dass Natürliche Theologie – durch deren historische Betrachtung belegt – als eine vom gläubigen Standpunkt ausgehende Demonstration des Einklangs ebendieses Glaubens und der Strukturen der Welt anzusehen ist. Anders gesagt: Natürliche Theologie versucht nicht, die Existenz Gottes zu beweisen, sondern setzt seine Existenz voraus. Erst danach fragt sie: »Wie müssen wir uns die Natur vorstellen, wenn sie tatsächlich von solch einem Gott erschaffen worden ist?« Die Suche nach Ordnung in der Natur ist somit nicht von der Suche nach einem Beweis für die Existenz Gottes geleitet, sondern dient als Bestärkung der Plausibilität eines bereits vorhandenen Glaubens. Diese Argumentation findet sich in den Schriften von William P. Alston, der einerseits immerhin teilweise Plantingas Einsatz für eine reformierte Erkenntnistheorie teilt, wenngleich er andererseits eine deutlich positivere Position gegenüber der Natürlichen Theologie einnimmt.

In seinem Hauptwerk *Perceiving God (Gott wahrnehmen)*[69] stellt Alston einen in seiner Sicht verantwortbaren und realistischen Zugang vor. Alston definiert Natürliche Theologie als »das Unternehmen, Unterstützung für religiöse Überzeugungen zu bieten, ausgehend von Annahmen, die weder religiöse Überzeugungen sind noch solche voraussetzen«. Ausgehend von der Unmöglichkeit, einen tragfähigen Beweis für die Existenz Gottes aus außerreligiösen Annahmen zu gewinnen, erklärt Alston, dass dies in keinem Fall der richtige Zugang zur Natürlichen Theologie sei.

Streng genommen setzt Natürliche Theologie bei einem Ausgangspunkt wie etwa der Existenz Gottes oder der Geordnetheit der Welt an und zeigt, dass dieser Ausgangspunkt uns zur Existenz eines Wesens führt, das als Gott aufgefasst werden kann. In Alstons Sicht gibt es also ein hohes Maß an Übereinstimmung von Natürlicher Theologie und traditionellen Argumenten für die Existenz Gottes, besonders denen, die auf Thomas von

Aquin zurückgehen. Sein Konzept der Natürlichen Theologie geht jedoch über solche engen Beweise hinaus und ermuntert zur Beschäftigung mit anderen Bereichen menschlichen Lebens und Denkens, zu denen Alston ausdrücklich die Naturwissenschaften zählt. Natürliche Theologie liefert also »metaphysische Gründe für die Wahrheit des Theismus als einer generellen Weltsicht« und erlaubt uns, Brücken zu anderen Fachgebieten zu schlagen.

Die hier referierte Diskussion macht deutlich, dass sowohl Plantinga als auch Barth beträchtliche Bedenken bezüglich Vorgehensweise und Zielrichtung der Natürlichen Theologie hatten. Gleichermaßen würden einige orthodoxe christliche Theologen Zweifel bei der möglichen Wiederbelebung einer deistischen Weltsicht anmelden, die sich aus der Betonung der Regelhaftigkeit der Natur zu ergeben scheint. Diese Bedenken treffen jedoch eher den möglichen Missbrauch der Natürlichen Theologie als ihre tatsächliche Verwendung innerhalb verantwortungsvollen christlichen Denkens, sei es protestantisch oder katholisch. Im Folgenden werden wir drei positive Zugänge zu der Thematik untersuchen, die als typisch für die christliche theologische Tradition gelten können.

Drei Zugänge zur Natürlichen Theologie

Innerhalb des Christentums haben sich drei Grund-Ansätze herausgebildet, die der Frage nachgehen, ob bzw. in welchem Umfang Gott durch die Natur erkannt werden kann. Im Folgenden werden wir diese Ansätze kurz darstellen, von denen zwei besonders wichtig für das Verhältnis von Naturwissenschaft und Religion sind.

Der Zugang über die Vernunft

Eine der am häufigsten angewandten Herangehensweisen zur natürlichen Gotteserkenntnis führt über das menschliche Denkvermögen. Ein gutes Beispiel für diesen Ansatz findet man in den Schriften des Augustinus von Hippo, besonders in seinem Hauptwerk *De Trinitate*. Die

grundlegende Argumentationsrichtung Augustins lässt sich folgendermaßen darstellen: Wenn Gott wirklich aus seiner Schöpfung heraus erkannt werden kann, dann sollten wir annehmen können, ihn an der Spitze der Schöpfung zu finden. Laut Augustinus (er beruft sich auf Genesis 1–2) ist diese Spitze der Mensch. Der Gipfel des menschlichen Wesens wiederum – so stellt es Augustinus auf der Basis neuplatonischer Vorannahmen aus seinem kulturellen Umfeld dar – ist seine Vernunftbegabtheit. Er schließt daraus, dass Spuren Gottes (genauer gesagt: Spuren der Dreifaltigkeit/*vestigia Trinitatis*) im menschlichen Denken zu finden sein müssten. Ausgehend von dieser Überzeugung entwickelt Augustinus das, was als »psychologische Analogien der Trinität« bekannt geworden ist.[70]

Der Zugang über die Ordnung der Welt

Durch seine engen Verbindungen zu den Erkenntnissen der Naturwissenschaften gehört dieses Thema zu den wichtigsten für unsere Betrachtungen. Thomas von Aquins Argumente für die Existenz Gottes basieren auf der Wahrnehmung einer erklärungsbedürftigen Ordnung innerhalb der Natur. Ebenso bedeutsam ist die Tatsache, dass der menschliche Geist diese Ordnung untersuchen und aufdecken kann. Etwas in seiner Natur veranlasst den Menschen, Fragen über die Welt zu stellen, andererseits erscheint die Welt als solche, die Antworten auf diese Fragen erlaubt. Der anerkannte theoretische Physiker und Verteidiger des Christentums John Polkinghorne kommentiert diesen Punkt in seinem Werk *Science and Creation (Naturwissenschaft und Schöpfung)* folgendermaßen:

> Wir sind so an die Tatsache gewöhnt, die Welt verstehen zu können, dass wir sie meistens als selbstverständlich hinnehmen. Doch macht dies Naturwissenschaft erst möglich. Es wäre auch anders vorstellbar: Das Universum hätte statt eines geordneten Kosmos auch ein ungeordnetes Chaos sein können. Oder es hätte ihm eine uns nicht zugängliche Rationalität innewohnen können. ... Es gibt eine Kongruenz zwischen unserem Geist und dem Universum, zwischen der Rationalität,

die wir in uns erfahren, und der Rationalität, die wir außerhalb von uns beobachten.[71]

Es existiert eine tief verwurzelte Kongruenz zwischen den Denkstrukturen unseres Geistes und der Geordnetheit, die wir in der Welt gegenwärtig sehen. Eine der bemerkenswertesten Aspekte dieser Ordnung betrifft die abstrakten Strukturen der reinen Mathematik – einer freien Schöpfung des menschlichen Geistes –, welche, wie Polkinghorne betont, trotzdem wichtige Hinweise für das Verstehen der Welt liefert.

Ein Beispiel dieser Kongruenz zwischen (menschlicher) Vernunft und Naturordnung kann man in Paul Diracs 1931 gegebener Erklärung eines erstaunlichen Aspektes einer Gleichung sehen. Er hatte sie entwickelt, um das Verhalten von Elektronen zu erklären, wobei es zwei Lösungstypen gab, eine, die von positiver Energie ausging, die andere von negativer. Der zweite Lösungstyp konnte als Hinweis auf die Existenz eines Partikels interpretiert werden, das in jeder Hinsicht mit einem Elektron identisch ist, bis auf die positive Ladung. Eine weitere Klärung erzielte Hermann Weyl mit dem Aufweis, dass solche »Negativ-Energie-Lösungen« die Masse eines Elektrons haben. 1932 beobachtete Carl Anderson Echtzeit-Effekte, die ihn veranlassten, die Existenz des positiven Elektrons entsprechend dem von Dirac vorgeschlagenen Partikel zu postulieren. Dass das neue Partikel lediglich in Nebelkammer-Experimenten beobachtet wurde, trug Blacketts Beobachtung hinsichtlich der Theorie Diracs Rechnung, dass das Partikel sich bei einer Kollision mit einem (negativ geladenen) Elektron sofort selbst auflösen würde und deshalb nicht (wie manche angenommen hatten) ein Element der stabilen Materie sei. In gewisser Weise war das Positron den Mathematikern also bereits vor seiner Entdeckung durch die Physiker bekannt.

Die Wichtigkeit dieses Zugangs über die Naturordnung wird uns in einem späteren Kapitel – wenn der Begriff Naturgesetz und das Verhältnis solcher Gesetze zur Schöpfungslehre Gegenstand sein werden – umfänglicher darauf zurückkommen lassen.

Eine Reihe bedeutender christlicher Theologen hat Natürliche Theologien entwickelt, die auf der Wahrnehmbarkeit von Schönheit gründen, wie sie aus der aufmerksamen Betrachtung der Welt erwächst. Hans Urs von Balthasar und Jonathan Edwards lieferten solche Ansätze im 20. bzw. 18. Jahrhundert, Ersterer von einem katholischen und Letzterer von einem reformierten Standpunkt aus. Robert Boyle brachte das Bild von der Natur als Tempel und des Naturwissenschaftlers als Priester ins Spiel und lenkte die Aufmerksamkeit auf das Staunen, das durch das Studium der Natur in all ihrer Schönheit hervorgerufen wird.

Für Augustinus von Hippo gab es eine natürliche Steigerung von der Bewunderung der schönen Dinge der Welt hin zur Anbetung dessen, der diese Dinge erschaffen hat und dessen Schönheit sich in ihnen widerspiegelt. Thomas von Aquin stellte seine »Fünf Wege« dar, um aus der Ordnung der Welt auf die Realität Gottes zu schließen. Der vierte dieser Wege nimmt seinen Ausgang bei der Beobachtung von Vollkommenheit in der Welt. Obgleich Thomas »Schönheit« hier nicht ausdrücklich als eine solche Vollkommenheit nennt, kann die Verbindung doch ohne Schwierigkeit gezogen werden, zumal sie sich an anderer Stelle in seinem Werk findet. Dieser so umrissene Argumentationsstrang wurde im frühen 20. Jahrhundert durch den anerkannten Philosophen und Theologen F. R. Tennant weitergeführt. Sein Argument war ebenfalls, dass die Beobachtung von Schönheit in der Welt Teil eines »kumulativen« Beweises für die Existenz Gottes sei.

Innerhalb der reformierten Tradition wird die Anerkennung der »Schönheit« als bedeutungsvolles theologisches Thema in den Schriften von Calvin erkennbar. Die kraftvollste Darstellung des Themas im Umfeld dieser Tradition findet sich jedoch nach übereinstimmender Meinung im Werk des führenden amerikanischen Theologen des 18. Jahrhunderts, Jonathan Edwards. Für Edwards kann die Schönheit Gottes mit Recht in der abgeleiteten Schönheit der geschaffenen Ordnung erwartet und gefunden werden.

Es ist sehr schicklich und entgegenkommend von Gott, der unendlich weise ist, die Dinge so zu ordnen, dass es eine Stimme von Ihm in Seinen Werken gibt, um jene zu belehren, die zu Ihm gehören, und sie weiter auszugestalten und ihnen göttliche Mysterien anzuvertrauen und Dinge, die näher bei Ihm und Seinem geistlichen Königreich sind. Die Werke Gottes sind nichts anderes als eine Stimme oder Sprache Gottes, um intelligente Wesen in Dingen zu unterweisen, die Ihn selbst betreffen. Und warum sollten wir nicht denken, dass Er uns lehren und unterweisen würde durch Seine Werke in dieser und anderer Weise, etwa indem Er göttliche Dinge zeigt und sie so weiter ausgestaltet, besonders da wir wissen, dass Gott so viel Freude gibt durch seine Art der Belehrung ... Wenn wir auf diese Schatten göttlicher Dinge schauen als die Stimme Gottes, die dazu da ist, uns diese und jene spirituellen und göttlichen Dinge zu lehren, dann zeigt es sich, von welchem außergewöhnlichen Vorteil sie für uns ist, wie angenehm und klar sie zur Belehrung unseres Geistes führen wird und wie sie dem Geist Dinge eingibt und den Geist anspricht durch das, was ist, als ob Gott zu uns sprechen würde. Wo auch immer wir sind und was wir auch immer gerade tun, wir werden göttliche Dinge sehen, die uns hervorragend gezeigt und vorgehalten werden.[72]

Die theologisch am besten fundierte und am weitesten ausgearbeitete Untersuchung der Bedeutung der »Schönheit« im 20. Jahrhundert stammt von dem Schweizer katholischen Theologen Hans Urs von Balthasar (1905–1988). »Das grundlegende Prinzip einer theologischen Ästhetik ... ist die Tatsache, dass ebenso wie die christliche Offenbarung vollkommene Wahrheit und Güte ist, sie auch absolute Schönheit ist.« Von Balthasar beschreibt daher sein eigenes Werk als Versuch, »die christliche Theologie unter dem Licht des dritten Transzendentale zu entfalten: die Sicht des Verum (Wahren) und des Bonum (Guten) zu ergänzen durch die des Pulchrum (Schönen).«[73]

Es wird also deutlich, dass der Begriff der Schönheit in der Welt von großer Bedeutung für ein religiöses Weltverständnis ist. Seine Wichtigkeit ist in der reinen Mathematik früh erkannt worden, und das neue Interesse an Fraktalen hat die Thematik auf ein neuartiges und aufregendes Gebiet hin

erweitert. Im 20. Jahrhundert ist das Interesse an der Schönheit auch für die Naturwissenschaften bedeutsam geworden. Wenngleich »Schönheit« als Bezeichnung für die natürliche Welt selbst verstanden werden kann, wird sie meistens darauf bezogen, wie diese Welt zu interpretieren ist, besonders auf theoretischer Ebene. Die Schönheit von Theorien wird oft auf ihre Symmetrie zurückgeführt, etwa die Eleganz der Maxwell'schen Gleichungen. Steven Weinberg, der 1979 den Nobelpreis für Physik erhalten hat, merkt Folgendes zur Schönheit wissenschaftlicher Theorien an:

> Die Art der Schönheit, die wir in physikalischen Theorien finden, liegt in der Beschränkung. Sie ist, soweit ich das in Worte fassen kann, die Schönheit der Einfachheit und Unausweichlichkeit – die Schönheit der vollkommenen Struktur, die Schönheit, dass alles zusammenpasst, dass nichts geändert werden kann, die Schönheit der logischen Strenge. Es ist eine klare und klassische Schönheit, derart, wie wir sie in griechischen Tragödien finden.[74]

Besonders deutlich wird das in den Schriften Paul Diracs, dem es gelang, zu einer Zeit, in der alle anderen daran scheiterten, eine Verbindung zwischen der Quantentheorie und der Allgemeinen Relativitätstheorie herzustellen. Diracs Ansatz scheint auf dem Begriff der »Schönheit« aufzubauen, da er als mögliches Werkzeug zur Beurteilung wissenschaftlicher Theorien ein ausdrücklich ästhetisches Kriterium zugrunde legte:

> Es ist wichtiger, Schönheit in seiner Gleichung zu haben als passende Experimente ... Es scheint, dass man auf dem sicheren Weg zum Erfolg ist, wenn man einsichtig ist und die Absicht hat, Schönheit in seine Gleichung zu bekommen.[75]

Damit ist eine deutliche Schnittstelle zwischen Religion und Naturwissenschaften angelegt und nochmals auf die Wichtigkeit der Natürlichen Theologie als Hilfsmittel für den Dialog zwischen diesen Disziplinen verwiesen.

Dies sind nur einige Beispiele dafür, wie christliche Theologen versucht haben zu beschreiben, wie Gott, wenn auch nur flüchtig, durch die

Natur zu erkennen ist. Innerhalb einer spezifisch christlichen Perspektive müssen diese Einblicke, die man in Existenz und Wesen Gottes gewinnen mag, eher als Hinweise auf die größere Wirklichkeit von Gottes Selbstoffenbarung gesehen werden denn als selbständig für sich stehend. Wir wollen diesen wichtigen Punkt im Folgenden eingehender untersuchen.

Natürliche Theologie und Offenbarungstheologie

Sowohl in den Schriften von Thomas von Aquin als auch in denen von Johannes Calvin wird ein Unterschied zwischen einer gültigen, aber unvollständigen Erkenntnis Gottes durch die Beobachtung der Welt und einer umfassenderen Erkenntnis Gottes gemacht, die aus der Entscheidung Gottes resultiert, sich selbst zu offenbaren. Da wir Thomas von Aquin bereits relativ eingehend in Bezug auf die Thematik der Ordnung betrachtet haben, ist es angemessen, das nun anliegende Thema anhand der Arbeiten Calvins zu illustrieren.

Calvin unterscheidet grundlegend zwischen einer allgemeinen »Erkenntnis Gottes des Schöpfers«, die durch Nachdenken über die geschaffene Welt erlangt werden kann, und einer spezifischeren christlichen »Erkenntnis Gottes des Erlösers«, die nur über die christliche Offenbarung möglich ist. Nach Calvin ist die letzt- mit der erstgenannten vereinbar, übersteigt aber deren Einsichten.

Das erste Buch von Calvins *Institutio christianae religionis / Unterricht in der christlichen Religion* (1559) beginnt mit einer Diskussion dieses grundlegenden Problems christlicher Theologie: Wie können wir etwas von Gott erkennen? Calvin bestätigt, dass eine allgemeine Kenntnis Gottes aus der Schöpfung abgelesen werden kann – in der Menschheit, in der Ordnung der Natur und in geschichtlichen Prozessen. Zwei Quellen solcher Erkenntnis werden genannt, von denen eine als subjektiv und die andere als objektiv gilt. Die erste Quelle ist ein »Sinn für Göttliches« *(sensus divinitatis)* oder ein »Same des Religiösen« *(semen religionis)*, der jedem Menschen von Gott eingepflanzt ist. Gott hat also den Menschen mit einer Art eingebautem Sinn oder Vorahnung der Existenz Gottes

bedacht. Es ist, als ob etwas von Gott in die Herzen aller Menschen ein-
geschrieben worden ist. Die zweite Quelle liegt in der Erfahrung der Ordnung der Welt und dem Nachdenken darüber. Die Tatsache, dass Gott
Schöpfer ist, kann aus dem Betrachten der geschaffenen Ordnung, die in
der Menschheit selbst gipfelt, ebenso gewonnen werden wie eine
Ahnung von göttlicher Weisheit und Gerechtigkeit.

Es muss betont werden, dass Calvin keinerlei Andeutung macht, dass
diese Erkenntnis Gottes typisch oder ausschließlich für christliche Gläubige sei. Nach Calvin sollte jeder durch intelligentes und vernünftiges
Nachdenken über die geschaffene Ordnung zu einer Vorstellung von Gott
kommen können. Die geschaffene Ordnung ist ein »Theater« oder ein
»Spiegel«, der die Anwesenheit Gottes ebenso widerspiegelt wie dessen
Natur und Attribute. Obwohl Gott unsichtbar und verstandesmäßig nicht
fassbar ist, will Gott in der Form der geschaffenen und sichtbaren Dinge
erkannt werden, indem er sich das Gewand der Schöpfung anzieht. Deshalb – und das ist entscheidend – empfiehlt Calvin die Naturwissenschaften (wie beispielsweise die Astronomie), da diese die wunderbare
Ordnung der Schöpfung darstellen können und somit auf die göttliche
Weisheit hinweisen. Interessanterweise bezieht sich Calvin an dieser Stelle jedoch nicht auf spezifisch christliche Offenbarungsquellen. Sein
Gedankengang ist bis zu diesem Punkt in empirischer Beobachtung und
im Nachdenken begründet. Wenn Calvin Schriftzitate anführt, tut er dies
zur Bestätigung eines allgemeinen natürlichen Erkennens Gottes, weniger zur originären Begründung der Erkenntnis. Er betont, dass es einen
Weg gibt, Gott zu entdecken, der denen innerhalb und außerhalb des
Christentums gemein ist.

Nachdem er das Fundament einer allgemeinen Erkenntnismöglichkeit
Gottes gelegt hat, betont Calvin deren Unzulänglichkeiten. Sein Dialog-
partner ist hierbei der klassische römische Schriftsteller Cicero, dessen *De
natura deorum (Über das Wesen der Götter)*[76] wahrscheinlich eine der einflussreichsten klassischen Darstellungen einer natürlichen Erkenntnismöglichkeit Gottes ist. Calvin argumentiert, dass der Graben zwischen
Gott und dem Menschen, der bereits von erheblicher Größe sei, durch die
Sünde des Menschen weiter vergrößert werde. Unsere natürliche Erkenntnis Gottes sei unvollständig und verschwommen und manchmal sogar

widersprüchlich. Eine natürliche Erkenntnis Gottes diene dazu, dem Menschen jegliche Entschuldigung zu entziehen für die Missachtung des göttlichen Willens; trotzdem sei sie nicht geeignet für ein wohl ausgewogenes und vollständiges Bild von der Natur, dem Charakter und der Ziele Gottes.

Nachdem er diesen Punkt hervorgehoben hat, führt Calvin den Begriff der Offenbarung ein. Die Heilige Schrift greift auf, was von Gott durch die Natur erkannt werden kann, verdeutlicht und verstärkt diese allgemeine Offenbarung jedoch gleichzeitig. »Die Erkenntnismöglichkeit Gottes, die deutlich in der Ordnung der Welt und in allen Geschöpfen gegeben ist, wird noch deutlicher und verständlicher erklärt im Evangelium.« Nur durch die Schrift hat der Gläubige Zugang zum Wissen über das erlösende Handeln Gottes in der Geschichte, das seinen Höhepunkt findet in Leben, Tod und Auferstehung Jesu Christi. Für Calvin spitzt sich Offenbarung auf die Person Jesu Christi zu, und unsere Erkenntnis Gottes ist durch ihn vermittelt. Gott kann also nur über Jesus Christus ganz erkannt werden, der wiederum nur durch die Schrift kennen zu lernen ist. Die geschaffene Ordnung liefert jedoch wichtige Bezugspunkte und teilweise Entsprechungen zu dieser Offenbarung. Die grundlegende Vorstellung dabei ist, dass die Erkenntnis Gottes des Schöpfers sowohl durch die Natur als auch durch Offenbarung erlangt werden kann, wobei Letztere die Erstere verdeutlicht, bestätigt und ausweitet. Die Erkenntnis Gottes des Erlösers – für Calvin die spezifisch *christliche* Erkenntnis Gottes – kann ausschließlich durch die christliche Offenbarung in Christus und durch die Schrift erlangt werden.

Dieser Ansatz wurde mit besonderem Nachdruck innerhalb der reformierten Tradition entwickelt. Die Bedeutung, die der Natürlichen Theologie in den Schriften von Jean-Alphonse Turrettini (1671–1737), dem führenden Genfer Theologen des 18. Jahrhunderts, zugemessen wird, verdeutlicht dies. Thomas Chalmers, der führende schottische Theologe der Presbyterianer im 19. Jahrhundert, übernahm diesen Zugang mit Nachdruck.

Besondere Aufmerksamkeit sollte der Tradition der »zwei Bücher« gegeben werden, die in der Natürlichen Theologie Englands im 17. und frühen 18. Jahrhundert von Bedeutung gewesen ist. Dieser Ansatz kann

durchaus als von Calvins theologischem Zugang abgeleitet begriffen werden. Beispielsweise bezeichnet die *Confessio Belgica (Belgisches Bekenntnis,* 1561), ein reformiertes Glaubensbekenntnis mit Ursprung in den Niederlanden, Natur als »ein vor unseren Augen wunderschönes Buch, in dem alle erschaffenen Dinge, ob groß oder klein, wie Buchstaben sind, die uns über die unsichtbaren Dinge Gottes nachsinnen lassen«. Diese Vorstellung des »Buches der Natur«, das das »Buch der Heiligen Schrift« vervollständigt, gewann rasch an Beliebtheit. Entsprechend empfahl Francis Bacon das Studium des »Buches von Gottes Wort« und des »Buches von Gottes Werken« in seinem Werk *Fortschritt der Erkenntnis* (1605). Dieses Werk hatte in England beträchtlichen Einfluss auf das Denken über die Beziehung zwischen Naturwissenschaft und Religion. So schrieb Robert Boyle 1674 in seiner Abhandlung *The Excellency of Theology compared with Natural Theology (Die Bedeutung der Theologie im Vergleich mit der Natürlichen Theologie):* »Da die beiden großen Bücher, das der Natur und das der Heiligen Schrift, denselben Verfasser haben, verhindert das Studium des Letzteren in überhaupt keiner Weise die Freude eines forschenden Menschen am Studium des Ersteren.« Ähnliche Gedanken finden sich in Sir Thomas Brownes Klassiker *Religio Medici* von 1643:

> Es gibt zwei Bücher, aus denen ich meine Erkenntnis Gottes nehme. Neben dem von Gott geschriebenen noch das von seiner Dienerin, der Natur, das als universales und öffentliches Manuskript vor den Augen aller ausgebreitet liegt. Diejenigen, die Ihn nicht in dem einen gesehen haben, haben Ihn in dem anderen entdeckt.

Erwähnt werden soll auch die Vorstellung der Welt als »Gottes Brief an die Menschheit« (Boyle). Die Metapher der »zwei Bücher«, die vom selben Autor stammen, hatte beträchtliche Bedeutung für die Verbindung von christlicher Theologie und Frömmigkeit und für das aufkommende Interesse an der Natur und das wachsende Wissen darüber.

Aus dem Material, das in diesem Kapitel vorgestellt worden ist, wird deutlich, dass die Natürliche Theologie eines der bedeutendsten Gebiete des Dialoges zwischen Naturwissenschaften und Religion darstellt. Obgleich die Schriften von William Paley heute oftmals mit erheblichen

Bedenken betrachtet werden, stellen sie trotzdem einen substanziellen Versuch dar, naturwissenschaftliche Beobachtung und religiösen Glauben aufeinander zu beziehen. Paleys spezifischer Ansatz mag überholt sein. Wie die Schriften von John Polkinghorne und anderen gezeigt haben, wird jedoch der Bezug auf die Ordnung in der Natur von Verfassern religiöser Texte weiterhin als sehr wichtig angesehen.

Kapitel 7
Modelle und Analogien
in Naturwissenschaft und Religion

Eine der faszinierendsten Gemeinsamkeiten zwischen Naturwissenschaft und Religion ist der Gebrauch von »Modellen« oder »Analogien« zur Darstellung komplexer Dinge – ob es nun um Atomkerne geht oder um Gott. In diesem Kapitel werden wir die unterschiedlichen Möglichkeiten untersuchen, wie diese »visuellen Hilfen« in Naturwissenschaft und Religion entwickelt und eingesetzt werden. John Polkinghorne, theoretischer Physiker, sieht eine wichtige Parallele zwischen den beiden Fachgebieten, die in der Notwendigkeit besteht, Dinge, die derzeit nicht gesehen werden können, sichtbar darzustellen:

> Wir sprechen ständig von Dingen, die nicht direkt beobachtbar sind. Niemand hat je ein Gen gesehen (auch wenn es Röntgenaufnahmen gibt, die, angemessen interpretiert, Watson und Crick zur helikalen Struktur der DNA führten) oder ein Elektron (obwohl es Bahnen in Blasenkammern gibt, die, angemessen interpretiert, die Existenz eines Teilchens mit negativer Ladung von ca. 4,8 z 10^{-10} esu und einer Masse von 10^{-27} g anzeigen). Niemand hat je Gott gesehen (auch wenn es die erstaunliche Behauptung der Christen gibt, »der Einzige, der Gott ist und am Herzen des Vaters ruht, er hat Kunde gebracht« [Joh 1,18]).[77]

Es ist eine Tatsache, dass die meisten Religionen Aussagen bezüglich einer Reihe von Entitäten (wie »Gott«, »Vergebung« oder »Ewiges Leben«) machen, die zum fraglichen Zeitpunkt unbeobachtbar sind. Fragen nach der Darstellung solcher theoretischer oder unbeobachtbarer Entitäten und nach ihrem genauen ontologischen Status sind sowohl in Naturwissenschaft als auch Religion ein interessantes und wichtiges Thema. Deshalb werden sie auch unsere Aufmerksamkeit in diesem Kapitel beanspruchen. Zunächst betrachten wir die Verwendung von Modellen in den Naturwissenschaften.

Modelle in den Naturwissenschaften

Eine kennzeichnende Eigenschaft der Naturwissenschaften ist die Tendenz, »Modelle« zu verwenden. Unter einem Modell versteht man eine vereinfachte Art, komplexe Systeme darzustellen, was dem Benutzer erlaubt, ein wachsendes Verständnis von zumindest einigen ihrer Teile zu gewinnen. Ist ein Modell erst entworfen und getestet, kann es so weiterentwickelt werden, dass es komplizierteren Eigenschaften des Systems gerecht wird, die beim ursprünglichen Entwurf des Modells nicht beachtet wurden. Um einige Aspekte des Modellgebrauchs zu verdeutlichen, werden wir nun eines der bekanntesten unter diesen Modellen betrachten – die kinetische Gastheorie.

Seit dem 17. Jahrhundert wurde das Verhalten von Gasen genau untersucht, vor allem von Robert Boyle und Jacques Charles. In einer Reihe von Experimenten wurde erforscht, wie Gase sich verhalten, wenn Druck, Temperatur und Volumen verändert werden. Es zeigte sich, dass das Verhalten von Gasen beschrieben werden konnte durch mehrere Gesetze, die auf alle Gase unter niederem Druck anwendbar sind, unabhängig von deren chemischer Identität. Die zwei berühmtesten Gesetze sind als »Boyles Gesetz« und als »Charles' Gesetz« bekannt geworden [im deutschen Sprachraum wird eher der Begriff Boyle-Marriot'sches Gesetz verwendet (Anm. d. Ü.)] und wie folgt formuliert:

Boyles Gesetz: pV = Konstante
Charles' Gesetz: V = Konstante z T

wobei p der Druck des Gases ist, V sein Volumen und T seine Temperatur, ausgerichtet an der Temperaturskala von Lord Kelvin, nach der 0°C genau 273,15 °Kelvin entspricht. Die »Zustandsgleichung eines idealen Gases«, die die beiden Gesetze kombiniert, kann so zusammengefasst werden:

$$pV = nRT$$

wobei R die Gaskonstante ($8,31451$ JK^{-1} mol^{-1}) und n die Anzahl der Mole des Gases ist. Diese Gleichung ist – unabhängig von der Art des Gases –

universell gültig. Wie aber kann dieses Verhalten erklärt werden? Die kinetische Gastheorie bietet ein Modell eines idealen Gases an, das auf drei Annahmen beruht:

1. Ein Gas besteht aus Molekülen in unablässiger, zufälliger Bewegung, die nicht miteinander interagieren.
2. Die Größe der Moleküle ist vernachlässigbar, da ihr Durchmesser als unbedeutend im Vergleich zum mittleren Abstand der zwischen Kollisionen zurückgelegten Distanz angesehen werden kann.
3. Wenn sie auf die Wände ihres Behälters treffen, vollführen Gasmoleküle perfekt elastische Zusammenstöße, bei denen die kinetische Energie der Moleküle unverändert bleibt.

Im Grunde genommen legt das Modell nahe, dass wir uns Gasmoleküle wie Billardkugeln vorstellen, die immer wieder mit der Gefäßwand zusammenstoßen. Es ist recht einfach, das Modell zum Beschreiben der Beziehung von Druck, Volumen und Temperatur zu verwenden. Zum Beispiel kann der Druck auf das Gefäß durch die Rate der Impulsänderung der Gasmoleküle errechnet werden. Die oben erwähnten Gasgesetze können theoretisch auf der Grundlage dieses Modells abgeleitet werden, was zeigt, dass die kinetische Gastheorie ein gutes Grundmodell für solche Systeme ist.

Natürlich ist das Modell sehr einfach und berücksichtigt einige komplexere Eigenschaften des Verhaltens von Gasen nicht. Beispielsweise nimmt es an, das von Gasmolekülen eingenommene Volumen sei vernachlässigbar, damit der Teil des gesamten Gasvolumens, das von diesen Molekülen eingenommen wird, in den Berechnungen nicht berücksichtigt werden muss. Während das bei niedrigem Druck zutrifft, ergibt sich bei hohem Druck ein ernsthafter Fehler. Das Modell berücksichtigt auch nicht die Zusammenstöße und Kräfte zwischen Gasmolekülen (die bei niedrigem Druck unbedeutend sind), sondern konzentriert sich auf die Interaktion der Gasmoleküle mit den Gefäßwänden.

Es ist jedoch wichtig anzuerkennen, dass Modelle weiterentwickelt werden können, um kompliziertere Aspekte des Systems beschreiben zu können. Die Grundidee ist, ein Modell zu entwickeln, das die wichtigsten

Eigenschaften des Systems erklären kann, und danach das Modell weiterzuentwickeln, um komplexere Eigenschaften des Systems mit einzubeziehen. Beispielsweise berücksichtigt das beschriebene Modell nicht die Tatsache, dass Gasmoleküle ein bestimmtes Volumen haben. Dieses Faktum kann bei niedrigem Druck vernachlässigt werden; bei hohem Druck wird das von den Gasmolekülen eingenommene Volumen jedoch immer bedeutsamer. Dies kann in die mathematische Modellierung des Systems einbezogen werden. Wir haben gesehen, dass das Verhalten von Gasen zunächst mit folgender Formel vorausgesagt werden konnte:

$$pV = nRT$$

Diese Formel nimmt an, dass die Gasmoleküle eine vernachlässigbare Größe haben. Eine kleine Korrektur der Formel führt dazu, dass sie auch die Größe der Moleküle berücksichtigt. Wenn b das Volumen ist, das ein Mol Gasmoleküle beansprucht, lässt sich das Verhalten des Gases mit dieser Formel beschreiben:

$$P(V-nb) = nRT$$

In diesem Fall ist der Wert b von dem entsprechenden Gas bestimmt, da das von den Gasmolekülen eingenommene Volumen von der Art des Gases abhängt.

Das gleiche Schema kann prinzipiell bei der Entwicklung von naturwissenschaftlichen Modellen beobachtet werden. Es mag hilfreich sein, die grundlegenden Eigenschaften des Schemas zusammenzufassen.

1. Das Verhalten eines Systems wird festgestellt und bestimmte Muster werden vermerkt.
2. Ein Modell wird entwickelt, welches versucht, die wichtigsten Aspekte des Systems zu erklären.
3. Es stellt sich heraus, dass das Modell aufgrund seiner Einfachheit an einer Reihe von Punkten Schwächen hat.
4. Das Modell kann komplexer gemacht werden, um diese Schwächen zu beseitigen.

Andere Beispiele von Modellen sind leicht zu finden. Ernest Rutherford etwa entwickelte im Dezember 1910 ein einfaches Atommodell auf der Basis des Sonnensystems. Das Atom besteht aus einem zentralen Körper (dem Kern), in dem praktisch die gesamte Masse des Atoms konzentriert ist. Elektronen umkreisen den Kern in ähnlicher Weise wie die Planeten die Sonne umkreisen. Rutherford nahm an, dass – im Unterschied zu der Festlegung der Umlaufbahnen von Planeten durch die Gravitation der Sonne – die Umlaufbahnen der Elektronen durch die elektrostatische Anziehung zwischen negativ geladenen Elektronen und positiv geladenem Kern bestimmt sind. Interessanterweise argumentierte Rutherford, dass die Weise, wie Alphateilchen durch Atome gestreut werden, erklärt werden könne, wenn man annehme, dass sich Alphateilchen wie bestimmte Arten von Kometen verhalten, deren Umlaufbahn um die Sonne die Form einer Hyperbel annehmen. Das Verhalten dieser Alphateilchen, das erstmals von Hans Wilhelm Geiger beobachtet wurde, entspricht also dem von bestimmten Teilen des Sonnensystems (nichtperiodische Kometen). Das Modell war sichtlich einfach und leicht zu verstehen und bot auch einen theoretischen Rahmen, der zumindest einen Teil des zu dieser Zeit bekannten Verhaltens von Atomen erklärte.

Zwei schwerwiegende Fehler können bei der Verwendung von Modellen in den Naturwissenschaften auftreten. Erstens könnte angenommen werden, dass Modelle mit den Systemen identisch seien, die sie erklären wollen. Das ist falsch. Beispielsweise sind Gasmoleküle keine winzigen unelastischen Kugeln; die kinetische Gastheorie verdeutlicht lediglich, dass wir zumindest einige Aspekte des Verhaltens von Gasen unter bestimmten Bedingungen verstehen können, wenn wir sie in dieser Weise darstellen. Der Naturwissenschaftler wird bestätigen, dass es wirklich so etwas wie »Gasmoleküle« gibt und dass bestimmte Aspekte ihres Verhaltens Parallelen zu demjenigen von Billardkugeln aufweisen. Zudem sind auch Atome keine miniaturisierten Sonnensysteme; das Rutherford-Modell weist lediglich darauf hin, dass wir einige ihrer Eigenschaften verstehen können, wenn wir sie uns in dieser Weise vorstellen. In beiden Fällen haben wir es mit visualisierbaren Darstellungen eines Systems zu tun, das die Erklärung und Interpretation unterstützt. Sie müssen ernst genommen werden (da sie eindeutig Beziehung zu dem im

Modell dargestellten System aufweisen); sie dürfen jedoch nicht wörtlich genommen werden.

Der zweite Fehler, der auftreten kann, ist anzunehmen, dass bestimmte Aspekte des Modells notwendigerweise in dem durch das Modell dargestellten System vorkommen müssen. Wir haben bereits betont, dass Modelle wie Analogien sind: Modelle und Systeme ähneln einander in mancher Hinsicht und in anderer nicht. Die Tatsache, dass es eine Parallele in einem Bereich gibt, heißt nicht, dass die gleiche Parallele in allen Bereichen existiert. Ein hervorragendes Beispiel dafür findet sich in der Physik des 19. Jahrhunderts. Damals war weithin anerkannt, dass Licht aus Wellen besteht. Dies war durch eine Reihe von früheren Experimenten festgestellt worden, vor allem durch das Studium des Phänomens der Beugung. Licht wurde deshalb weithin als ein Wellenphänomen betrachtet, das ein ähnliches Verhalten wie andere Wellenphänomene, beispielsweise Schall, zeigt.

Eines der interessantesten Merkmale des Schalls ist, dass er ein Medium benötigt, durch das er sich ausbreitet. Stellt man eine Schallquelle in ein Glasgefäß und pumpt die Luft ab, verliert der Schall schrittweise an Intensität, da ihm das Medium entzogen wird. Da sie die vielen Ähnlichkeiten im Verhalten von Schall und Licht bemerkten, schlussfolgerten viele Physiker, dass es an diesem Punkt auch eine Analogie zwischen beiden geben müsse. Man meinte, wenn Schall sich nur durch ein Medium ausbreiten könne, so gelte dies auch für Licht. Der Begriff »luminiferöser Äther« wurde für dessen Medium eingeführt (»luminiferös« meint wörtlich »lichttragend«).

Das Michelson-Morley-Experiment wurde zur Untersuchung des Äther-Drifts – die Bewegung des Äthers in Bezug auf die Erde – entworfen. Es misslang. Doch es dauerte einige Zeit, bis man die Auswirkung des negativen Ergebnisses ganz verstand. Entweder war der Äther völlig bewegungslos in Bezug auf die Erdbewegung oder er existierte nicht. Am Ende musste festgestellt werden, dass es keinen experimentellen Hinweis auf die Existenz »luminiferösen Äthers« gebe. Zumindest in dieser Hinsicht musste man einen grundlegenden Unterschied zwischen Licht und Schall einräumen.

Aus dieser kurzen Besprechung wird klar, dass Modelle eine entschei-

dende Rolle in den Naturwissenschaften spielen. Als wichtigste Punkte halten wir fest:

1. Modelle werden oft als wichtige Möglichkeiten angesehen, komplexe und abstrakte Konzepte visuell darzustellen. Dies trifft vor allem auf Aspekte der Quantentheorie zu, worauf wir gleich zurückkommen werden.
2. Modelle werden als »Mittler« zwischen komplexen Sachverhalten und menschlichem Denken angesehen.
3. Modelle müssen nicht notwendigerweise »existieren«, obwohl das, was sie darstellen, eine reale und unabhängige Existenz besitzt.
4. Modelle werden in dem Glauben ausgewählt oder entworfen, dass es entscheidende Ähnlichkeiten zwischen dem Modell und dem, was es darstellen will, gibt.
5. Modelle sind nicht mit dem Dargestellten identisch und dürfen nicht behandelt werden, als ob sie es wären.
6. Im Besonderen darf nicht angenommen werden, dass jeder Aspekt des Modells mit dem dargestellten Ding übereinstimmt.

Inwiefern hat das mit Religion zu tun? Man darf hier schon auf den ersten Blick Ähnlichkeiten zwischen Naturwissenschaft und Religion erwarten: Beide wollen über komplexe Sachverhalte reden, die nicht in Begriffen und Bildern der Umgangssprache ausgedrückt werden können. Im Folgenden werden wir die Rolle von Analogien in der Religion untersuchen.

Analogie, Metapher und Religion

Theologie ist sinnvoll definierbar als »Rede von Gott«. Aber wie kann Gott jemals mit Mitteln der menschlichen Sprache beschrieben oder zum Gegenstand einer Diskussion gemacht werden? Der österreichische Philosoph Ludwig Wittgenstein drückte das treffend aus: Wenn menschliche Worte unfähig sind, das besondere Aroma von Kaffee zu beschreiben, wie können sie dann mit etwas so Subtilem wie Gott zurechtkommen? Eine der üblichen Antworten auf diese Frage konzentriert sich auf Analogien

und Metaphern – also Möglichkeiten, von Gott zu reden und zu denken, die auf Bildern beruhen, etwa den biblischen Bildern »Gott als Hirte« und »Gott als König«. Zunächst wollen wir zeigen, wie Analogien und Metaphern in der Theologie verwendet werden.

Die vielleicht grundlegendste Idee, die hinter der theologischen Antwort auf solche Fragen steht, wird gewöhnlich als »Prinzip der Analogie« bezeichnet und ist besonders mit dem großen scholastischen Theologen Thomas von Aquin verbunden. Thomas gemäß weist die Tatsache, dass Gott die Welt erschaffen hat, auf eine grundlegende »Analogie des Seins« zwischen Gott und der Welt hin. Es gebe eine Kontinuität zwischen Gott und der Welt durch den Ausdruck des Wesens Gottes im Wesen der Welt. Aus diesem Grund sei es legitim, Elemente der geschaffenen Ordnung als Analogien für Gott zu benutzen. Dadurch reduziere die Theologie Gott nicht auf die Stufe der geschaffenen Objekte oder Wesen, sondern sie behaupte nur, dass es eine Ähnlichkeit zwischen Gott und diesem Wesen gebe, die Letzterem erlaube, als Wegweiser zu Gott zu agieren. Ein geschaffenes Ding könne daher *wie* Gott sein, ohne mit Gott identisch zu sein.

Zusammengefasst heißt das: Da Gott die natürliche Ordnung geschaffen habe, könne eine Art der Übereinstimmung zwischen dieser Ordnung und ihrem Schöpfer erwartet werden. Das bedeute nicht, dass man Gott als mit der Natur identisch ansehen könne, es gebe vielmehr Bereiche der Ähnlichkeit und solche der Unähnlichkeit. Da diese Ähnlichkeit zwischen Gott und der Schöpfung von Gott im Schöpfungsakt errichtet worden sei, so Thomas, sei es unangemessen, zu denken, »Gott ist wie ein Geschöpf«. Man müsse eher sagen, »das Geschöpf ist wie Gott«, da der Schöpfungsakt diese Beziehung von Gottes Seite her gestiftet habe.[78] Thomas formuliert das deutlich in dem Abschnitt seiner *Summa contra gentiles*, in dem er das Thema der »Ähnlichkeit der Geschöpfe mit Gott« behandelt:

Wirkungen, die hinter ihren Ursachen zurückbleiben, stimmen mit ihnen nicht in Benennung und Natur überein. Doch muss eine Ähnlichkeit zwischen ihnen gefunden werden, denn es gehört zum Wesen eines Handelnden (agens), dass es/er etwas ihm Ähnliches hervorruft, da jedes Ding seinem Wesen entsprechend (secundum quod actu est)

wirkt. Die Gestalt einer Wirkung kann daher in gewisser Weise in einer darüber hinausgehenden Ursache gefunden werden ... Gott gab allen Dingen ihre Vollendung und ist ihnen daher ähnlich und unähnlich. Daher spricht die Heilige Schrift von der Ähnlichkeit zwischen Gott und seinen Kreaturen, wenn in Genesis 1,26 gesagt wird:»Lasst uns Menschen machen nach unserem Bild und Gleichnis« ... Ein Geschöpf erhält von Gott das, was es ihm ähnlich macht, nicht aber umgekehrt. Gott ähnelt also nicht dem Geschöpf, eher ist das Gegenteil wahr.[79]

Für Thomas ist der Gebrauch von Analogien für Gott, die auf Geschöpfen beruhen, also nicht willkürlich, sondern in der Schöpfung selbst begründet.

An dieser Stelle ist auf ein ernsthaftes Problem im Zusammenhang mit der Verwendung von Analogien hinzuweisen: ihr möglicherweise willkürlicher Charakter. Die Annahme »A ist eine Analogie für B« erfordert eine Begründung. Auf welcher Grundlage wird diese Analogie aufgestellt? Ist die Existenz einiger Ähnlichkeiten ein glücklicher Zufall? Oder beruht sie auf etwas tiefer Liegendem, reflektiert sie vielleicht etwas, das tief in der Struktur des Universums eingebettet ist? Es ist wichtig, hier innezuhalten und anzumerken, wie bedeutungsvoll die Entwicklung von Theorien der »Über-Symmetrie« war, die eine grundlegende Beziehung zwischen verschiedenen Aspekten der modernen Physik gestiftet haben. Die Schöpfungslehre gibt solchen Beziehungen eine sichere intellektuelle Grundlage, indem sie unterstellt, dass ein solcher Zusammenhang in der Schöpfungsordnung bereits existierte, ehe er durch menschliche Forschung entdeckt wurde.

Betrachten wir die Aussage »Gott ist unser Vater«. Thomas sagt, man müsse das so verstehen, dass Gott wie ein menschlicher Vater sei. Mit anderen Worten: Gott sei einem Vater analog, indem er in mancher Hinsicht einem menschlichen Vater ähnele, in anderer jedoch nicht. Es gebe tatsächlich Punkte der Ähnlichkeit. Zum Beispiel sorge Gott für uns, wie menschliche Väter für ihre Kinder sorgen (vgl. Mt 7,9–11). Gott sei die letzte Quelle unserer Existenz, so wie unsere Väter uns ins Dasein gebracht hätten. Gott besitze Autorität über uns wie menschliche Väter. Genauso gebe es aber auch tatsächliche Punkte der Unähnlichkeit. Gott sei bei-

spielsweise kein Mensch. So führe auch die Notwendigkeit einer menschlichen Mutter nicht zur Notwendigkeit einer göttlichen Mutter.

Gott zeigt sich für Thomas in Bildern und Vorstellungen, die unserer alltäglichen Welt angehören – doch sie reduzieren Gott nicht auf diese alltägliche Welt. Zu sagen »Gott ist unser Vater«, heißt nicht zu sagen, Gott sei lediglich ein anderer menschlicher Vater. Ebenso wenig folgt daraus, dass Gott männlich zu denken ist. Es heißt eher, dass Gedanken über menschliche Väter uns helfen, über Gott nachzudenken. Es sind Analogien, und als solche scheitern sie an bestimmten Stellen. Jedoch sind sie immer noch sehr hilfreiche und lebendige Wege, über Gott nachzudenken. Sie erlauben uns, Wörter und Bilder unserer eigenen Welt zu verwenden, um etwas zu beschreiben, was definitiv außerhalb dieser Welt liegt.

Doch verlangen Analogien und Metaphern nach Interpretation. Welche Aspekte des Bildes *sollen* übertragen werden? Welche Aspekte des Bildes sind angemessen übertragbar und aufgrund welcher Kriterien sollte diese Entscheidung gefällt werden? Wie weiß man, wann eine Analogie überstrapaziert wurde? Analogien scheitern. Es kommt ein Punkt, an dem sie nicht mehr weitergetrieben werden können. Wie wissen wir, wann dieser Punkt erreicht ist? Bevor wir nach einer Lösung dieses Problems suchen, wollen wir es anhand eines Beispieles aus einem anderen Gebiet der Theologie verdeutlichen. Das Neue Testament berichtet, dass Jesus sein Leben als »Lösegeld« für die Sünder gegeben hat (Mk 10,45; 1 Tim 2,6). Was bedeutet diese Analogie? Der übliche Gebrauch des Wortes »Lösegeld« legt drei Vorstellungen nahe:

1. Befreiung. Ein Lösegeld ist etwas, das Freiheit für eine Person bewirkt, die in Gefangenschaft gehalten wird. Wenn jemand entführt und ein Lösegeld gefordert wird, führt dessen Bezahlung zur Befreiung.
2. Bezahlung. Ein Lösegeld ist eine Geldsumme, die bezahlt wird, um die Befreiung einer Person zu erreichen.
3. Derjenige, an den das Lösegeld bezahlt wird. Ein Lösegeld wird gewöhnlich an den Entführer einer Person gezalt oder an einen Übermittler.

Diese drei Vorstellungen schwingen also anscheinend bei der Bezeichnung des Todes Jesu als »Lösegeld« für die Sünder mit. Aber sind alle die-

se Implikationen auch beabsichtigt? Zweifellos verkündet das Neue Testament, dass wir durch Jesu Tod und Auferstehung aus der Gefangenschaft befreit worden sind. Wir sind aus der Gefangenschaft der Sünde und der Angst vor dem Tod befreit worden (Röm 8,21; Hebr 2,15). Ebenso ist klar, dass das Neue Testament den Tod Jesu als Preis versteht, der für unsere Befreiung bezahlt werden musste (1 Kor 6,20; 7,23). Unsere Erlösung ist teuer und wertvoll. In diesen beiden Punkten entspricht also die Verwendung von »Erlösung« in der Schrift dem alltäglichen Gebrauch des Begriffes. Aber was ist mit dem dritten Aspekt?

Das Neue Testament sagt nichts darüber, dass Jesu Tod der Preis sei, der *jemandem* (wie beispielsweise dem Teufel) zu zahlen sei, um unsere Befreiung zu erreichen. Einige Schriftsteller der ersten vier Jahrhunderte nahmen jedoch an, dass sie die Analogie bis an die Grenze treiben könnten und erklärten, dass Gott uns aus der Macht des Teufels befreit habe, indem er Jesus als Preis für unsere Befreiung angeboten hatte. Origenes, unter den frühen Kirchenschriftstellern vermutlich der spekulativste, entwickelte diesen Gedanken ausführlicher. Wenn Christi Tod ein Lösegeld war, so argumentierte Origenes, musste es an jemanden gezahlt werden. Aber an wen? Nicht an Gott jedenfalls, insofern der die Sünder nicht in Geiselhaft hielt. So gelangte Origenes – in einer gedanklichen Bewegung, die bestenfalls als theologisch schicksalhaft angesehen werden kann – zu dem Schluss, dass das Lösegeld an den Teufel bezahlt werden musste.[80]

Rufinus von Aquileia und Gregor der Große trieben diese Idee noch weiter: Der Teufel hatte Rechte über die gefallene Menschheit erlangt, die Gott anerkennen musste. Das einzige Mittel, durch das die Menschheit von dieser satanischen Herrschaft und Unterdrückung befreit werden konnte, war, dass der Teufel die Grenzen seiner Autorität übertrat und dadurch seine Rechte verwirkte. Aber wie konnte dies erreicht werden? Gregor hielt dies für möglich, wenn eine sündlose Person in der Gestalt eines gewöhnlichen sündigen Menschen in die Welt käme. Der Teufel würde dadurch getäuscht, bis es zu spät wäre: Indem er Autorität über die sündlose Person forderte, hätte er die Grenzen seiner Autorität überschritten und wäre gezwungen, seine Rechte aufzugeben.

Rufinus verwendet das Bild eines Köderfisches: Die Menschlichkeit Christi ist der Köder und seine Göttlichkeit der Haken. Der Teufel

schnappt wie eine große Seeschlange nach dem Köder – und bemerkt zu spät, dass er vom Haken gefangen wurde:

> [Der Zweck der Menschwerdung] war, dass die göttliche Tugend des Gottessohns wie eine Art Haken sei, versteckt im Gewand menschlichen Fleisches ... um den Herrn der Welt zu einem Wettstreit zu locken; dass der Sohn ihm sein menschliches Fleisch als Köder anbieten würde und dass die Gottheit darunter ihn mit dem Haken fangen und festhalten würde ... Dann, so wie ein Fisch, der einen Köderfisch schnappt, nicht nur nicht den Köder abziehen kann, sondern selbst aus dem Wasser gezogen wird, um Nahrung für andere zu werden, so schnappte er, der die Macht über den Tod hatte, den Körper des toten Jesus, ohne um den Haken der Gottheit zu wissen, der darin versteckt war. Nachdem er geschluckt hatte, war er sofort gefangen. Die Tore der Hölle wurden aufgebrochen und er wurde aus der Tiefe gezogen, um Nahrung für andere zu werden.[81]

Als beunruhigender Aspekt dieses Ansatzes zur Deutung des Kreuzesgeschehens war in der Folgezeit die offensichtliche Implikation, dass Gott sich der Täuschung schuldig gemacht habe.

Man kann die Auffassung vertreten, diese völlig unbefriedigende Theorie ergebe sich daraus, dass eine Analogie weit über ihre Grenzen hinausgetrieben worden sei. Aber woher wissen wir, dass eine Analogie derart überstrapaziert wurde? Wie können die Grenzen solcher Analogien überprüft werden? Diskussionen über diese Frage durchziehen die ganze Christentumsgeschichte. Eine wichtige Erörterung dieses Themas im 20. Jahrhundert findet sich in *Christian Discourse: Some Logical Explorations (Christlicher Diskurs. Einige logische Untersuchungen*, 1965)[82] des britischen Religionsphilosophen Ian T. Ramsey, in welcher er der Vorstellung Vorrang einräumt, wonach Modelle und Analogien nicht isoliert voneinander, sondern in Interaktion miteinander stehen und sich dadurch gegenseitig näher bestimmen.

Ramsey führt aus, dass die Schrift uns nicht eine einzelne Analogie (oder ein »Modell«) für Gott liefere, sondern ein breites Spektrum von Analogien verwende. Jede dieser Analogien oder Modelle beleuchte

bestimmte Ausschnitte unseres Verständnisses von Gott oder der Natur der Erlösung. Die Modelle beeinflussten und modifizierten sich auch gegenseitig und würden helfen, die Grenzen anderer Analogien zu erkennen. Keine einzelne Analogie oder ein Gleichnis sei für sich genommen erschöpfend, zusammengenommen errichteten die vielen Analogien und Gleichnisse jedoch ein umfassendes und geschlossenes Verständnis von Gott und der Erlösung.

Ein Beispiel dafür, wie sich Bilder gegenseitig beeinflussen, soll dies verdeutlichen. Nehmen wir die Analogien »Vater«, »König« und »Hirte«. Jedes dieser drei Bilder vermittelt die Vorstellung von Autorität und legt somit nahe, dass diese von fundamentaler Bedeutung für unser Verständnis von Gott ist. Könige verhalten sich jedoch oft willkürlich und nicht immer zum Besten für ihre Untertanen. Die Analogie des Königs kann daher so missverstanden werden, dass man sich Gott als eine Art Tyrannen vorstellt. Das sanfte Mitgefühl eines Vaters seinen Kindern gegenüber jedoch, das die Schrift lobt (Ps 103,13–18), und die völlige Hingabe des Hirten an das Wohl der Herde (Joh 10,11) zeigen, dass das nicht die beabsichtigte Bedeutung ist. Autorität muss sanft und weise ausgeübt werden.

Thomas von Aquins Analogielehre ist also von fundamentaler Bedeutung dafür, wie wir über Gott nachdenken. Sie beleuchtet, wie Gott in und durch Bilder und Analogien der Heiligen Schrift offenbart wird, und erlaubt uns zu verstehen, wie Gott über unserer Welt sein kann und gleichzeitig in und durch die Welt offenbart wird. Gott ist kein Objekt oder eine Person in Raum und Zeit. Trotzdem können solche Objekte und Personen uns helfen, unser Verständnis von Gott zu vertiefen. Gott, der unendlich ist, kann durch und in begrenzten menschlichen Worten und Bildern offenbart werden.

Nach dem kurzen Überblick über die Analogien wenden wir uns nun den Metaphern zu. Der genaue Unterschied zwischen Analogie und Metapher bleibt strittig. Aristoteles definierte »Metapher« als »übertragenen Gebrauch eines Begriffs, der eigentlich zu etwas anderem gehört«. Diese Definition ist so weit gefasst, dass sie fast jede sprachliche Figur einschließt, auch die Analogie. Im modernen Sprachgebrauch wird der Begriff Metapher jedoch anders verstanden.

Eine Metapher ist eine Form, über etwas in Begriffen zu sprechen, die an

etwas anderes denken lassen. Sie ist, um Nelson Goodmans berühmte Formulierung zu verwenden, »eine Möglichkeit, einem alten Wort neue Tricks beizubringen«. Zweifellos umfasst auch diese Definition Analogien. Was ist also der Unterschied zwischen beiden?

Noch einmal muss betont werden, dass hierüber kein Konsens besteht. Eine brauchbare Lösung des Problems könnte wie folgt formuliert werden: Analogien scheinen passend zu sein, wohingegen Metaphern einen Überraschungseffekt oder anfängliche Unglaubwürdigkeit enthalten. Betrachten wir zum Beispiel die folgenden beiden Behauptungen:

1. Gott ist weise.
2. Gott ist ein Löwe.

Im ersten Fall wird behauptet, dass es eine analoge Verbindung zwischen der Natur Gottes und der menschlichen Vorstellung von »Weisheit« gibt. Man stellt sich vor, dass es auf sprachlicher und ontologischer Stufe eine direkte Parallele zwischen dem menschlichen und dem göttlichen Begriff der Weisheit gibt. Menschliche Weisheit dient als Bild für göttliche Weisheit. Der Vergleich bewirkt bei uns keine Überraschung.

Im zweiten Fall kann der Vergleich Betretenheit auslösen. Es scheint unpassend, Gott mit einem Löwen zu vergleichen, denn trotz etwaiger Ähnlichkeiten bestehen offensichtlich große Unterschiede. Laut einigen modernen Autoren vermische eine Metapher Ähnlichkeiten und Unähnlichkeiten und betone, dass es sowohl Parallelen als auch Unterschiede zwischen den beiden verglichenen Objekten gebe.

Vor diesem Hintergrund lassen sich drei Eigenschaften von Metaphern untersuchen, die in den letzten Jahrzehnten theologisches Interesse geweckt haben.

1. Metaphern implizieren Ähnlichkeiten und Unähnlichkeiten zwischen den beiden verglichenen Objekten. Vielleicht haben einige aktuelle Schriften – vor allem die von Sallie McFague – aus diesem Grund eher die metaphorische als die analoge Dimension theologischer Sprache betont. McFague formuliert:

　　　　7. MODELLE UND ANALOGIEN

Eine Metapher sieht etwas als etwas anderes, gibt vor, »dies« sei »das«. Weil wir nicht wissen, wie wir über »dies« reden oder denken sollen, verwenden wir »das« als Möglichkeit, etwas darüber auszusagen. Metaphorisches Denken bedeutet, einen Faden der Ähnlichkeit zwischen zwei unähnlichen Objekten, Ereignissen oder anderen Dingen, zu entdecken und das besser Bekannte als Möglichkeit zu ergreifen, etwas über das weniger Bekannte auszusagen.[83]

Die Rede von »Gott als Vater« sollte also eher als Metapher verstanden werden denn als Analogie, da somit deutliche Unterschiede zwischen Gott und einem Vater und weniger direkte Ähnlichkeiten (wie im Fall der Analogie) impliziert werden.

2. Metaphern können nicht auf feststellende Behauptungen reduziert werden. Die vielleicht attraktivste Eigenschaft von Metaphern für die christliche Theologie ist deren offener Charakter. Obgleich einige Sprachwissenschaftler die Meinung vertraten, Metaphern könnten auf eine Gruppe entsprechender sprachlicher Ausdrücke reduziert werden, hielten andere es schlichtweg für unmöglich, Begrenzungen dafür zu setzen, wie weit der Vergleich gültig ist. Daher kann die Metapher »Gott als Vater« nicht auf eine Gruppe präziser Aussagen über Gott reduziert werden, die überall und jederzeit gültig sind. Sie soll vielmehr die Vorstellung anregen und spätere Leser dazu veranlassen, neue Bedeutungen in ihr zu entdecken. Eine Metapher ist nicht lediglich eine elegante Beschreibung oder eine leicht zu behaltende Umschreibung von etwas, das wir bereits kennen. Sie ist eine Einladung, weitere Bedeutungsebenen zu entdecken, welche andere übersehen oder vergessen haben.

3. Metaphern besitzen oftmals stark emotionale Untertöne. Theologische Metaphern können die emotionalen Dimensionen des christlichen Glaubens in einer Weise ausdrücken, die für die Verehrung Gottes angemessen ist. So klingen beispielsweise in der Metapher »Gott als Licht« Erleuchtung, Reinheit und Verherrlichung mit. Ian G. Barbour fasst diese Eigenart metaphorischer Sprache folgendermaßen zusammen:

Während Metaphern in der Dichtung lediglich für den Augenblick, in einem einzelnen Zusammenhang, für den unmittelbaren Ausdruck

eines Gefühls oder einer Einsicht verwendet werden, werden *religiöse Symbole* Teil der Sprache einer Religionsgemeinschaft in deren Schrift und Liturgie und in deren fortwährendem Leben und Denken. Religiöse Symbole drücken Emotionen und Gefühle des Menschen aus und haben die Macht, Antwort und Verpflichtung hervorzurufen.[84]

Die Ambivalenz der Analogie: Fallstudien in Naturwissenschaft und Religion

Es wird deutlich, dass der Gebrauch von Analogien in Naturwissenschaft und Religion sowohl aufklärende als auch irreführende Wirkungen haben kann. Einerseits können Analogien uns helfen, das zuvor Undurchsichtige und Rätselhafte zu verstehen. Andererseits können sie uns zu ungenauen oder irreführenden Annahmen verleiten, die uns unpassende Nuancen oder Hervorhebungen – bis hin zu ernsten Verzerrungen – entwickeln lassen. Um diesen Prozess zu zeigen, betrachten wir nun zwei Fallstudien, jeweils eine aus den Naturwissenschaften und aus der christlichen Theologie.

Die Analogie der »natürlichen Selektion«

Die Art und Weise, wie Darwin den Begriff der »natürlichen Selektion« entwickelte, zeigt besonders anschaulich einige der kritischen Punkte, die durch den Gebrauch von Analogien und Metaphern bei der Entwicklung wissenschaftlicher Theorien entstehen. Darwin sah seine Aufgabe darin, Sinn in die verwirrende Vielfalt von Pflanzen und Tieren, ob ausgestorben oder nicht, zu bringen, was für seine Vorgänger stets ein Rätsel gewesen war. Das erste Kapitel von *Die Entstehung der Arten* untersucht, wie Haustiere und Nutzpflanzen gezüchtet werden und wie durch diese Zucht Variationen in folgenden Generationen auftreten, und weiterhin, wie diese Beobachtung genutzt werden kann, um für den Züchter wertvolle, vererbbare Eigenschaften hervorzubringen.

Darwin führt weiter aus, dass dieser Prozess der »künstlichen Selektion«

eine Analogie darstellt, die als Hilfe zum Verständnis eines angenommenen, verwandten Selektionsprozesses in der Natur dienen kann. Ein Vorgehen, das englischen Viehzüchtern und Gemüsebauern vertraut ist, wird zur Analogie für einen vergleichbaren Prozess in der Natur erhoben. »Wenn der Mensch durch seine methodischen und unbewussten Züchtungsmethoden viel erreichen kann und erreicht hat, was kann dann die Natur bewirken?« Um diese Analogie zu betonen, ersann Darwin den Begriff der »natürlichen Selektion«, um damit in einer metaphorischen bzw. nicht-wörtlichen Weise Bezug auf einen Prozess zu nehmen, der seiner Ansicht nach höchst überzeugend die Variationsmuster in der Natur erklärte.

Darwin selbst behauptete, dass seine Vorstellung und die Bezeichnung durch die Methoden der Viehzüchter und Taubenfreunde angeregt sei, die »künstliche Selektion« als Mittel zur Hervorbringung und Erhaltung erwünschter Eigenschaften in der Tierwelt nutzten. Das Konzept der »natürlichen Selektion« basierte also auf der Wahrnehmung einer Analogie in der bestehenden und vertrauten Vorstellung der »künstlichen Selektion«. Der Begriff erschien erstmals in Darwins Schriften, nachdem er im März 1840 ein Standardwerk der Rinderhaltung – Cattle: Their Breeds, Management and Deseases (Rinder. Ihre Zucht, Haltung und Krankheiten) – gelesen hatte, das die Methoden und Ergebnisse der »künstlichen Selektion« beschrieb.

Darwin wusste um die Bedeutung der Nutztierzucht für seine Überlegungen und leitete seinen analogen Begriff der »natürlichen Selektion« nicht von ungefähr davon ab. »Alle meine Vorstellungen über die Veränderung der Arten stammen aus dem lang andauernden Studium der Arbeiten über Landwirtschaft und Gartenbau; und ich glaube, ich sehe darin recht deutlich die von der Natur verwendeten Mittel, ihre Arten zu ändern und sie an die wundersamen und außergewöhnlich schönen Bedingungen anzupassen, denen jedes Lebewesen ausgesetzt ist.« Diese Passage ist aus zwei Gründen wichtig. Erstens wird deutlich, dass Darwin eindeutig eine Analogie zwischen dem bekannten Prozess der »künstlichen Selektion« und dem erschlossenen oder vorgeschlagenen Prozess der »natürlichen« Selektion sah. Zweitens legt er auch die Vorstellung eines bewussten Selektionsprozesses nahe. Darwin spricht explizit von der Natur, die ihre Arten ändert und anpasst. Die Analogie erlaubt anscheinend, sich vorzustellen, dass die aktive Selektion des Tier- oder Pflanzenzüchters irgendwie

mit jener »natürlichen Selektion« gleichzusetzen ist. Dies ergibt sich deutlich aus Darwins häufiger Beschreibung der »Natur« als etwas, das aktiv Varianten »selektiert«, die sie für gut erachtet.

Aber wird die Analogie hier nicht zu weit getrieben? Kann man davon reden, dass die Natur etwas »selektiert,« wenn der Begriff »Selektion« Absicht, Auswahl und Intelligenz impliziert? Darwins Kollege Alfred Russell Wallace war einer von vielen, die durch die Unterstellung, die Natur selektiere aktiv und zielgerichtet, alarmiert waren, legte der Begriff »natürliche Selektion« doch einen aktiven Selektionsprozess einer personifizierten Natur nahe, die als fähig zu vernünftiger Analyse und beabsichtigtem Ziel gesehen wurde.

Ich denke, dies kommt fast vollständig von deiner Wahl des Begriffes »natürliche Selektion« und dem ständigen Vergleich ihrer Auswirkungen zur Selektion durch Menschen, und ebenso von deiner häufigen Personifizierung der Natur als »selektierend«, »bevorzugend«, als »nur das Gute der Arten sehend« etc., etc. Für wenige ist dies klar wie das Tageslicht und wunderbar vielsagend, für die meisten aber ist es eindeutig ein Stolperstein.[85]

Die von Darwin entwickelte Analogie der »natürlichen Selektion« scheint also die entwickelten Vorstellungen von Absicht, aktiver Auslese und Zweckbestimmung vom Modell (bestehende Vorgehensweisen künstlicher Selektion) darauf zu übertragen, was das Modell erklären und erhellen will (die Naturordnung). Auf wörtlicher und begrifflicher Stufe wird die anthropomorphe, also dem menschlichen Wesen eigene Vorstellung der Zwecksetzung beibehalten, trotz Darwins offenkundiger Absicht, sie herauszuhalten – von Wallaces deutlicherer Sicht der Dinge noch ganz abgesehen. Darwin selbst nahm die Gefahr einer anthropomorphen Rede von der »Natur« wahr. In einem Vorwort, das er der dritten Ausgabe der *Entstehung der Arten* (1861) hinzufügte, versuchte Darwin mögliche Missverständnisse zu korrigieren:

Andere haben kritisiert, dass der Begriff Selektion eine bewusste Auswahl der Tiere, die verändert werden, nahe legt; und es wurde sogar

7. MODELLE UND ANALOGIEN

darauf gedrängt, die natürliche Selektion nicht auf Pflanzen zu beziehen, da sie keinen Willen haben. Im streng wörtlichen Sinn ist natürliche Selektion zweifellos ein falscher Begriff, aber wer hat jemals einem Chemiker widersprochen, wenn er von der Wahlverwandtschaft der verschiedenen Elemente spricht? Und doch kann man streng genommen nicht von einer Säure behaupten, dass sie die Base auswählt, mit der sie sich bevorzugt verbindet. Es wurde gesagt, dass ich von der natürlichen Selektion wie von einer aktiven Kraft oder Gottheit rede, aber wer widerspricht einem Autor, der von der Anziehungskraft als etwas redet, das die Planetenbewegungen beherrscht? Jeder weiß, was mit solchen metaphorischen Ausdrücken gemeint und beabsichtigt ist, und sie sind im Sinne der Kürze notwendig. Noch einmal: Es ist schwierig, die Personifizierung des Wortes Natur zu vermeiden, aber ich meine mit Natur nur das zusammengefasste Wirken und Ergebnis vieler Naturgesetze und mit Gesetzen die Abfolge von Ereignissen, derer wir uns vergewissert haben.

Diese Passage ist beachtenswert, da sie ausdrücklich die analoge und metaphorische Natur des Begriffes »natürliche Selektion« bestätigt. Es ist ein »falscher Begriff« – also ein Begriff, der nicht bis an die Grenzen seiner Wortbedeutung gepresst werden darf. Infolgedessen müssen die Vorstellungen »aktiver Auswahl« und jede Personifizierung des selektierenden »Subjekts« (von dem man behaupten könnte, es sei essenziell für den Begriff der »Selektion«) aus der Analogie entfernt oder unterdrückt werden.

Darwins Gebrauch der Analogie der »natürlichen Selektion« zeigt deshalb deutlich die Vor- und Nachteile einer auf einer Analogie aufbauenden Behauptung. Positiv gesehen, erhellt die Analogie durch Verweis auf einen bekannten Prozess oder Vorgang eine komplexe Situation oder macht sie teilweise verstehbar. Negativ betrachtet, kann es hingegen zur Übertragung unpassender Teile des Modells auf das zu Erklärende kommen. Darwin wollte eindeutig nicht, dass seine Leser meinten, die Natur handle zielgerichtet und vernünftig, indem sie Variationen »selektierte«. Genau dies aber bewirkte die Verwendung der Analogie bei vielen seiner Leser.

Dasselbe Problem kann bei der Verwendung von Analogien in religiösem Kontext aufkommen, wie im Folgenden deutlich werden wird.

Einer der interessanten Aspekte im Blick auf die analoge Natur theologischer Sprache ist, wie Personen oder soziale Rollen, die zumeist dem ländlichen Kontext des frühen Nahen Ostens entstammen, als geeignete Modelle für die göttliche Handlungsweise oder Person betrachtet werden. Eine solche Analogie ist die des Vaters. Wir haben bereits besprochen, wie hilfreich dieses Bild einerseits verwendet werden kann, wie es aber andererseits für einige, vor allem Frauen, ein Verständnis sehr stark erschweren kann, wenn es mit der Implikation verbunden wird, Gott sei männlich. Dieser Aspekt ist vom Bild her nicht angestrebt, und eine nähere Untersuchung dieser Problematik soll zeigen, wie es zu einem solchen Missverständnis kommen und wie ihm begegnet werden kann.

Die Aussage, dass »Vater« in der frühen israelitischen Gesellschaft ein geeignetes Modell für Gott war, ist nicht gleichbedeutend mit der Feststellung »Gott ist männlich«. Wenn »Vater« als geeignetes Modell für Gott erscheint, ist damit ausgesagt, dass man sich Gott *in gewisser Hinsicht* wie einen Vater denken kann – beispielsweise bezüglich der konsequenten Erziehung seiner Kinder, *in anderer Hinsicht* wiederum wie eine Mutter – beispielsweise im Blick auf Sorge und Mitgefühl für die Kinder. Aber Gott ist weder männlich noch weiblich. Ein Modell ist dem, für den es steht, sowohl ähnlich als auch unähnlich. Der kritische Punkt ist nun der, festzulegen, wo die Punkte der Ähnlichkeit liegen. Wenn man Gott als Vater umschreibt, heißt das nicht, dass Gott männlich ist oder dass Männer Frauen überlegen sind. Das männliche Geschlecht dieses Begriffs muss als Anpassung an die Sprache des Menschen und seine Denkweise verstanden werden, nicht als wirkliche Abbildung Gottes.

Mary Hayter setzt sich damit auseinander:

Es scheint, dass bestimmte »mütterliche Vorrechte« der altisraelitischen Gesellschaft – wie etwa das Umhertragen und Beruhigen kleiner Kinder – Metaphern für Jahwes Verhalten seinen Kindern Israel gegenüber wurden. Gleichermaßen wurden viele »väterliche Vorrechte« – wie das Züchtigen des Sohnes – Vehikel göttlicher Bilder. Verschiedene Kulturen und Zeitalter haben unterschiedliche Vorstellungen darüber,

welche Rollen der Mutter zugesprochen werden und welche dem Vater.[86]

Von Gott als Vater zu sprechen bedeutet, dass uns die Vaterrolle im alten Israel Einsichten in das Wesen Gottes erlaubt. Allerdings darf Gott weder männliche noch weibliche Geschlechtlichkeit zugeschrieben werden. Denn Sexualität als Eigenschaft der geschaffenen Ordnung darf nicht mit einer vergleichbaren Polarität im Schöpfergott korrespondierend gedacht werden.

In der Tat vermeidet es das Alte Testament wegen der stark heidnischen Beiklänge, Gott geschlechtliche Eigenschaften zuzuschreiben. Während die kanaanäischen Fruchtbarkeitskulte die geschlechtlichen Funktionen von Göttern und Göttinnen stark hervorhoben, verweigerte sich das Alte Testament der Vorstellung, Geschlecht oder Sexualität seien im Blick auf Gott von Relevanz. Mary Hayter formuliert so:

> Heute lehrt eine wachsende Zahl Feministinnen, dass Gott/Göttin weibliche und männliche Eigenschaften verbindet. Sie, wie auch diejenigen, die annehmen, Gott sei nur männlich, sollten daran denken, dass jede Zuschreibung von Geschlechtlichkeit bezüglich Gottes ein Rückfall ins Heidentum ist.[87]

Man muss nicht bis auf heidnische Vorstellungen von Göttinnen und Göttern zurückgehen, um zu entdecken, dass Gott weder männlich noch weiblich ist. Wolfhart Pannenberg entwickelt diesen Punkt weiter:

> Es ist vor allem dieser Zug väterlicher Fürsorge, der in den alttestamentlichen Aussagen über Gottes väterliche Zuwendung zu Israel auf das Gottesverständnis übertragen worden ist. Die geschlechtliche Bestimmtheit der Rolle des Vaters hingegen tritt gänzlich zurück ... Die Übertragung geschlechtlicher Differenzierung auf das Gottesverständnis impliziert in jedem Fall Polytheismus und musste daher für den Gott Israels ausgeschlossen bleiben ... Die Tatsache, dass die Fürsorge des Bundesgottes für sein Volk sowohl in Bildern der Mutterliebe als auch der Vaterschaft beschrieben werden konnte, bringt die Distanz

gegenüber jeder Feststellung des Gottesverständnisses auf eine geschlechtliche Bestimmung deutlich genug zum Ausdruck.[88]

Beim Versuch, die Tatsache herauszuarbeiten, dass Gott nicht männlich ist, haben einige heutige Autoren die Idee von Gott als »Mutter« entwickelt (was den weiblichen Aspekt Gottes betont), oder als »Freund« (was die eher geschlechtsneutralen Aspekte betont). Ein brillantes Beispiel dafür bietet Sallie McFagues *Modelle Gottes*. Im Bewusstsein, dass von Gott als Vater zu sprechen nicht bedeutet, Gott sei männlich, schreibt sie:

> »Gott als Mutter« heißt nicht, dass Gott Mutter (oder Vater) ist. Wir stellen uns Gott sowohl als Mutter wie auch als Vater vor, aber wir erkennen, wie dürftig diese und andere Metaphern sind, um die schöpferische Liebe Gottes auszudrücken ... Trotzdem sprechen wir von dieser Liebe in einer Sprache, die uns vertraut und lieb ist, die Sprache von Müttern und Vätern, die uns Leben schenken, deren Leib wir entstammen und von deren Fürsorge wir abhängig sind.[89]

Natürlich betonen manche feministische Autorinnen, dass sich viele männliche Theologen Gott tatsächlich männlich vorstellen. Aber sie kritisieren damit deren Schriftinterpretation, nicht die Heilige Schrift selbst. Der Bibelwissenschaftler George Caird führte aus:

> Immer dann, wenn Theologen biblische Autorität für ihre Überzeugungen und ihre Glaubenspraxis beanspruchten, waren sie in besonderem Maß der universellen Versuchung ... ausgesetzt, zu kurzschlüssig zu folgern, der biblische Autor sage das, was er sagen würde, wenn er es mit ihren Worten sagte.[90]

Diese von Feministinnen geäußerten Einsprüche haben allerdings nur dann entscheidende Kraft, wenn man Gott als Projektion ansieht, als ein Produkt menschlicher Kultur. Zweifellos neigen viele radikale Feministinnen zu dieser Theorie der Ursprünge der Religion (die sich mit den Namen von so unterschiedlichen Schriftstellern wie Feuerbach, Marx und Freud verbindet), nichtsdestotrotz bleibt sie eine Hypothese. Traditionel-

le christliche Theologie beschreibt und kennt einen Gott, der sich durch die menschliche Kultur offenbart, durch ihre Grenzen aber nicht festgelegt ist. Gott ist über-kulturell, so wie er über-geschlechtlich ist. Es besteht ein himmelweiter Unterschied zwischen der Aussage, dass Gott das Produkt einer Kultur ist, und der Aussage, dass Gott sich in einer Kultur und durch sie offenbart.

Bezeichnenderweise hat das wachsende Interesse an der Frage der »Männlichkeit« Gottes zu einer sorgfältigeren Lektüre der geistlichen Literatur früherer christlicher Epochen geführt, verbunden mit der Wiederentdeckung der umfänglichen weiblich geprägten Bilderwelt, die zur Beschreibung Gottes verwandt wurde. Ein gutes Beispiel bieten die Schriften der Mystikerin Juliana von Norwich aus dem 14. Jahrhundert, die in männlichen und weiblichen Modellen und Analogien von Gott spricht:

Ich sah, dass Gott sich freut, unser Vater zu sein, und auch, dass er sich freut, unsere Mutter zu sein; und ebenso, dass er sich freut, unser wahrer Bräutigam zu sein mit unserer Seele als seiner geliebten Braut. Und Christus freut sich, unser Bruder und unser Retter zu sein ... [Gottes] Liebe erlaubt uns nie zurückzubleiben. All das verdanken wir Gottes eingeborener Güte, und es erreicht uns durch das Wirken seiner Gnade. Gott ist freundlich, weil das sein Wesen ist. »Gott« impliziert wesenhaft Güte. Er ist Urgrund, Substanz und von Natur aus das, was er ist. Er ist wahrer Vater und Mutter von dem, was Dinge von Natur aus sind.[91]

Modelle, Analogien und Metaphern: Naturwissenschaft und Religion im Vergleich

Ian G. Barbour identifiziert drei Ähnlichkeiten und genauso viele Unterschiede zwischen Modellen in Religion und Naturwissenschaften. Die entdeckten Ähnlichkeiten sind die folgenden:

1. In Naturwissenschaft und Religion sind Modelle vom Ursprung her analog, sie können auf neue Situationen ausgeweitet werden und sind als unabhängige Einheiten zu verstehen.

2. Modelle, ob religiös oder naturwissenschaftlich, dürfen nicht als eigentliche Beschreibung der Realität verstanden werden, sind aber auch nicht nur »nützliche Fiktionen«. Sie sind symbolische Darstellungen von nicht direkt zugänglichen Aspekten der Realität, die zu einem bestimmten Zweck gemacht sind.

3. Modelle dienen als organisierende Vorstellungen, die uns erlauben, Ereignismuster in unserem persönlichen Leben und der Welt zu strukturieren und zu deuten. In den Naturwissenschaften sind Modelle auf Beobachtungsergebnisse bezogen, in den Religionen auf die Erfahrungen von Einzelnen und Gemeinschaften.

Ebenso hat Barbour drei Gebiete nachgewiesen, in denen der Gebrauch von Modellen in naturwissenschaftlichen und religiösen Kontexten unterschiedlicher Art ist. Hier muss man freilich aufpassen, dass eine allzu allgemeine Auffassung von Religion nicht zu übereilten Schlussfolgerungen führt. Dennoch kann kein Zweifel darüber herrschen, dass Barbours Hinweise – zumindest in einigen Fällen – zutreffend sind:

1. Religiöse Modelle erfüllen nicht-kognitive Funktionen, die in den Naturwissenschaften keine Parallele haben.
2. Religiöse Modelle schaffen einen stärkeren persönlichen Bezug als ihre naturwissenschaftlichen Gegenstücke.
3. Religiöse Modelle scheinen einflussreicher zu sein als die von ihnen abgeleiteten formalen Glaubens- und Lehrsätze, wohingegen naturwissenschaftliche Modelle den Theorien stützend unterworfen sind.

Ein weiterer bedeutsamer Punkt im Rahmen eines Vergleichs betrifft die Auswahl der Analogien und Modelle. In den Naturwissenschaften werden Analogien und Modelle zu einem guten Teil auf der Grundlage ausgewählt und bewertet, ob sie mit den empirischen Daten übereinstimmen. Gerade die Themen Auswahl und Bewertung werfen Licht auf einen wichtigen Unterschied zwischen Naturwissenschaft und Religion. Naturwissenschaftliche Analogien werden in Wissenschaftlerkreisen hervorgebracht; wenn sie sich als ungenügend herausstellen, verwirft man sie und ersetzt sie durch neue.

Betrachten wir beispielsweise das Bohr'sche Modell (1913) des Wasserstoffatoms, das besagt, ein einzelnes Elektron kreise um einen zentralen Kern (eine Vorstellung aus dem Rutherford'schen Modell von 1910) mit einem Impuls, der auf bestimmte Werte beschränkt ist. Mit diesem Modell konnte Bohr die von Johann Balmer eingeführte Spektralformel erklären und bestimmte »Quantenzahlen« postulieren, die mit Status und Energie des Systems korrespondieren. Dennoch besaß das Modell ernst zu nehmende Schwachpunkte (z. B. die Annahme, dass das Elektron sich auf einer kreisförmigen Bahn um den Kern bewege), die modifiziert werden mussten, als mehr experimentelle Daten vorlagen.

Von großer Bedeutung ist, dass dieses Modell erdacht wurde teilweise analog zu einer einfachen harmonischen Schwingung, teilweise analog zum Sonnensystem, das als mögliche Erklärungsgrundlage galt. Bohrs Genie lag im Ausdenken des Modells. Es war nicht selbstevident, sondern beruhte auf Bohrs Glauben, dass Einsteins und Plancks Anwendung des Quantenkonzepts auf die statistische Mechanik auf dynamischem Gebiet in vergleichbarer Weise eingesetzt werden konnte. Nach der Formulierung des Modells musste seine Gültigkeit sowohl im Blick auf seinen Erklärungswert für bereits Bekanntes als auch hinsichtlich seiner prognostischen Qualität für neue Phänomene erwiesen werden.

Natürlich können naturwissenschaftliche Modelle aufgegeben werden, wenn ein besseres Modell formuliert ist. Das Rutherford'sche Modell des Wasserstoffatoms wurde in wissenschaftlichen Kreisen wegen seiner offensichtlichen Mängel aufgegeben, wenn es auch auf populärwissenschaftlichem Gebiet noch regelmäßig angewandt wird. In Forscherkreisen gibt es also keine Verpflichtung gegenüber irgendeinem Modell; prinzipiell kann das Fortschreiten des Wissens zum Verwerfen früherer Modelle führen – muss es aber nicht notwendigerweise.

Diese Schlüsselthemen der *Formulierung* und *Bestätigung* haben keine Parallele im klassischen christlichen Denken. In einer Religion wie dem Christentum verstand man traditionell die fraglichen Analogien und Modelle als »gegeben« und nicht als gewählt. Die beiden Aufgaben, die sich den Theologen stellten, waren die Grenzen der Analogie festzulegen und sie in Bezug zu anderen gegebenen Analogien zu setzen. Zugegebenermaßen unterstützen nicht alle Theologen diese traditionelle Sicht-

weise. Einige behaupten, es sei uns freigestellt, neue Modelle zu entwickeln, die bestimmte unbefriedigende Eigenschaften traditioneller Modelle vermeiden. Trotzdem bleibt die traditionelle Sicht einflussreich, wie man beispielsweise an Thomas F. Torrances Untersuchung der »theologischen Wissenschaft« erkennen kann.

In orthodoxen christlichen Kreisen steht das Aufgeben eines traditionellen christlichen Modells für Gott – wie etwa das Modell Gottes als »Hirte« – außer Frage. Diese Modelle sind zu tief im biblischen Material, in der theologischen Reflexion und der liturgischen Praxis verwurzelt, als dass man so mit ihnen verfahren könnte. Sie besitzen den Status von »Wurzelmetaphern«, die als dauerhafte und essenzielle Bestandteile der Wahrheit christlicher Tradition gelten. Zwar bedürfen solche Modelle unter Umständen einer Neuinterpretation, möglicherweise ist auch ihren bis dahin vernachlässigten Aspekten mehr Aufmerksamkeit zu schenken – sie selbst aber bleiben grundlegend für theologische Reflexion.

Unsere Aufmerksamkeit gilt im nun Folgenden dem komplexen Thema der »Komplementarität« in Naturwissenschaft und Religion. Dabei geht es um die Beobachtung, dass manche komplexe Systeme zur Darstellung ihres Verhaltens zweier offensichtlich sich ausschließender Modelle oder Analogien bedürfen.

Das Konzept der Komplementarität

In den vorigen Abschnitten ist die Bedeutung deutlich geworden, die Modellen oder Analogien in Naturwissenschaft und Religion zukommt. In diesem Abschnitt betrachten wir einen Sonderfall, der durch den Gebrauch von Modellen entsteht: Was passiert, wenn das Verhalten eines Systems mehr als ein Modell zur Erklärung benötigt?

In der Religion ist diese Situation wohl bekannt. Beispielsweise verwenden das Alte und Neue Testament eine große Zahl von Modellen und Analogien für Gott wie »Vater«, »König«, »Hirte« und »Fels«. Jedes wird als Erklärung eines Aspekts des göttlichen Wesens betrachtet. Zusammengenommen bieten sie eine umfassendere und vollständigere Darstellung der göttlichen Natur, als es eine einzelne Analogie vermag.

Doch was, wenn aufgrund der vorhandenen Beweise zwei anscheinend widersprüchliche Analogien nötig scheinen? Definieren wir z. B. zwei Modelle A und A', die durch die logische Bedingung verknüpft sind, dass sie sich gegenseitig ausschließen. Das wirft sofort die Frage nach dem ontologischen Status des modellierten Gegenstands auf. Können wir sagen, dass es A »ist«, wenn die dazugehörige Annahme, dass es auch A' ist, zu einem offensichtlichen logischen Widerspruch führt?

Im vorliegenden Abschnitt werden wir die Thematik der Komplementarität in Naturwissenschaft und Religion untersuchen. Der Schwerpunkt wird dabei auf der Arbeit von Niels Bohr (1885–1962) in der Quantentheorie und der Identität Jesu Christi in der Theologie liegen. Zunächst zeigen wir, wie die Thematik der Komplementarität aus der Quantentheorie erwuchs.

Komplementarität in der Quantentheorie

Die Ursprünge von Bohrs Theorie der Komplementarität liegen in den Ursprüngen der Quantentheorie. Um dies zu verstehen, müssen wir folgende Frage bedenken: Besteht Licht aus Wellen oder Teilchen? Vom Standpunkt der klassischen Physik aus sind dies zwei vollständig unterschiedliche und sich gegenseitig ausschließende Entitäten. Wellen können nicht Teilchen sein, und Teilchen können nicht Wellen sein. Zu Beginn des letzten Jahrzehnts des 19. Jahrhunderts ging man allgemein davon aus, dass Licht aus Wellen bestehe.

Eine der bereits angeschnittenen Fragen war die, ob Lichtwellen ein Medium zu ihrer Ausbreitung benötigen. Die nächstliegende Analogie schien der Schall zu sein, der aus Wellen besteht und zu deren Ausbreitung ein Medium benötigt. Der Rahmen der Analogie schien ein ebensolches für das Licht zu fordern. Von da aus kam es zum Postulat eines »Leuchtäthers« – eines Licht tragenden Mediums; die Suche nach dessen Nachweis erlangte in der letzten Dekade des 19. Jahrhunderts größere Bedeutung. Teilchen hingegen brauchten selbstverständlich kein Medium für ihre Fortbewegung.

Viele Beweise hinterfragten mehr und mehr das Wellenmodell für das

Licht. Einer der wichtigsten steht in Zusammenhang mit »black-body radiation« (so genannten »schwarzen Strahlern«) – d. h. der Art, wie ein perfekter Körper Energie abstrahlt. Für die klassische Physik war es unmöglich zu erklären, warum die so genannte »Ultraviolett-Katastrophe« nicht eintritt – also warum ein schwarzer Körper keine Strahlung unendlicher Dichte bei sehr hohen Frequenzen abstrahlt. Dieses Phänomen wurde von Max Planck in einer Veröffentlichung von 1900 auf der Grundlage einer Hypothese der »Quantelung« von Energie erklärt. Diese Hypothese besagt, dass die Energie einer Schwingung nicht unendlich fortlaufend sei, sondern aus »Paketen« festgelegter Größe bestehe. Planck führte eine Grundkonstante h für diese Energieeinheit ein (heute allgemein als Planck-Konstante* bekannt). Für eine Schwingung der Frequenz v kann die Energie der Schwingung mit hv definiert werden.

Zur Erklärung dieser sehr komplizierten Vorstellung kann eine Analogie hilfreich sein. Als grundlegender Punkt stellte sich heraus, dass Energie nicht kontinuierlich, sondern diskret vorkommt. Es verhält sich wie mit dem Blick auf eine große Sanddüne in der afrikanischen Wüste. Aus einigem Abstand sieht sie glatt aus, bei genauerem Hinsehen besteht sie aus Millionen kleiner Sandkörner. Auch Energie scheint kontinuierlich

---

* Planck'sches Wirkungsquantum (Planck-Konstante): Konstante, die mit dem Zeichen h dargestellt wird und 1900 von Max Planck aufgestellt wurde. Bis dahin hatte man alle Arten elektromagnetischer Strahlung nur als Wellen angesehen. Planck fand aber heraus, dass es bestimmte Abweichungen von der Wellentheorie gibt, und zwar bei der Strahlung schwarzer Körper, die elektromagnetische Strahlung vollkommen absorbieren. Er kam zu dem Schluss, dass die elektromagnetische Strahlung in bestimmten Energieeinheiten, den so genannten Quanten, emittiert wird. Dies war der Ursprung der Quantentheorie. Nach dem Postulat von Planck ist die Energie eines Lichtquants gleich dem Produkt aus dessen Frequenz und einer bestimmten Konstanten, des heute nach ihm benannten Wirkungsquantums h. Die Quantentheorie, die immer wieder experimentell bestätigt wurde, führte dazu, dass sich die Auffassung über das Licht und die Materie änderten. Beiden können sowohl Eigenschaften von Wellen als auch Merkmale von Teilchen zugeschrieben werden. Das Planck'sche Wirkungsquantum wurde zu einer entscheidenden Größe für die Beschreibung von Materieteilchen wie auch von Lichtquanten (Photonen). 1916 konnte der amerikanische Physiker Robert Millikan den Wert des Wirkungsquantums erstmals experimentell bestimmen. Der heute gültige Wert ist h = 6,626 z 10^34 Js (Joulesekunden) (Anm. d. Ü.).

7. MODELLE UND ANALOGIEN

zu sein, aber bei genauerem Hinsehen besteht sie aus winzigen Körnchen. Bei *sehr hohen* Energiezuständen sind diese Energiepakete so klein, dass sie einen sehr geringen oder nichtmessbaren Einfluss haben. Aber bei *sehr geringen* Energiezuständen konnte ein Effekt nachgewiesen werden. Eine weitere wichtige Entwicklung war Einsteins Erklärung des photoelektrischen Effekts 1905. Einstein behauptete, der photoelektrische Effekt könne als Kollision zwischen einem auftreffenden teilchenartigen Energiebündel und einem Elektron an der Metalloberfläche verstanden werden. Das Elektron könne nur aus dem Metall freigesetzt werden, wenn die auftreffenden Lichtpartikel (oder teilchenartigen Energiebündel) genug Energie besäßen, dieses Elektron freizusetzen. Einsteins Theorie erlaubte, die folgenden Tatsachen zu erklären:

1. Der kritische Faktor, der bestimmt, ob ein Elektron freigesetzt wird oder nicht, ist nicht die Intensität des Lichts, sondern seine Frequenz. Man beachte, dass Planck behauptet hatte, die Energie einer Schwingung sei direkt proportional zu seiner Frequenz.

2. Die beobachteten Eigenschaften des photoelektrischen Effekts stützen die Annahme, dass der Zusammenstoß zwischen dem auftreffenden Photon und dem Metallelektron dem Prinzip der Energieerhaltung folgt. Liegt die Energie des auftreffenden Photons unter einem bestimmten Wert (»Arbeitsfunktion« des fraglichen Metalls), werden keine Elektronen abgegeben, unabhängig davon, wie heftig der Beschuss mit Photonen ist. Über dieser Schwelle ist die kinetische Energie der freigesetzten Photonen direkt proportional zur Frequenz der Strahlung.

Das auftreffende Licht kann so behandelt werden, als bestünde es aus Teilchen (hier als »Photonen« bezeichnet) mit definierter Energie oder Impuls.

Einsteins brillanter theoretischer Beitrag zum photoelektrischen Effekt besagte, dass elektromagnetische Strahlung unter bestimmten Bedingungen als das Verhalten von Teilchen betrachtet werden müsse. Einstein traf auf massiven Widerstand, nicht zuletzt weil er an der vorherrschenden klassischen Meinung zu rütteln schien, dass sich Wellen und Teilchen

gegenseitig ausschließen: Etwas konnte das eine oder das andere sein – aber nicht beides. Selbst diejenigen, welche in der Folge Einsteins Analyse des photoelektrischen Effekts verifizierten, waren sehr misstrauisch bezüglich seiner Postulierung von »Photonen«. Einstein selbst war vorsichtig und nannte seine Lichtquanten-Hypothese »heuristisch« – also ein hilfreiches Modell für das Verstehen, aber ohne notwendige eigene Existenz.

In den 1920er Jahren wurde klar, dass das Verhalten von Licht in mancher Hinsicht auf der Basis eines Wellenmodells, in anderer durch ein Teilchenmodell erklärt werden muss. Die Arbeit von Louis de Broglie postulierte, dass sich sogar Materie in mancher Hinsicht wie eine Welle verhält. Diese Theorien führten Niels Bohr zur Entwicklung seines Konzepts der »Komplementarität«. Für Bohr waren die klassischen Modelle der »Wellen« und »Teilchen« gleichermaßen notwendig, um das Verhalten von Licht und Materie zu erklären. Das bedeutet nicht, dass Elektronen Wellen »sind« oder dass sie Teilchen »sind«; es bedeutet, dass, was auch immer sie im Endeffekt sind, ihr Verhalten auf der Grundlage von Wellen- und Teilchenmodellen beschrieben werden kann, und dass eine vollständige Beschreibung ihres Verhaltens darauf beruht, zusammenzufügen, was eigentlich gegensätzliche Möglichkeiten der Darstellung sind.

Es ist weder eine intellektuelle Untiefe noch ein fauler Notbehelf, lieber von zwei gegensätzlichen und sich ausschließenden Optionen auszugehen, als zu versuchen, die übergeordnete von beiden zu bestimmen. Wie bereits betont wurde, war es – für Bohr – das zwangsläufige Ergebnis einer Reihe entscheidender Theorien und Experimente, die die Unmöglichkeit aufzeigten, die Situation auf eine andere Weise zu erklären. Anders ausgedrückt, fühlte sich Bohr von den ihm bekannten Untersuchungsergebnissen zu der Schlussfolgerung gezwungen, dass eine komplexe Situation (das Verhalten von Licht und Materie) durch zwei anscheinend gegensätzliche und unvereinbare Modelle dargestellt werden musste.

Als »Prinzip der Komplementarität« ist dieses Prinzip der Verbindung zweier anscheinend unversöhnlicher Modelle zur Erklärung eines komplexen Phänomens bekannt geworden. Aber was ist seine religiöse Bedeutung? Wir werden dies erörtern, indem wir uns auf ein spezifisches Gebiet

7. MODELLE UND ANALOGIEN

christlicher Theologie – die Christologie – konzentrieren, das man allgemein als Illustration der religiösen Bedeutung der Komplementarität ansieht. Vorher sollten wir einige wichtige allgemeine Entwürfe festhalten, die es auf diesem Gebiet gegeben hat. Besonders hervorzuheben sind die Konvergenzen zwischen Niels Bohr auf naturwissenschaftlicher und Karl Barth und Thomas F. Torrance auf theologischer Seite.

Komplementarität in der Theologie

Einige Forscher stellten fest, dass es eine deutliche Parallele zwischen Bohrs »Prinzip der Komplementarität« und Karl Barths »dialektischer Methode« gebe. So fanden beispielsweise James Loder und Jim Neidhardt eine Anzahl wichtiger Übereinstimmungen zwischen beiden Autoren. Im Falle Bohrs ist das zu erklärende »Phänomen« das Verhalten von Quantenereignissen, für Barth ist es das Verhältnis zwischen Zeit und Ewigkeit einerseits und von Menschlichkeit und Göttlichkeit in der Person Jesu Christi andererseits:

1. Sowohl für Bohr als auch für Barth gelangen klassische Formen von Rationalität bei der Erklärung des jeweils fraglichen Phänomens an ihre Grenzen.

2. Beide Autoren vertreten vehement das Prinzip, das Phänomen solle selbst erschließen, wie es erkannt werden kann, statt das Phänomen auf bekannte Formen zu reduzieren.

3. In beiden Fällen erschließt sich das Phänomen als nicht reduzierbares zweiseitiges Verhältnis, das sich dem Wissenden aufdrängt und daher eine Darstellung in Begriffen der Komplementarität oder Dialektik klassischer Formen erfordert. Die Relation zwischen diesen Polaritäten ist asymmetrisch.

4. Beide Situationen erfordern, dass der Einfluss des Beobachters festgestellt und in das Erkannte integriert wird.

5. Die Beobachtung des Phänomens verlangt, dass der Wissende fähig ist, die Beobachtungen in Sprache auszudrücken.

Die eben genannten allgemeinen Übereinstimmungen zwischen Barth und Bohr können auch in den Arbeiten Thomas F. Torrances entdeckt werden, der als Interpret Barths und als Anwalt des Dialogs zwischen Theologie und Naturwissenschaften sehr geschätzt wird. Torrances Beharren auf Gottes Selbstoffenbarung, die unser Verstehen determiniert, zeigt klare Parallelen zum Ansatz Barths:

> Die christliche Theologie entsteht aus dem tatsächlichen Wissen um Gott, das in und mit konkreten Ereignissen in Raum und Zeit gegeben ist. Es ist ein Wissen von dem Gott, der uns aktiv begegnet und sich uns in Jesus Christus zu erkennen gibt – in Israel, in der Geschichte, auf der Erde. Es ist wesenhaft positives Wissen, mit ausgesprochenem Inhalt, vermittelt durch konkrete Erfahrung. Es handelt von Tatsachen, der Tatsache von Gottes Selbstoffenbarung; es handelt von Gott selbst, der, nur weil er wirklich Gott ist, immer zuerst da ist. Wir beginnen daher nicht mit uns und unseren Fragen, noch können wir überhaupt wählen, wo wir beginnen; wir können nur mit den Tatsachen beginnen, die uns durch die Realität des positiv bekannten Subjekts vorgeschrieben werden.[92]

Torrance sieht also deutlich die Notwendigkeit, das »Phänomen« der Offenbarung in eigenen Begriffen zu interpretieren.

Breite Zustimmung findet die erwähnte These, dass die Christologie das Gebiet der Theologie ist, das für einen komplementaristischen Ansatz am ehesten zugänglich ist. Torrance verdeutlicht diesen Punkt anschaulich, indem er eine Verbindung zwischen Gotteserkenntnis und Christologie knüpft und damit die Doppelpoligkeit der Offenbarung bekräftigt. Wie einige neuere Studien zu Torrances Lehre der Gotteserkenntnis betont haben, spielt die Inkarnation (Menschwerdung) Christi eine zentrale Rolle für sein Verständnis, wie Gott erkannt werden kann, und für das Wesen dieser Erkenntnis. Es überrascht daher nicht, dass Torrance diesen Begriff im christologischen Kontext verwendet: »Hier werden wir mit einer anderen fundamentalen Eigenschaft Gottes, wie sie sich in Jesus Christus zeigt, konfrontiert: Sie ist sowohl göttlich als auch menschlich. Das Wissen darum ist dementsprechend bipolar.«

7. MODELLE UND ANALOGIEN

Einige neue Studien haben die positiven Ergebnisse bestätigt, die eine derartige Untersuchung erbringen kann. Die christliche Orthodoxie vertrat immer die Ansicht, Jesus Christus müsse als wahrhaft göttlich und wahrhaft menschlich gedacht werden. Die Annahme von »einer Person in zwei Naturen« besitzt deutliche Parallelen zu Bohrs Sicht der Komplementarität von Wellen- und Teilchenmodellen für Licht und Materie. Doch sind es nicht nur einfach die klassischen christologischen Definitionen, die die Bedeutung der Komplementarität in der Theologie verdeutlichen, sondern die Art und Weise, wie sie während der patristischen Zeit entstanden. Beim Versuch, diesen Prozess nachzuzeichnen, werde ich aufzuzeigen versuchen, inwiefern für Bohr typische Anliegen bei dieser zentralen Thematik bereits eine bedeutende Rolle spielten.

Im Folgenden werden wir zwei der von Loder und Neidhardt genannten Parallelen zwischen Bohr und Barth betrachten und untersuchen, inwiefern die Herausbildung der klassischen Christologie einem ähnlichen Muster entspricht.

Erstens stellen Loder und Neidhardt fest, dass das zu erklärende Phänomen selbst in der Lage sein soll zu enthüllen, wie es erkannt werden kann. Man dürfe es nicht auf bekannte Formen reduzieren. Wie schon erwähnt, wurden Bohrs Überlegungen über die Komplementarität ihm durch zwischen 1905 und 1925 erzielte Versuchsergebnisse aufgezwungen. Wesentlich einfachere Möglichkeiten der Darstellung hätten gebraucht werden können – und tatsächlich zeigt die Entwicklung der Quantentheorie während dieser Phase den Rückgriff auf sie. Nun stand die Einfachheit dieser Modelle aber gegen die experimentellen Beweise, die Bohr unausweichlich zur Schlussfolgerung führten, dass zwei sich gegenseitig ausschließende Wege zum Verstehen der Quantentheorie nötig waren. Die Entwicklung der Christologie in der Zeit von 100 bis 451 zeigt, dass diese Fragestellung von überwältigender Bedeutung war. Dasselbe Thema – dem Phänomen (wenn es gestattet ist, diesen Begriff für die komplexe Mischung aus »geschichtlichem Zeugnis« und »religiöser Erfahrung« zu verwenden) zu erlauben, seine eigene Interpretation zu diktieren – kann durch die Entwicklung der patristischen Christologie verfolgt werden.

Vereinfachende reduktionistische Modelle der Identität und Bedeutung des Jesus von Nazareth scheiterten an dem Phänomen, das sie darstellen wollten. Im Besonderen das Modell Jesu von Nazareth als rein menschliche Figur (allgemein als ebionitische Irrlehre bekannt) oder als rein göttliche Figur (allgemein als doketische Irrlehre bekannt) wurden als unangemessen verworfen. Sowohl die Darstellung Jesu im Neuen Testament als auch die Art, wie die christliche Kirche Jesus in ihr Gebetsleben und die Verehrung hineinnahm, erforderte ein komplexeres Verständnis von seiner Identität und Bedeutung, als eines dieser einfachen Modelle es bieten konnte.

Der Vorschlag, ein drittes Modell zu entwerfen, um das Phänomen Jesus von Nazareth zu erklären, wurde als unbefriedigend abgelehnt. Der Streit über die Lehren des Apollinarius von Laodizea erbrachte die übereinstimmende Meinung, dass es keinen »mittleren Zustand« gebe, kein »tertium quid«, das zwischen beiden Naturen steht. In der patristischen Zeit wurde jeder Versuch entschieden abgelehnt, Jesus von Nazareth in Begriffe zu fassen, die ein vermittelndes oder Mischkonzept zwischen Göttlichkeit und Menschlichkeit zum Inhalt hatten. Es gibt eine direkte christologische Parallele zu Bohrs Beharren auf der Vollständigkeit des Prinzips der Komplementarität. So wie Bohrs Komplementarität auf Wellen und Teilchen zurückgreift, behauptet der christologische Ansatz von Chalkedon, dass der Ansatz der »Zwei-Naturen«-Lehre vollständig sei (insofern als nur zwei solche Modelle oder Naturen gebraucht werden) und komplementär (insofern als nur eines dieser sich gegenseitig ausschließenden Modelle oder Naturen auf einmal angewandt werden kann).

Patristische Autoren (wie etwa Papst Leo I.) boten oftmals ausgefeilte Konzepte an, welche Aspekte des Dienstes Jesu seiner menschlichen und welche seiner göttlichen Natur zugeschrieben werden müssten. Diese Ansätze waren offen für Fehlinterpretationen, da sie so ausgelegt werden konnten, als sei Jesus nur göttlich gewesen, wenn er auf bestimmte Weise handelte, und menschlich ausschließlich in anderen Fällen. Die Tendenz, Menschheit und Gottheit Jesu in stärker ontologisch geprägten Ausdrucksformen festzuhalten, lässt sich als Mittel gegen die Versuchung verstehen, die Identität Jesu in verkürzender Weise zu denken. Für uns aus-

schlaggebend ist jedoch die Entwicklung der patristischen Theologie, nicht die Form ihrer endgültigen Aussagen.

Zweitens stellen Loder und Neidhardt fest, dass Bohr und Barth behaupten, das Phänomen (seien es Offenbarung oder Quanten) enthülle sich selbst als nicht reduzierbares zweiseitiges Verhältnis, das sich auf den Wissenden übertrage und daher entweder nach Darstellung in Komplementarität oder Dialektik der klassischen Form verlange. Der christologische Streitpunkt von entscheidender Bedeutung war, dass die biblische Darstellung Jesu von Nazareth nahe legte, er verhielte sich manchmal wie Gott und manchmal wie ein Mensch. Dies kommt in dem berühmten Brief vom 13. Juni 449 von Papst Leo I. an Flavian, den Patriarchen von Konstantinopel, zum Ausdruck. In diesem Brief, auch *Tomus Leonis* genannt, stellt Leo den vorherrschenden christologischen Konsens innerhalb der lateinisch sprechenden westlichen Kirche dar. Der Brief wurde später vom Konzil von Chalkedon (451) autorisiert, das ihn als klassische Erklärung christologischer Orthodoxie anerkannte.

Patristische Autoren wie Athanasius argumentierten, dass das Vertrauen in die biblischen Zeugnisse und christliche Erfahrung es notwendig machten, dass Jesus sowohl als Gott wie auch als Mensch begriffen werde. Beispielsweise betont Athanasius, dass nur Gott erlösen könne. Gott, und nur Gott, könne die Macht der Sünde brechen und uns zu ewigem Leben verhelfen. Eine wesentliche Eigenschaft des Geschöpfs sei, dass es erlöst werden müsse. Kein Geschöpf könne ein anderes retten. Nur der Schöpfer könne die Schöpfung erlösen. Nachdem er herausgestellt hatte, dass es Gott allein sei, der retten könne, präsentierte Athanasius einen Syllogismus, den die Arianer (eine Glaubensrichtung, die lehrte, Jesus sei erst als Erwachsener von Gott als Sohn quasi »adoptiert« worden) schwer widerlegen konnten. Das Neue Testament und gleichermaßen die christliche liturgische Tradition sehen Jesus Christus als Retter an. Doch Athanasius betont, dass nur Gott retten könne. Wie kann das einen Sinn ergeben?

Die einzige mögliche Lösung, so Athanasius, sei zu akzeptieren, dass Jesus der Mensch gewordene Gott ist. Die Logik dieses Arguments verläuft folgendermaßen:

1. Kein Geschöpf kann ein anderes Geschöpf erlösen.
2. Arius zufolge ist Jesus Christus ein Geschöpf.
3. Daher kann nach Arius Jesus Christus die Menschen nicht erlösen.

Gleichzeitig lässt sich ein etwas anderer Argumentationstyp entdecken, der in den Aussagen der Schrift und der christlichen liturgischen Tradition seine Grundlage hat:

1. Nur Gott kann erlösen.
2. Jesus Christus erlöst.
3. Daher ist Jesus Christus Gott.

Für Athanasius beinhaltet Erlösung göttliches Eingreifen. Athanasius legt daher das Johannesevangelium (1,14) dahingehend aus, die Aussage »das Wort ist Fleisch geworden« bedeute: Gott kam in unsere menschliche Situation, um sie zu verändern.

Als zweiten Punkt führt Athanasius an, dass die Christen Jesus Christus Verehrung erweisen und zu ihm beten. In diesem Punkt zeigt sich klar die Bedeutung der christlichen Praxis – Gebet und Verehrung – für die christliche Theologie. Im 4. Jahrhundert waren das Gebet zu Christus und seine Verehrung anerkannte Bestandteile der öffentlichen Gottesverehrung. Wenn also – so Athanasius – Jesus ein Geschöpf ist, machen sich die Christen des Götzendienstes schuldig, indem sie ein Geschöpf anstelle Gottes verehren. Denn Christen dürfen nichts und niemanden verehren außer Gott selbst. Dagegen behauptet Athanasius, Arius verfehle sich, weil er die Art, wie Christen beten und Gott verehren, lächerlich mache. Seiner Auffassung nach haben die Christen Recht, Jesus Christus zu verehren und anzubeten, denn im Vollzug dieses Aktes bestätigen sie ihn als das, was er ist – der Mensch gewordene Gott.

Das Bewusstsein, dass ein Verständnis Jesu sich in göttlichen *und* menschlichen Prädikaten artikulieren müsse, führte schließlich zur berühmten Formel von Chalkedon, dass Jesus »wahrer Gott *und* wahrer Mensch«, »in zwei Naturen unvermischt und ungetrennt« sei.[93] Maurice Wiles fasst die Gründe für diese Entwicklung folgendermaßen zusammen:

Auf der einen Seite stand die Überzeugung, dass ein Retter wahrhaft göttlich sein muss, auf der anderen die Überzeugung, dass das, was nicht angenommen ist, nicht geheilt wird.[94] Anders gesagt: Die Quelle der Erlösung muss Gott sein, der Ort der Erlösung die Menschheit. Es ist klar, dass diese beiden Prinzipien oft in gegensätzliche Richtungen strebten. Das Konzil von Chalkedon war der Versuch der Kirche, diese Spannung zu lösen oder wenigstens mit ihr zu leben. Tatsächlich vollzog die frühe Kirche mit ihrer strengen Zustimmung zu beiden Prinzipien bereits die Anerkennung des chalkedonensischen Glaubens.[95]

An dieser Stelle müssen wir uns aus Platzgründen auf diese Konvergenzen beschränken und andere von Loder und Neidhardt aufgeführte außer Acht lassen. Von Bedeutung ist allerdings die Beobachtung, dass viele der frühen patristischen Argumente für eine zweifache Natur Christi primär funktionaler Natur sind. Der Schwerpunkt der Argumente liegt auf dem Werk Jesu von Nazareth. Zweifellos zogen die Väter aus ihrer funktionalen Analyse aber auch ontologische Schlüsse. Mit anderen Worten: Wenn Jesus sich wahrhaftig wie Gott verhielt, ist die Behauptung, dass er tatsächlich Gott war, im Bereich des Möglichen. Allerdings hält eine Reihe moderner Autoren derartige ontologische Schlussfolgerungen für nicht zwingend notwendig, zumal sie das besondere Interesse an ontologischen Fragestellungen in der patristischen Epoche widerspiegelten. Man könne sehr wohl auch mit der Feststellung zufrieden sein, Jesu Wirken beinhalte göttliche und menschliche Züge.

Die Frage, warum es ausgerechnet die Quantentheorie und die Christologie waren, in denen komplementäre Sichtweisen zuerst Anwendung fanden, ist nicht zuletzt aufschlussreich über die Art des Erkenntnisfortschritts in diesen Bereichen. Die Notwendigkeit, die Funktionsweise der Quantenphänomene genauer zu klären, ergab sich aus empirischen Beobachtungen, die sich in einer Krise des Theoriegebäudes überstürzten, als klar wurde, dass der bestehende begriffliche Rahmen die in Frage stehenden Phänomene schlechthin zu integrieren nicht in der Lage war. Der Druck, das Phänomen Jesus von Nazareth zu erklären, entstand aus dem – in intensiven Diskussionen und Streitigkeiten wachsenden – Bewusstsein,

dass sein Wesen mit keinen zur Verfügung stehenden Begriffen fassbar gemacht werden konnte. In beiden Fällen widerstand man der Versuchung, das Phänomen auf bestehende Vorstellungen zu reduzieren, die nur schwerwiegende Verzerrungen zur Folge hätten haben können. Zur Erklärung der Phänomene war entweder von den überkommenen Kategorien ein neuer Gebrauch zu machen, oder aber man musste radikal neue Kategorien einführen. Bohrs Ansatz bestand in der Bewahrung bestehender Kategorien (»klassische Modelle«), erkannte aber an, dass auch in einer ganz einfachen Sprache besondere Nebenbedeutungen mitgesetzt sein können, die ihr erlauben, andere Bereiche zu erhellen.

Dieses Kapitel hat in einigen Teilbereichen untersucht, wie Naturwissenschaft und Religion Analogien und Modelle zur Darstellung der Realität verwenden. Dabei haben wir bisher allgemeine Aspekte der Naturwissenschaften in ihrer Beziehung zur Religion betrachtet. Es ist nun an der Zeit, sich spezifischen Fragen zuzuwenden, die von einzelnen Naturwissenschaften aufgeworfen werden. Das folgende Kapitel führt in einige der religiösen Fragestellungen ein, die sich aus den Entwicklungen in Physik, Biologie und Psychologie ergeben.

Das Thema »Naturwissenschaft und Religion« wird kompliziert durch die Tatsache, dass sowohl »Naturwissenschaft« als auch »Religion« sich auf eine Vielzahl von Möglichkeiten beziehen können. Wie wir bereits gesehen haben, kann »Religion« auf eine Reihe völlig unterschiedlicher Glaubenssysteme verweisen. In der Praxis ist die in dieser Hinsicht am meisten untersuchte Religion das Christentum, das die engste Beziehung zu den Naturwissenschaften in der westlichen Welt und den größten Einfluss auf deren Entwicklung hatte. Judentum und Islam sind an dieser Entwicklung ebenfalls, wenngleich in geringerem Ausmaß, beteiligt. Eine der interessantesten Fragestellungen der Wissenschaftsgeschichte ergibt sich aus der Tatsache, dass die im Blick auf die Entwicklung der Naturwissenschaften einflussreichsten Religionen die monotheistischen sind.

Wie wichtig es ist, sich bei der Auseinandersetzung mit dem Thema »Naturwissenschaft und Religion« der Unterschiede zwischen den Religionen bewusst zu sein, zeigt Sigmund Freuds Arbeit zum Ursprung der Religionen bei primitiven Völkern.[96] Freuds Argumentation konzentriert sich auf Gott als idealisierte Vaterfigur. Tatsächlich stellen Christentum und Judentum Gott unter dem Begriff eines »himmlischen Vaters« dar. Das Vaterunser beispielsweise beginnt mit den Worten »Vater unser im Himmel«. Doch ebenso wahr ist, dass östliche Religionen, vor allem bestimmte Formen des Buddhismus, nicht auf diese Weise von Gott denken. Freuds Theorie beruht also auf einer ungenauen und vereinfachenden Generalisierung dessen, was »Religion« bedeutet.

Gleichermaßen wichtig ist die Anerkenntnis, dass es zwischen den einzelnen Naturwissenschaften bedeutende Unterschiede gibt, die oftmals durch die generelle Verwendung des Begriffs »Naturwissenschaft« verdunkelt werden. Jede Naturwissenschaft hat ihre Art, Ziele zu definieren, Ergebnisse zu bewerten und Forschungsmethoden zu entwerfen. So gelten Physik, Biologie und Psychologie trotz ihrer offenbaren Unterschiede

als Naturwissenschaften. Sogar innerhalb einer einzelnen wissenschaftlichen Disziplin bestehen große Unterschiede bei einer Reihe relevanter Themen. Die meisten Naturwissenschaftler sehen sich einer Form des »Realismus« verpflichtet, d. h. sie vertreten die Überzeugung, dass es eine unabhängig von unserem Denken existierende Welt gibt. Doch führt die Vielzahl der Auffassungen von Realismus dazu, dass verschiedene Wissenschaftler auch unter diesem Begriff sehr unterschiedliche Dinge verstehen.

Vor dem Hintergrund dieser Vielfalt innerhalb der Naturwissenschaften wollen wir auf drei naturwissenschaftliche Disziplinen einen genaueren Blick werfen – mit der Absicht, ihre Relevanz für unsere Fragestellung zu erhellen. Dazu haben wir drei recht verschiedene Gebiete naturwissenschaftlicher Forschung ausgewählt, die jeweils religiöse Relevanz besitzen:

1. Physik und Kosmologie: Dabei konzentrieren wir uns auf einige Aspekte modernen kosmologischen Denkens;
2. Biologie: Hier geht es um die Auswirkung verschiedener Formen des Darwinismus auf das religiöse Denken;
3. Psychologie: In diesem Feld wollen wir verschiedene Ansätze zu Ursprung und Bedeutung von Religion vorstellen.

Physik und Kosmologie

Nach allgemeiner Ansicht bieten die moderne Physik und Kosmologie die wichtigsten und fruchtbarsten Möglichkeiten für einen Dialog zwischen den Naturwissenschaften und der Religion. Das Motiv einer »Ordnung des Universums« gewinnt, wie bereits gezeigt, im Licht des Schöpfungsglaubens große Bedeutung, da dieser die Welt als geordnete und vernünftige versteht und diese Merkmale in Gottes Rationalität verankert. Wichtige Beiträge auf dem Weg zu einem Verständnis, wie moderne theoretische Physik und Christentum sich positiv aufeinander beziehen können, leisteten John Polkinghorne und Charles A. Coulson, deren Überlegungen uns noch beschäftigen werden. Zuvor sollen jedoch noch zwei wichtige

Arbeiten, die aus sehr unterschiedlichen Perspektiven gemacht wurden, Erwähnung finden.

1. Paul Davies, Professor für Mathematische Physik an der Universität Adelaide, hat die Komplexität der Themen, die die moderne Kosmologie aufwirft, zu seinem Forschungsgegenstand gemacht. In seinen Werken *God and the New Physics (Gott und die moderne Physik,* 1984)[97] und *The Mind of God (Der Plan Gottes,* 1992)[98] unterstreicht Davies explizit die religiöse Dimension seiner Forschung. Auch wenn Davies sich seinem Thema nicht aus einer »konventionell theistischen« Perspektive nähert, werden seine Sympathien für ein religiöses Verständnis des Universums deutlich.

2. Fritjof Capra forschte in der Hochenergiephysik, bevor er sich für die Parallelen zwischen moderner Physik und östlicher Mystik zu interessieren begann. Seine Darstellung dieser Ähnlichkeiten, veröffentlicht als *The Tao of Physics (Das Tao der Physik,* 1975),[99] wurde zum Bestseller. Kritisch anzumerken ist jedoch, dass die von Capra identifizierten Parallelen teilweise oberflächlicher sind, als er zugibt, nicht zuletzt weil sie eher auf verbalen denn begrifflichen Ähnlichkeiten beruhen.

Nach allgemeinem Dafürhalten sind der »Urknall« und der heute weithin als »anthropisches Prinzip« bekannte Sachverhalt zwei der wichtigsten Themen, die durch die moderne Kosmologie aufgeworfen wurden. Um sie geht es im Folgenden.

Der Urknall

Die Frage nach dem Ursprung des Universums ist zweifellos eines der faszinierendsten Felder moderner wissenschaftlicher Analyse und Diskussion. Dass diese Diskussion durchaus religiöse Dimensionen besitzt, liegt auf der Hand. Sir Bernhard Lovell, der britische Pionier der Radioastronomie, vertritt als einer von vielen die Auffassung, dass eine Diskussion über die Ursprünge des Universums zwangsläufig fundamentale religiöse Fragen aufwirft. In neuerer Zeit hat der schon genannte Paul Davies den Aus-

wirkungen der »modernen Physik« auf das Denken über Gott Aufmerksamkeit verschafft.

Man kann behaupten, dass die Ursprünge der »Urknall«-Theorie in der Allgemeinen Relativitätstheorie Albert Einsteins liegen. Einstein formulierte seine Theorie zu einer Zeit, in der der wissenschaftliche Konsens die Vorstellung eines statischen Universums favorisierte. Die Gleichungen, aus denen Einstein die Relativitätseffekte ableitete, wurden von ihm in Begriffen eines Gravitations- und Levitationsgleichgewichts beschrieben. Der russische Meteorologe Alexander Friedman bemerkte jedoch, dass die Lösungen der Gleichungen, die er selbst ableitete, auf ein ganz anderes Modell hinwiesen. Wenn das Universum völlig homogen ist und sich ausdehnt, dann muss es sich von einem einmaligen Anfangsstadium an einem Punkt in der Vergangenheit an ausgedehnt haben, der durch den Radius Null und unendliche Dichte, Temperatur und Krümmung charakterisiert sein musste. Andere Lösungen für die Gleichungen legten einen Zyklus von Ausdehnung und Kontraktion nahe. Die Hinweise wurden missachtet, vielleicht weil sie nicht zur allgemein gültigen Sichtweise innerhalb der Wissenschaft passten. Alles änderte sich mit den astronomischen Beobachtungen von Edwin Hubble (1889–1953), die ihn 1929 veranlassten, die Rotverschiebung galaktischer Spektren im Sinne eines expandierenden Universums zu interpretieren.

Ein weiterer wichtiger – wahrscheinlich größtenteils zufällig getaner – Schritt fand 1965 statt. Arno Penzias und Robert Wilson arbeiteten am Bell Laborarorium, New Jersey, an einer Mikrowellenantenne. Dabei stießen sie auf einige Schwierigkeiten: Unabhängig davon, in welche Richtung sie die Antenne ausrichteten, empfingen sie ein zischendes Hintergrundrauschen, das sich nicht eliminieren ließ. Ihre erste Erklärung für dieses Phänomen war eine Störung durch Tauben, die sich auf der Antenne niedergelassen hatten. Aber selbst nach der Vertreibung der angeblichen Störenfriede war das Zischen noch da. Es war eine Frage der Zeit, bis man die volle Bedeutung des verwirrenden Hintergrundgeräusches verstand. Man konnte es als »Nachglühen« einer ursprünglichen Explosion verstehen – jenes »Urknalls«, den George Gamow, Ralph Alpher und Robert Herman 1948 postuliert hatten. Diese Wärmestrahlung korrespondiert mit Photonen, die sich zufällig im Weltall bewegen, ohne erkennbare Quelle,

bei einer Temperatur von 2,7 K. Zusammen mit anderen Indizien diente diese Hintergrundstrahlung als wichtiger Hinweis dafür, dass das Universum einen Anfang hatte, und sie bereitete den Vertretern der entgegengesetzten Theorie – Thomas Gold und Hermann Bondi, theoretisch unterstützt von Fred Hoyle –, die einen unveränderten Zustand annahmen (»steady-state-theory«), ernsthafte Probleme.

Heute besteht allgemeiner Konsens darüber, dass das Universum einen Anfang hatte. Hierin besteht zumindest eine gewisse Nähe zur christlichen Vorstellung vom Universum als Schöpfung. Deshalb ist wichtig, die tief religiösen Fragen festzuhalten, die die moderne Kosmologie aufwirft. Diesen Fragen werden wir anhand von Stephen Hawkings Werk *A Brief History of Time (Eine kurze Geschichte der Zeit)*[100] nachgehen. Dieses wichtige Buch ist sich allseits der philosophischen und theologischen Themen gewahr, welche die moderne Kosmologie aufwirft. Einschränkend muss angemerkt werden, dass die durchschnittliche Rezeption von Hawkings eigenen Ansichten sich durch Carl Sagans Einführung in einem etwas verzerrten Licht präsentiert, da Letzterer annimmt, Hawkings Arbeit lasse keinen Raum für einen Gott. Da viele Leser nicht über das Vorwort hinauskommen, scheint es angezeigt, dessen Grundtendenz exemplarisch vorzustellen:

»Eine kurze Geschichte der Zeit« ist auch ein Buch über Gott ... oder vielleicht über die Nichtexistenz Gottes. Das Wort Gott ist auf diesen Seiten überall präsent. Hawking stellt sich Einsteins berühmter Frage, ob Gott irgendeine Wahl gehabt habe, das Universum zu erschaffen. Hawking versucht, wie er ausdrücklich feststellt, »Gottes Plan« zu verstehen. Und um so überraschender ist das – zumindest vorläufige – Ergebnis dieses Versuchs: Ein Universum, das keine Grenze im Raum hat, weder einen Anfang noch ein Ende in der Zeit und nichts, was einem Schöpfer zu tun bliebe.[101]

Das ist nun weder eine angemessene Zusammenfassung von Hawkings Schlussfolgerungen noch der Grundtenor des Werkes. Auf die Bemerkung eines Lesers, der *Eine kurze Geschichte der Zeit* in einem frühen Entwurf gesehen hatte, es ließe keinen Raum für Gott, entgegnete Hawking, dass er

die Frage nach der Existenz eines höheren Wesens völlig offen gelassen habe.

Der Glaube, dass das Universum einen »Anfang« hat, bedeutet also nicht notwendigerweise, dass es »geschaffen« wurde. Diese Implikation wurde jedoch von einigen Autoren betont, etwa von Stanley L. Jaki. Einer der Faktoren, die die Debatte in diese Richtung lenkten, war das so genannte »anthropische Prinzip«, das im Folgenden beleuchtet wird.

Das anthropische Prinzip

Der Begriff »anthropisches Prinzip« wird von verschiedenen Autoren in einer großen Bedeutungs-Bandbreite verwendet; trotzdem ist der Begriff allgemein gebräuchlich für den beachtlichen Grad an »Feinabstimmung«, der in der natürlichen Ordnung erkannt werden kann. Paul Davies ist der Ansicht, dass die auffällige Konvergenz bestimmter grundlegender Konstanten religiöse Bedeutung habe. »Die scheinbar wunderbare Übereinstimmung numerischer Werte, die die Natur ihren grundlegenden Konstanten zuschreibt, bleibt der zwingendste Beweis für eine Art kosmischen Entwurf.« Als am leichtesten zugängliche Einführung in das Prinzip gilt allgemein die 1986 erschienene Studie *The Anthropic Cosmological Principle (Das anthropische kosmologische Prinzip)*[102] von John D. Barrow und Frank J. Tipler. Die dem Prinzip zugrunde liegende Beobachtung lässt sich folgendermaßen formulieren:

Eines der wichtigsten Ergebnisse der Physik des 20. Jahrhunderts war die stufenweise Einsicht, dass es unveränderliche Eigenschaften der natürlichen Welt und ihrer elementaren Bestandteile gibt, die Größe und Struktur fast all ihrer Bestandteile zwangsläufig wiedergeben. Die Größe von Sternen und Planeten und sogar von Menschen ist weder zufällig noch das Resultat eines Darwin'schen Selektionsprozesses aus Tausenden von Möglichkeiten. Sowohl sie als auch andere Kerneigenschaften des Universums sind Folgen von Notwendigkeit, sie sind Manifestationen des möglichen Gleichgewichtszustands zwischen gegensätzlichen Kräften von Anziehung und Abstoßung. Die innere

Stärke dieser kontrollierenden Kräfte der Natur [Nature im englischen Original groß geschrieben; Anm. d. Ü.] wird durch eine geheimnisvolle Sammlung reiner Zahlen bestimmt, die wir *Naturkonstanten* nennen.[103]

Die Bedeutung dieses Punktes wird an einem wichtigen Artikel, der 1979 in der Zeitschrift *Nature* von B. J. Carr und M. J. Rees veröffentlicht wurde, ersichtlich. Carr und Rees zeigen darin, wie die meisten natürlichen Maßeinheiten – besonders Massen- und Längenmaße – von einigen wenigen physikalischen Konstanten bestimmt werden. Sie schließen daraus, dass »die Möglichkeit von Leben, wie es sich in unserem Universum entwickelt hat, von den Werten weniger physikalischer Konstanten abhängt – und in mancher Hinsicht bemerkenswert stark abhängig von deren numerischem Wert ist«. Die Konstanten, die eine besonders bedeutende Rolle spielten, seien die elektromagnetische Wechselwirkung, die Gravitations-Wechselwirkung und das Massenverhältnis von Elektronen zu Protonen.

Beispiele für die »Feinabstimmung« fundamentaler kosmologischer Konstanten schließen Folgendes ein:

1. Wenn die *starke Wechselwirkung* nur ein wenig schwächer wäre, wäre Wasserstoff das einzige Element im Universum. Da die Evolution des Lebens, wie wir es kennen, grundlegend abhängig ist von den chemischen Eigenschaften des Kohlenstoffs, hätte dieses Leben nicht ohne die Umwandlung von Wasserstoff zu Kohlenstoff durch Fusion entstehen können. Wäre die starke Wechselwirkung auf der anderen Seite leicht größer (selbst um lediglich zwei Prozent), wäre der Wasserstoff in Helium umgewandelt worden, mit dem Ergebnis, dass sich keine langlebigen Sterne gebildet hätten. Da aber solche Sterne als wesentlich für die Entstehung von Leben gelten, hätte eine derartige Umwandlung die Entstehung des uns bekannten Lebens verhindert.

2. Wenn die *schwache Wechselwirkung* etwas kleiner wäre, hätte sich in der frühen Geschichte des Universums kein Wasserstoff gebildet. Dementsprechend wären auch keine Sterne entstanden. Wäre sie auf der anderen Seite etwas größer, hätten Supernovas nicht die für das Leben

notwendigen schwereren Elemente ausstoßen können. In beiden Fällen hätte Leben, wie wir es kennen, nicht entstehen können.

3. Wenn die *elektromagnetische Wechselwirkung* etwas stärker wäre, wären die Sterne nicht heiß genug, um Planeten auf eine Temperatur zu erwärmen, die ausreicht, um Leben in der uns bekannten Form aufrecht zu erhalten. Wäre sie schwächer, wären die Sterne zu schnell ausgebrannt, als dass sich Leben auf diesen Planeten hätte entwickeln können.

4. Wenn die *Gravitations-Wechselwirkung* etwas kleiner wäre, hätten sich Sterne und Planeten nicht bilden können, da das sie bildende Material nicht zusammengehalten hätte. Wenn sie stärker gewesen wäre, wären die Sterne zu schnell ausgebrannt, um Entwicklung von Leben zu ermöglichen (so wie bei der elektromagnetischen Wechselwirkung).

Die Überzeugungskraft dieser »Feinabstimmung« war Inhalt einer bemerkenswerten Diskussion unter Naturwissenschaftlern, Philosophen und Theologen. Dabei ist klar, dass die Betrachtungen de facto weitgehend anthropozentrisch sind, da die Beobachtungen ihre Bedeutung teilweise der Annahme verdanken, dass Leben auf der Grundlage von Kohlenstoff existiere.

Hat das alles eine religiöse Bedeutung? Zweifellos sind diese Koinzidentien außerordentlich bemerkenswert und vermitteln Denkanstöße, die wenigstens einige Naturwissenschaftler dazu führten, mögliche religiöse Erklärungen für diese Beobachtungen aufzustellen. Barrow und Tipler greifen ein entsprechendes Zitat Freeman Dysons auf: »Wenn wir ins Universum schauen und die vielen Zufälle von Physik und Astronomie sehen, die zu unserem Nutzen zusammengearbeitet haben, scheint das Universum in gewissem Sinn gewusst zu haben, dass wir kommen.«[104] Allerdings trifft diese Sichtweise nicht auf allgemeine Zustimmung innerhalb der Wissenschaftsgemeinschaft, trotz ihrer offensichtlichen Anziehungskraft auf einen bedeutenden Teil der Wissenschaftler, der die Vorstellung eines Schöpfergottes unterstützt.

Das anthropische Prinzip, sei es nun in starker oder schwacher Form postuliert, ist eindeutig mit einer theistischen Perspektive vereinbar. Ein Theist (beispielsweise ein Christ) mit einer festen Bindung an eine Schöpfungslehre wird die »Feinabstimmung« des Universums als vorweg-

genommene und erfreuliche Bestätigung seines religiösen Glaubens begreifen. Dies wäre kein »Beweis« für die Existenz Gottes, aber ein weiteres Element in einer kumulativen Reihe von Überlegungen, die zumindest vereinbar mit der Existenz eines Schöpfergottes ist. Dies ist der Typ von Argumenten, der von F. R. Tennant in seiner wichtigen Studie *Philosophical Theology (Philosophische Theologie)* 1930 ausgeführt wurde. In diesem Zusammenhang wurde der Begriff »anthropisch« vermutlich zum ersten Mal verwendet, um diese besondere Art des teleologischen Gottesbeweises zu benennen:

> Die Kraft der Vorstellung, dass die Natur Ergebnis eines intelligenten Entwurfs ist, liegt nicht in einzelnen Fällen der Anpassung an die Welt, nicht einmal in ihrer Summe ... sondern besteht eher im Zusammenwirken unzähliger Ursachen, die eine allgemeine Naturordnung durch vereinte und wechselwirkende Handlung herstellen und bewahren. Engere teleologische Beweisführungen, die auf der Beobachtung abgegrenzter Sphären beruhen, sind viel prekärer als die, für die der Name »weitere Teleologie« angemessen wäre, da das umfassende Entwurfsargument das Ergebnis einer Synopse oder Betrachtung der erkennbaren Welt ist.[105]

Dies bedeutet nicht, dass die oben genannten Faktoren einen unwiderlegbaren Beweis für die Existenz oder die Eigenart eines Schöpfergottes erbringen; wenige religiöse Denker sind der Ansicht, dass es sich so verhält. Zu betonen ist jedoch, dass sie mit einer theistischen Weltsicht vereinbar sind; dass sie sehr leicht in eine solche Weltsicht eingepasst werden können; dass sie die Plausibilität einer solchen Weltsicht für jene verstärken, die sie schon besitzen, und dass sie denen gegenüber apologetische Möglichkeiten eröffnen, die noch keine theistische Weltsicht besitzen.

Aber was ist mit denen, die überhaupt keine religiöse Weltsicht einnehmen? Welchen Status könnte das »anthropische Prinzip« bezüglich der lang anhaltenden Debatte über Existenz und Wesen Gottes oder dem göttlichen Entwurf des Universums innehaben? Peter Atkins, ein physikalischer Chemiker mit scharf pointierten anti-religiösen Ansichten, bemerkt, dass die »Feinabstimmung« der Welt nur scheinbar wunder-

bar sei, aber bei näherem Hinsehen rein naturalistisch erklärt werden könne.

Die vielleicht bedeutendste Erörterung dieses Aspekts findet sich im Hauptwerk von Barrow und Tipler zu diesem Thema, das wir im Folgenden untersuchen werden. Das dort angeführte Grundargument lautet, dass es keine Notwendigkeit gibt, weitere Erklärungen für die Existenz des Universums, wie es zur Zeit ist, zu suchen, denn wäre es nicht, wie es jetzt ist, könnten wir es nicht beobachten:

> Die enorme Unwahrscheinlichkeit der Entwicklung intelligenten Lebens im Allgemeinen und des *Homo sapiens* im Besonderen zu irgendeinem zufällig ausgewählten Punkt der Raumzeit bedeutet *nicht*, dass wir uns darüber wundern müssten, dass ausgerechnet wir hier existieren. Das wäre ebenso sinnvoll, wie wenn sich Elizabeth II wundern würde, dass sie Königin von England ist. Auch wenn die Wahrscheinlichkeit, dass ein beliebiger Brite Monarch ist, 10^{-8} beträgt, so muss es doch jemand sein. Nur für die regierende Person ist es möglich zu fragen: »Wie unwahrscheinlich ist es, dass ich Monarch bin?« So können auch nur, wenn eine intelligente Spezies irgendeiner Art in einer bestimmten Raumzeit entsteht, sich Mitglieder dieser Spezies fragen, wie wahrscheinlich die Entwicklung intelligenten Lebens dort ist.[106]

Barrow und Tipler vertreten hier die grundlegende Annahme (die sie nicht explizit rechtfertigen), dass unsere Existenz als menschliche Beobachter selbst schon eine angemessene Basis für die Erklärung der grundlegenden Eigenschaften des Universums sei. Der dargelegte Beweis hat folgende Form:

1. Es gibt etwa 10^8 Menschen in England.
2. Einer von ihnen ist der Monarch.
3. Es gibt also eine Wahrscheinlichkeit von 10^{-8}, der Monarch zu sein.
4. Es sollte daher nicht überraschend für diese eine Person sein, dass sie der Monarch ist. Es muss ja jemand Monarch sein.

Der Beweis ist nicht besonders überzeugend, da er die Plausibilität einer existierenden Situation unterstellt, um eine viel komplexere und umstrittenere Situation plausibel zu erklären. In der Tat setzt der Beweis eine Analogie voraus zwischen einer Person, die nach der aktuellen verfassungsmäßigen Situation in England Monarch sein muss (was ein zufälliger, nicht notwendiger Sachverhalt ist), und der Entstehung der Menschheit im Universum. Die Analogie ist an entscheidenden Punkten anfechtbar. Um dies detailliert zu untersuchen, betrachten wir einen zentralen Begriff des Beweises: die Rolle des Beobachters.

In der Einleitung ihrer umfangreichen Darstellung des anthropischen Prinzips betonen Barrow und Tipler die Bedeutung des Beobachters bei der Analyse des Universums:

> Die Grundeigenschaften des Universums, zu denen u. a. seine Größe, Form, Alter und Gesetzmäßigkeiten der Veränderung zählen, müssen als etwas *beobachtet* werden, das die Evolution von Beobachtern erlaubt, denn hätte sich in einem ansonsten möglichen Universum kein intelligentes Leben entwickelt, würde offensichtlich niemand die Frage nach der beobachteten Größe, Form, Alter usw. des Universums stellen. Auf den ersten Blick erscheint eine solche Beobachtung wahr, aber trivial. Sie hat jedoch weitreichende Auswirkungen auf die Physik. Sie ist eine Bekräftigung der Tatsache, dass jede beobachtete Eigenschaft des Universums, die zunächst unwahrscheinlich erscheint, erst dann wirklich als das erkannt werden kann, was sie ist, wenn wir akzeptiert haben, dass bestimmte Eigenschaften des Universums notwendige Voraussetzungen für die Evolution und die Existenz jeglichen Beobachters sind.[107]

Das grundlegende Argument ist hier also, dass die Tatsache, dass jemand überhaupt irgendetwas beobachtet, bereits die Tatsache widerspiegelt, dass das Universum bestimmte Eigenschaften besitzt, die die Evolution von Lebensformen zulässt, welche wiederum fähig sind, zumindest einige dieser Eigenschaften zu beobachten.

Dieses Argument wurde von vielen religiösen Autoren in Frage gestellt, vielleicht am bemerkenswertesten von Richard Swinburne. Er bietet fol-

gende Analogie, die zum Thema der Existenz eines Beobachters einen wichtigen Beitrag leistet.

Angenommen, sagt Swinburne, ein Verrückter kidnappte einen Menschen und schlösse ihn in einen Raum mit einer Kartenmischmaschine ein. Diese Maschine würde zehn Pack Karten auf einmal mischen, dann eine Karte aus jedem Stoß ziehen und gleichzeitig die zehn Karten zeigen. Sollte sie nicht aus jedem Stoß das Herz-Ass ziehen, würde sie sogleich eine Explosion auslösen, die auch den Entführten töten würde, sodass dieser nie erführe, welche Karten die Maschine denn nun gezogen hätte. Zur großen Erleichterung des Opfers zieht die Maschine aber aus jedem Kartenstoß das Herz-Ass. Was dem Opfer sonderbar vorkommt, lässt den Entführer kalt: Denn da das Opfer das Resultat sehen konnte, konnten es nur lauter Herz-Asse sein. In jedem anderen Fall hätte ja das Opfer die Explosion nicht überlebt.

Swinburnes These ist die, dass die Existenz eines Beobachters keinen Einfluss auf die Wahrscheinlichkeit der beobachteten Ereignisse hat. Wenn eine Reihe höchst unwahrscheinlicher Ereignisse vor den Augen eines Beobachters stattfindet, der diese Unwahrscheinlichkeit bemerkt, sind sie nichtsdestoweniger immer noch unwahrscheinlich, selbst wenn sich der Beobachter nicht darüber wundert.[108]

Welche Verbindung besteht nun zwischen dem anthropischen Prinzip und der Natürlichen Theologie? In der Sicht des theistischen Philosophen William Lane Craig ist nach der Entfernung des philosophischen Trugschlusses, den Swinburne entdeckt hatte, aus der Arbeit von Barrow und Tipler deren Werk für das 20. Jahrhundert das, was Paleys *Natural Theology* für das 19. Jahrhundert gewesen sei, nämlich ein »Kompendium der Daten zeitgenössischer Wissenschaft, die auf einen Entwurf in der Natur hinweisen, der unerklärlich ist und dafür einen göttlichen Schöpfer als Hypothese benötigt«.

Vielleicht liegt hier eine gewisse Übertreibung vor. Trotzdem ist dies fraglos die Art und Weise, wie ein Theist die in diesem Werk zusammengetragenen Beweise verstehen würde. Im strengen Sinn des Begriffs ist nichts bewiesen. Dennoch stimmt es mit einer theistischen Interpretation der Welt überein.

Biologie

Unsere Diskussion der religiösen Aspekte moderner Kosmologie dürfte deutlich gemacht haben, dass wichtige und positive Beiträge für den Dialog zwischen Naturwissenschaft und Religion aus der Physik kommen. Mit den biologischen Wissenschaften verhält es sich – davon handelt der nächste Abschnitt – anders. Von grundlegender Wichtigkeit ist die Frage nach dem Ursprung der Menschheit, und damit verbunden beispielsweise die Implikationen einer Antwort im Sinne Darwins für das christliche Menschenbild.

Charles Darwin (1809–1882)

Im 18. Jahrhundert hatte sich zumindest bis zu einem gewissen Grad eine Ordnung und Regelhaftigkeit in Tier- und Pflanzenwelt als beobachtbar gezeigt. Eine der bedeutendsten Interpretationen dieser Beobachtung verdanken wir dem schwedischen Naturforscher Carl von Linné (1707–1778), der gemeinhin unter der latinisierten Form seines Namens »Linnaeus« bekannt ist.

Linné war der Überzeugung, dass die Vielfalt im Pflanzen- und Tierreich in eine Anzahl verschiedener Gruppen oder »Spezies« eingeordnet werden könne. Sein taxonomisches System gründet auf der Annahme, dass die Schöpfung vernünftig und dauerhaft sei. Diese Annahme spiegelt sowohl die Vorstellung einer Ordnung in der Welt wider, die vernünftig mittels Beobachtung von Fakten und deren logischer Kategorisierung erfasst werden kann, als auch die christliche Schöpfungslehre und den Glauben der Aufklärung an die Harmonie und Rationalität der Welt.

Eine der Linnés Analyse zugrunde liegenden Annahmen ist die »Dauerhaftigkeit der Spezies«, d. h. es gibt keinen Wandel innerhalb der Arten. Wenn Linné auch nicht an die Erschaffung der Welt in der von bestimmten Bibelstellen nahe gelegten Zeitspanne glaubte (wie in Genesis 1 und 2 beschrieben), so war er doch davon überzeugt, dass sie mehr oder weniger in der vorliegenden Form geschaffen wurde. Diese Annahme wurde

erst von Darwin angefochten, obschon Hinweise auf ausgestorbene Arten viel früher vorgelegen hatten.

Wir haben bereits einige zentrale Themen des Streits um Darwin festgehalten. Hier geht es nun darum, die spezifischen Fragen im Zusammenhang mit der Darwin'schen Theorie der natürlichen Auslese und deren religiöser Relevanz zu klären. Die vier wichtigsten Aspekte von Darwins Theorie, wie sie in *Die Entstehung der Arten* (1859) und *Die Abstammung des Menschen* (1871) ausgeführt wird, sind folgende:

1. Linné hatte Unrecht mit seiner Behauptung einer »Dauerhaftigkeit der Spezies«. Es gibt Beweise dafür, dass sowohl tierische wie auch pflanzliche Arten Wandel und Entwicklung unterworfen sind. Bestimmte heute existierende Arten gab es also in weiter zurückliegender Vergangenheit nicht, vielmehr entstanden sie erst durch einen Evolutionsprozess. Andererseits sind viele Arten, die in der Vergangenheit existierten, heute ausgestorben. Einige von ihnen kennen wir nur durch Fossilien, andere, deren Existenz aus der heutigen Vielfalt der Arten abgeleitet werden kann, haben scheinbar nicht einmal fossile Überreste hinterlassen. Dieser evolutionäre Ansatz stellte eine in der protestantischen Theologie weit verbreitete Sichtweise in Frage, der gemäß die biblischen Berichte der Schöpfung nur als Beschreibung eines ein für allemal gültigen Akts begriffen werden können, der eine dauerhaft unveränderliche natürliche Ordnung hervorgebracht habe.

2. Nach Darwins Theorie wurde der Evolutionsprozess durch einen heftigen Kampf ums Dasein angetrieben, in dessen Verlauf einige Arten durch Wettstreit mit anderen ausgelöscht wurden. Darwins Bericht dieses Kampfes ums Dasein war vielleicht durch die Lektüre von *An Essay on the Principle of Population* (1798) von Thomas Robert Malthus beeinflusst, der einen Kampf ums Dasein, hervorgerufen durch begrenzte Nahrungsquellen, beschrieben hatte. Das Element der Verschwendung schien mit dem Gedanken der göttlichen Vorsehung in Konflikt zu geraten. Wie, fragten einige, könnte ein weiser und guter Gott eine solche Verschwendung zulassen? Tatsächlich warf Darwins Theorie der natürlichen Auslese viele Probleme auf, die mit der traditionellen Frage nach dem Bösen verbunden waren. Wenn Gott allmächtig und gut

ist, warum gibt es Böses und Leid in der Welt? Die neue Schwierigkeit, die Darwin diesem altvertrauten Rätsel hinzufügte, lag in der Ausdehnung des Leids in der Welt von der gegenwärtigen natürlichen Ordnung auf den Prozess, in dem diese Ordnung entstanden war.

3. Eine weitere Entwicklung dieses Punktes bezieht sich auf die offensichtliche Zufälligkeit des Evolutionsprozesses. Darwins Theorie schien einigen seiner Kritiker – am ehesten wohl dem Princetoner Theologen Charles Hodge (1797–1878) – nahe zu legen, dass Pflanzen und Tiere (einschließlich des Menschen) durch Zufall ins Dasein getreten seien. Darwins »natürliche Selektion«, verbunden mit der Vorstellung des »Überlebens der Bestangepassten«, vermittelte den Eindruck, dass diese Entwicklung durch eine Reihe zufälliger Ereignisse gesteuert wurde, in der die lenkende Hand Gottes verdächtigerweise fehlte. Wie, überlegte Hodge, konnte es mit der Vorstellung eines göttlichen Entwurfs der Welt vereint werden, wenn wichtige Teile der natürlichen Ordnung scheinbar ohne göttliche Beteiligung ins Dasein getreten waren?

4. Die wichtigste religiöse Schwierigkeit betraf die Stellung des Menschen. Wie Darwin in *Die Entstehung der Arten* vorsichtig andeutete und in *Die Abstammung des Menschen* ausdrücklich behauptete, verdankten die Menschen ihren Ursprung und ihre Eigenschaften genau denselben natürlichen Prozessen, die auch Pflanzen und Tiere zum Dasein verholfen hatten. Die Menschen waren von diesem Prozess nicht ausgenommen, sondern bloß dessen bisher ausgefeiltestes Resultat. Menschen stammten von anderen Lebensformen ab und verdankten ihre Vorherrschaft ihrer besseren Fähigkeit zu überleben. Dies stand in starkem Kontrast zu traditionellen christlichen Vorstellungen bezüglich der besonderen Schöpfung des Menschen (vgl. Genesis 1–2), insbesondere zu der Vorstellung, dass die menschliche Natur sich von der übrigen natürlichen Ordnung unterscheide und ihr übergeordnet sei, traditionell als Vorstellung der »Gottesebenbildlichkeit des Menschen« (vgl. Genesis 1,26 f) ausgedrückt. Darwin bestritt die Überordnung des Menschen der übrigen Natur gegenüber nicht, aber seine Sicht dessen, wie es zu dieser Überordnung kam, war scheinbar absolut unvereinbar mit traditionellem religiösem Denken in dieser Sache.

Die kurze Darstellung der Darwin'schen Theorie in Bezug auf die natürliche Auslese offenbart sie als eine enorme Herausforderung für traditionelles religiöses Denken. Welche Implikationen bringt sie mit sich? Im Folgenden werden wir zwei völlig verschiedene Gedankengänge untersuchen. Kern des einen ist, dass die Darwin'sche Evolutionstheorie (modifiziert durch Einsichten aus der Molekularbiologie) den Glauben an Gott ausschalte. Wir werden diese Sicht anhand der Arbeiten des Oxforder Molekularbiologen Richard Dawkins untersuchen. Die andere vertritt die Auffassung, der Darwinismus zwinge die christliche Theologie zu überdenken, wie Gott die natürliche Ordnung regiert, er rüttle jedoch nicht an dem grundlegenden Glauben, dass Gott die Welt erschaffen hat. Diese Sicht, oft als »theistischer Evolutionismus« bezeichnet, hat viele Anhänger gefunden und ist für uns später noch Gegenstand der Betrachtung. Zunächst wenden wir uns dem streng antireligiösen Ansatz von Richard Dawkins zu.

Neo-Darwinismus: Richard Dawkins

In seinem einflussreichen und breit diskutierten Buch *The Blind Watchmaker* (*Der blinde Uhrmacher*, 1986) beschäftigt sich Dawkins mit der Erscheinung von Planmäßigkeit in der Welt, die viele Beobachter zu religiösen Schlussfolgerungen veranlasst hat. Mögen diese Schlussfolgerungen auch verständlich sein, für Dawkins bleiben sie falsch und unbegründet.

> Diese [Erscheinung von Planmäßigkeit] ist wahrscheinlich der wichtigste Grund für den Glauben an irgendeine Form einer übernatürlichen Gottheit, den der weitaus größte Teil der Menschen aller Zeiten teilt. Es bedurfte eines großen gedanklichen Sprunges für Darwin und Wallace zu sehen, dass entgegen jeder Intuition ein anderer Weg für das Entstehen von komplexer Planmäßigkeit aus urzeitlicher Einfachheit existiert, der weit plausibler ist, wenn man ihn erst einmal verstanden hat.[109]

Der Titel von Dawkins' Werk ist durch eine Analogie inspiriert, die von William Paley stammt[110] – einem der bekannteren Verfechter des »Argumentes der Planmäßigkeit«. Paley argumentiert, dass die Welt einer Uhr gleiche, die auf Planung und Konstruktion hinweise. Gerade so wie die Existenz einer Uhr auf einen Uhrmacher deute, weise die Erscheinung von Planmäßigkeit in der Natur (erkennbar beispielsweise am menschlichen Auge) auf einen Entwickler hin. Obwohl Dawkins das Bild von Paley aufgreift, beurteilt er es als fehlerhaft. Die ganze Vorstellung von »Planmäßigkeit« oder »Absicht« sei unangemessen.

Paley bringt seine Argumente mit leidenschaftlicher Ehrlichkeit vor und verfügt über das beste biologische Wissen seiner Zeit, aber was er sagt, ist falsch – absolut und in großartiger Weise falsch ... Die natürliche Selektion, der blinde, unbewusste, automatische Vorgang, den Darwin entdeckte und von dem wir heute wissen, dass er die Erklärung für die Existenz und scheinbar zweckmäßige Gestalt allen Lebens ist, zielt auf keinen Zweck. Sie hat keine Augen und blickt nicht in die Zukunft. Sie plant nicht voraus. Sie hat kein Vorstellungsvermögen, keine Voraussicht, sieht überhaupt nichts. Wenn man behauptet, dass sie die Rolle des Uhrmachers in der Natur spielt, dann die eines *blinden* Uhrmachers.[111]

Der Prozess der natürlichen Auslese wird somit als steuerungslos und nicht gelenkt betrachtet, sondern als »auswählend« in dem Sinne, dass gewisse Kräfte in der Natur dazu führen, dass sich manche Arten in dem intensiven Wettkampf um die Existenz in der gleichen Umgebung anderen gegenüber nicht behaupten können.

Dieser stark anti-teleologische Unterton ist in einer Reihe früherer Werke anerkannter Molekularbiologen zu spüren, vielleicht am deutlichsten in Jacques Monods *Le hasard et la nécessité (Zufall und Notwendigkeit)*.[112] Darin vertritt er die Auffasssung, dass sich Veränderungen in der Evolution zufällig ereignet hätten und durch Notwendigkeit aufrechterhalten worden seien. Objektiverweise ist zuzugestehen, dass Dawkins die religiösen Implikationen dieser These deutlich weiter führt als Monod. Die zwei wichtigsten religiösen Schlussfolgerungen, die Daw-

kins in seiner Analyse zieht, können folgendermaßen zusammengefasst werden:

1. Eine der ersten Aufgaben der Religion ist es, zu *erklären*. Religionen bieten Erklärungsmodelle dafür an, wie die Welt ist, und sind daher als eine bestimmte Art »wissenschaftlicher Theorien« zu verstehen. In *The Extended Phenotype (Der erweiterte Phänotyp,* 1982)[113] formuliert er: »Gott und die natürliche Selektion ... sind die beiden einzigen funktionierenden Theorien, die wir darüber haben, warum wir existieren.« Die von der »Gottes-Hypothese« gebotene Erklärung ist nach Dawkins zu verwerfen, da sie der Erklärung durch die natürliche Selektion unterlegen sei. Religiöse Erklärungsmodelle seien früher glaubwürdig gewesen; da dies jedoch nicht mehr gelte, sollten sie als veraltet und unberechtigt aufgegeben werden.

2. Wo die Naturwissenschaften Theorien anbieten, die durch Beweismaterial belegt werden, bieten die Religionen Theorien an, die gegen die Evidenz stehen. Glaube ist daher ungerechtfertigte und unbegründete Überzeugung. Dawkins entwickelte diese Thematik in besonderer Schärfe in einer Vorlesung, die er am 15. April 1992 auf dem Edinburgh International Science Festival hielt. Glaube, so behauptete er, »ist der große Rückzieher, die große Ausrede, um der Notwendigkeit zu entkommen, zu denken und nach Beweisen zu suchen. Glaube ist Überzeugung trotz oder vielleicht gerade aufgrund eines Mangels an Beweisen.« Manchmal ist Dawkins etwas weniger vorsichtig in seiner Ausdrucksweise und postuliert, Glaube sei »eine Art von geistiger Behinderung« oder »eines der größten Übel der Welt, vergleichbar dem Pockenvirus, aber schwieriger auszurotten«.

Es ist nicht einfach, sich mit diesen Punkten in dem uns zur Verfügung stehenden Rahmen auseinander zu setzen. Vom Christentum her argumentierende Wissenschaftler lehnten beide Annahmen als Zeichen einer besorgniserregenden Unwissenheit hinsichtlich christlichen Gedankenguts ab. Beispielsweise beschäftige sich die Religionsphilosophie eingehend mit der Begründung von Glauben. Die Beiträge von Autoren wie Alvin Plantinga und Richard Swinburne zur Frage der Begründung des

Glaubens verdeutlichen, dass die Unterstellungen, Glaube sei »die große Ausrede, um der Notwendigkeit zu entkommen, zu denken und nach Beweisen zu suchen« oder Glaube sei »Überzeugung trotz oder vielleicht gerade aufgrund eines Mangels an Beweisen«, inakzeptabel sind. Dawkins eher polemische Schriften sind wohl an eine Leserschaft gerichtet, die mit dem christlichen Gedankengut nicht mehr vertraut und daher bereit ist, seine Behauptungen ohne Nachfrage zu akzeptieren.

Evolutionärer Theismus

Die Kontroverse um Darwin zeigte, dass viele christliche Theologen Darwins Vorstellungen als dem Christentum feindlich gesonnen ansahen. Stellte der *Ursprung der Arten* nicht den biblischen Schöpfungsbericht in Frage? Und war die Schrift *Die Abstammung des Menschen* nicht ein noch stärkerer Angriff, indem sie die christliche Vorstellung vom Menschen als Krone der Schöpfung Gottes in Frage stellte?

Es gibt keinen Zweifel, dass sich viele dieser Kritik anschlossen. Andere jedoch sahen in dem geheimnisvollen Prozess der Evolution nicht weniger als die durch Vorsehung leitende Hand Gottes, die die Schöpfung zu höheren Stadien von Bewusstsein und Entwicklung führte – eine Sicht, die allgemein als »theistische Evolution« bezeichnet wird. Henri Bergson und Pierre Teilhard de Chardin sind vortreffliche Beispiele für Philosophen und Theologen, die die Vorstellung der biologischen Evolution zutiefst attraktiv fanden. Wir werden Teilhard de Chardins Vorstellungen im nächsten Kapitel diskutieren. Zunächst wollen wir einige konservative protestantische Antworten auf Darwin aus dem 19. Jahrhundert betrachten, die vom Bewusstsein geprägt sind, dass die Integration eines christlichen Vorsehungsglaubens in das Darwin'sche Modell einer sich entwickelnden Welt möglich ist.

Henry Ward Beecher (1818–1887) ist ein Beispiel für Autoren, die ursprünglich mit dem Calvinismus sympathisierten und die Vorstellung einer Art theistischer Evolution übernahmen. In seiner Arbeit *Evolution and Creation (Evolution und Schöpfung)* von 1885 führt Beecher seine Sichtweise eines komplexen, von Gott gelenkten Evolutionsprozesses aus: Ist

das nicht viel beeindruckender – und zudem ein stärkerer Hinweis auf einen Entwurf als die eines einzelnen Schöpfungsakts am Anfang?

Wenn schon einzelne Akte [der Schöpfung] Planung nahe legen, wie viel mehr tut dies ein riesiges Universum, das sich durch ihm innewohnende Gesetze schrittweise selbst erbaute und dann seine eigenen Pflanzen und Tiere erschuf, ein so angepasstes Universum, dass es die armseligen Dinge zurückließ und zu immer komplexeren, freimütigeren und schöneren Ergebnissen voranschritt! Wer entwickelte diese mächtige Maschine, schuf die Materie, gab ihr die Gesetze und prägte ihr diese Tendenz ein, die die fast unendlichen Ergebnisse auf dem Globus hervorgebracht und in ein perfektes System eingefügt hat?[114]

Laut Beecher bestimmte Gott durch die Vorsehung, dass die tierischen Ursprünge der Menschheit schrittweise eliminiert wurden, sodass ihre höhere geistige und moralische Fähigkeit auftreten konnte.

Wenn die ganze Evolutionstheorie eine langsame Fügung Gottes ist, deren Basis und Hintergrund er ist, dann wird das Ergebnis nicht nur leicht und natürlich, sondern auch erhaben, da in dem Experiment des Abwartens, das durch die Zeitalter der Welt ablief, Gott einen Plan hatte, dass die Rassen kontinuierlich aufsteigen sollten und die Schwächsten zu den Stärksten werden sollten ... und das Gute im Menschen sollte stärker werden als das Tier in ihm.[115]

Einer der bekanntesten konservativen protestantischen Denker dieser Zeit war ebenfalls Anhänger der theistischen Evolution. Benjamin B. Warfield, Theologieprofessor am Princeton Theological Seminary, besaß einen hervorragenden Ruf auf dem Gebiet der protestantischen Orthodoxie, besonders als Spezialist in der Frage der Schriftinspiration. Für Warfield gab es »keine Frage bezüglich der Vereinbarkeit der Darwin'schen Evolutionshypothese mit dem Christentum«. Der göttliche Entwurf könne an den Gesetzen abgelesen werden, innerhalb derer der natürliche Prozess ablief. In einem Aufsatz über Darwin von 1888 stellte Warfield seine Auffassung vor, dass die Darwin'sche Lehre der natürlichen Auslese von

Theologen leicht als Naturgesetz angesehen werden könnte, das unter der Obhut der allgemeinen Vorsehung Gottes wirkt. Eine ähnliche Sicht wurde von anderen Autoren eingenommen, von denen einige Beiträge zu den Bänden The Fundamentals (Die Grundlagen) schrieben, die weithin als Urheber der »fundamentalistischen« Bewegung in Nordamerika gelten.

Psychologie

Das dritte Gebiet von besonderem Interesse in Bezug auf das Thema Naturwissenschaft und Religion ist die Psychologie. Das Werk von Sigmund Freud offenbart die mögliche Relevanz der Psychologie beispielsweise in Bezug auf die Erklärung der Ursprünge religiösen Glaubens. Freud selbst war überzeugt, die Ursprünge religiösen Glaubens lägen in bestimmten tief verwurzelten Enttäuschungen. Andere Autoren, unter ihnen William James, näherten sich der Religion eher anerkennend und in positiver Weise. Im Folgenden werden wir einige Ansätze untersuchen und ihre Bedeutung für unser Thema festhalten.

Ludwig Feuerbach (1804–1872)

Es mag etwas seltsam erscheinen, eine Diskussion der komplexen Wechselwirkung zwischen Psychologie und Religion mit der Behandlung eines Autors zu beginnen, der nicht als Psychologe betrachtet wird. Feuerbachs Analyse der religiösen Erfahrung hatte jedoch bemerkenswerten Einfluss innerhalb des westlichen Denkens und in einigen wichtigen Punkten sicher auch auf Freud. Wir werden daher unsere Diskussion mit einer kurzen Darstellung von Feuerbachs Ideen beginnen.

Feuerbachs einflussreichste Arbeit ist Das Wesen des Christentums[116] (1841). Darin schreibt er, die Entstehung der Vorstellung von Gott aus der menschlichen Erfahrung sei zwar nachvollziehbar, beruhe aber auf einem Irrtum. Religion im Allgemeinen sei einfach die Projektion der Wünsche und Sehnsüchte der menschlichen Natur auf eine illusionäre transzendente Ebene. Menschliche Wesen objektivierten irrtümlicherweise ihre

eigenen Gefühle. Sie interpretierten ihre subjektive Erfahrung als Bewusstsein oder Erfahrung Gottes, wobei es in Wirklichkeit nichts anderes sei als eine Erfahrung von sich selbst. Gott sei die personifizierte Sehnsucht der menschlichen Seele.

Gemäß Feuerbach sehnen wir uns nach einem übernatürlichen Wesen, das all unsere Wünsche und Träume erfüllen wird. Es sei deshalb die natürlichste Sache der Welt, dass wir ein solches Wesen erfinden. Für Feuerbach ist der Glaube an die Auferstehung Christi nicht mehr als ein Echo der tiefen menschlichen Sehnsucht nach unmittelbarer Gewissheit der persönlichen Unsterblichkeit. Gott ist nur eine Projektion des menschlichen Willens. Die Schrift sagt uns, Gott habe den Menschen nach seinem Bild erschaffen; Feuerbach erklärt, dass wir, im Gegenzug, Gott nach unserem Bild gemacht haben: »Der Mensch ist der Anfang, die Mitte und das Ende der Religion.« Gott sei ein durch eine Illusion erfüllter und genährter Wunsch des Menschen. Das Christentum sei eine Fantasiewelt, bewohnt von Leuten, die nicht erkennen, dass, wenn sie glauben von Gott zu reden, sie nur ihre eigenen innersten Hoffnungen und Ängste offen legen.

Es spielt eine wichtige Rolle, dass Feuerbach zu einer Zeit schrieb, in der der Einfluss des großen deutschen liberalen Theologen Friedrich Schleiermacher (1736–1834) seinen Höhepunkt erreicht hatte. Schleiermachers theologisches System beruht auf einer Analyse menschlicher Erfahrung, vor allem der allgemeinen menschlichen Erfahrung, abhängig zu sein (was Schleiermacher christlich interpretierte als »abhängig sein von Gott«). Was immer auch die Verdienste dieses Ansatzes sein mögen, er läuft Gefahr, die Realität Gottes abhängig von der religiösen Erfahrung des frommen Gläubigen zu machen. Theologie wird zur Anthropologie, wenn die Gotteserkenntnis auf ein Verstehen der menschlichen Natur reduziert wird.

Feuerbachs Analyse wird weithin als brillante Kritik dieses Ansatzes angesehen. Für Schleiermacher gründet sich die Existenz Gottes in menschlicher Erfahrung. Aber, so betont Feuerbach, menschliche Erfahrung könne nichts anderes sein als Erfahrung *unserer selbst*, nicht von Gott. Wir projizieren und verobjektivieren einfach unsere Erfahrungen und nennen das Ergebnis »Gott« – wo wir doch erkennen sollten, dass sie nur

Erfahrungen unserer eigenen, sehr menschlichen Natur sind. Man kann also behaupten, dass Feuerbachs Ansatz eine vernichtende Kritik christlicher Vorstellungen ist, den Menschen zum Ausgangspunkt zu machen. Angesichts des großen Einflusses solcher Vorstellungen in westlichen akademischen Kreisen während des 19. Jahrhunderts überrascht es kaum, dass Feuerbachs Ideen so bedeutend wurden.

Im Blick auf Feuerbach ist jedoch auch festzuhalten, dass er, was die Religionen angeht, hoffnungslos verallgemeinert. Er nimmt ohne zwingendes Argument und ungeachtet der wissenschaftlichen Forschung an, dass alle Weltreligionen dieselben grundlegenden Komponenten besitzen, die allesamt mittels seiner atheistischen Projektionstheorie erklärt werden können. Alle Götter sind ebenso wie alle Religionen einfach Projektionen menschlicher Wünsche. Aber wie verhält es sich mit nicht-theistischen Religionen – jenen Weltreligionen etwa wie dem Theravada-Buddhismus –, die ausdrücklich die Existenz eines Gottes leugnen?

Der vielleicht schlagkräftigste Einwand gegen Feuerbachs Hypothese betrifft die Logik seiner Analyse. Herzstück des Feuerbach'schen Atheismus ist die Überzeugung, dass Gott nur eine projizierte Sehnsucht ist. Nun ist es sicherlich wahr, dass Dinge nicht nur deshalb existieren, weil wir sie uns wünschen. Aber es folgt daraus nicht, dass etwas, weil wir es wünschen, nicht existiert oder nicht existieren kann. Vor einem Jahrhundert lenkte der bekannte deutsche Logiker Eduard von Hartmann in seiner monumentalen Studie *Die Geschichte der Logik* die Aufmerksamkeit auf diesen Punkt:

> Es ist vollkommen richtig, daß nichts existiert, nur weil wir es wünschen, aber es ist nicht richtig, daß etwas nicht existieren kann, wenn wir es wünschen. Feuerbachs gesamte Religionskritik und sein Atheismusbeweis beruhen jedoch auf diesem einzigen Argument – ein logischer Fehlschluß.[117]

Die Argumente, die Feuerbach gegen den religiösen Glauben richtet, kehren sich gegen ihn selbst und legen nahe, dass seine antireligiösen Überzeugungen in ihm selbst begründet sein könnten – näherhin in seiner eigenen Sehnsucht nach Selbstbestimmung.

Unbeschadet dieses Einwands hat Feuerbachs Argument, dass religiöse Überzeugung nicht nur als Erfahrung Gottes, sondern auch als Erfahrung der eigenen inneren Sehnsucht interpretiert werden kann, klare Auswirkungen für die Religionspsychologie. Wenn Religion als Werk des Menschen verstanden wird, kann sie entsprechend dem reduktionistischen Modell erklärt werden, das Feuerbach vorgelegt hat.

Die vielleicht bedeutendste frühe Entwicklung dieses Ansatzes kann in den Schriften von Karl Marx gesehen werden, speziell in seinen ökonomisch-philosophischen Manuskripten von 1844. Darin stellt er die These auf, Religion sei eine Reflexion der materiellen Welt: »Religion ist nur die imaginäre Sonne, von der die Menschen glauben, sie drehe sich um sie, bis sie erkennen, dass sie selbst Mittelpunkt ihrer eigenen Umdrehung sind.« Anders ausgedrückt, ist Gott nur einfach eine Projektion menschlicher Bedürfnisse. Menschen »suchen nach einem übermenschlichen Wesen, das in der Phantasierealität des Himmels ist, und finden nichts als ihre eigene Spiegelung.« Marx sieht den Ursprung der Religion in sozioökonomischer Entfremdung, ihre andauernde Anziehungskraft bestehe in einer Art geistiger Vergiftung, die es den Massen unmöglich macht, ihre Situation zu erkennen und etwas dagegen zu tun. Religion ist ein ambivalenter Trost, das »Opium des Volkes«, das die Massen befähigt, ihre wirtschaftliche Entfremdung zu ertragen. Gäbe es diese Entfremdung nicht, bestünde auch keine Notwendigkeit für Religion. Der arbeitsteilige Produktionsprozess und die Existenz von Privatbesitz führten zur Entfremdung in den wirtschaftlichen und sozialen Ordnungen.

Der Materialismus behauptet, dass Ereignisse in der materiellen Welt entsprechende Veränderungen in der geistigen Welt mit sich bringen. Religion sei daher als Ergebnis bestimmter sozialer und wirtschaftlicher Bedingungen zu verstehen. Ungerechte soziale Bedingungen produzierten Religion und würden im Gegenzug durch Religion stabilisiert. Veränderte man diese Bedingungen, würde die Religion aufhören zu existieren. »Der Kampf gegen die Religion ist daher ein indirekter Kampf gegen *die Welt*, deren geistiger Duft die Religion ist.«

Laut Marx wird Religion also so lange existieren, wie sie auf ein Bedürfnis im Leben ökonomisch entfremdeter Menschen trifft. Eine Revolution in der wirklichen Welt ist daher in zweierlei Hinsicht notwendig, um die

Religion zum Verschwinden zu bringen: Sowohl die Entstehungsbedingungen als auch die aufrechterhaltenden Faktoren von Religion müssen beseitigt werden. Marx ist der Überzeugung, dass mit der Etablierung nicht-entfremdender ökonomischer und sozialer Verhältnisse durch den Kommunismus die Bedürfnisse, aus denen die Religion entsteht, verschwinden, und zusammen mit diesen materiellen Bedürfnissen auch der spirituelle Hunger.

Feuerbach hatte behauptet, Religion sei die Projektion menschlicher Bedürfnisse, ein Ausdruck der geängstigten Seele. Marx behauptet, es reiche nicht aus, die Entstehung der Religion aus Sorge und Ungerechtigkeit zu erklären; es sei vielmehr notwendig, die Welt zu verändern, die Gründe für die Existenz von Religion können beseitigt werden. Marx hält die Feuerbach'sche Analyse der Ursprünge der Religion für richtig, auch wenn er insofern gescheitert ist, als er nicht wahrgenommen hat, wie die Einsicht in die Entstehungsbedingungen von Religion zu ihrem Verschwinden beitragen können. Diese Einsicht liegt auch seiner oft zitierten elften These zu Feuerbach zugrunde: »Die Philosophen haben die Welt nur verschieden *interpretiert*; es kommt aber darauf an, sie zu *verändern*.«

Wie dem auch sei, unser Interesse gilt besonders dem Gebrauch, den Sigmund Freud von dieser allgemeinen intellektuellen Grundlage der Religionskritik machte. Es spricht nichts gegen die Beobachtung, dass Feuerbachs »Projektions-« oder, populär ausgedrückt, »Wunscherfüllungs-« Theorie heute eher in der Freud'schen Variante bekannt ist als in Feuerbachs originaler Version. Da Freud für unser Thema von besonderer Bedeutung ist, wenden wir uns ihm später genauer zu. Zunächst werfen wir einen Blick auf die ältere Arbeit des bekannten amerikanischen Autors William James, der weithin als Pionier in der wissenschaftlichen Erforschung von Religion angesehen wird.

William James (1842–1910)

William James studierte an der Harvard University, wo er später Professor für Psychologie (1887–1897) und Philosophie (1897–1907) wurde. Seine einflussreichste Arbeit basiert auf seinen Gifford Lectures an der Univer-

sität Edinburgh, die unter dem Titel *The Varieties of Religious Experience (Die Vielfalt religiöser Erfahrung*, 1902)[118] publiziert wurden. Auch wenn sich andere Autoren wie etwa F. D. E. Schleiermacher schon vor James mit dem Thema der religiösen Erfahrung befasst hatten, steuerte er eine strenger empirische und analytische Denkweise bei. Doch James war sich bewusst, dass Erfahrung eine private Angelegenheit ist, die sich nicht leicht der öffentlichen Beschreibung öffnet.

Gefühle, schrieb James, seien subjektiv und deshalb ungeeignet, über sich selbst verlässliche Auskunft zu geben. Sie ließen sich nicht rational rechtfertigen, könnten vielmehr sogar paradox, ja absurd sein. Damit seien sie das genaue Gegenstück zur Philosophie. Deren vorrangiges Instrument, die Vernunft, habe die Aufgabe, die Religion aus ungesunder Privatheit herauszuholen und sie öffentlich darstellbar zu machen. Es ging James darum, aus ganz persönlichen religiösen Erfahrungen solche Fakten herauszufiltern, die in allgemein konsensfähige Aussagen einfließen könnten.

Diese Pionierleistung, eine empirische Studie über das Phänomen der religiösen Erfahrung zu erstellen, wird immer noch weithin als maßgebliche, ausgewogene und gut beobachtete Studie über religiöse Erfahrung angesehen. James macht deutlich, dass sein primäres Interesse eher die persönliche religiöse Erfahrung betreffe als den mit Institutionen verbundenen Typ. »Bei kritischer Bewertung des Wertes religiöser Erfahrung ist es sehr wichtig, auf einer Unterscheidung zu bestehen zwischen Religion als individueller Funktion der Person und Religion als Produkt von Institutionen, Gemeinschaften oder Sippen.«

Was aber bestimmt, ob »Erfahrungen« religiös sind oder nicht? James beantwortet diese entscheidende Frage mit der Versicherung, dass religiöse Erfahrung sich qualitativ von anderer Erfahrung unterscheiden lasse: »Das Wesen religiöser Erfahrung, das, wonach wir sie letztlich beurteilen, muss jenes Element oder jene Qualität in ihr sein, die wir sonst nirgends finden.« Allgemein argumentiert James, dass zwei primäre Eigenschaften mystischer Erfahrung definiert werden können, von denen eine positiv, die andere negativ formuliert ist. Erstens könne solche Erfahrung nicht in rein verbalen Formen ausgedrückt werden, und zweitens sei sie »noëtisch«, da sie in Bezug zu einer Art Wissen zu stehen scheine. Doch James

ist sich bewusst, dass solche Aussagen ebenso auf »moralische« Erfahrungen bezogen verstanden werden können. Wie kann eine rein religiöse Erfahrung definiert werden?

James begreift religiöse Erfahrung als etwas, das dem Leben eine neue Qualität gibt. Er redet davon, dass religiöse Erfahrung »unser Zentrum persönlicher Energie« anhebe und »regenerative Effekte« bewirke, die anders nicht erreicht werden können. Gott wird als »tiefste Kraft im Universum« angesehen, die »in Form einer mentalen Personalität erfasst werden kann«. Wenn auch eindeutig die analytische Strenge fehlt, die man erwarten könnte, wird deutlich, dass James an diesem Punkt mit zwei fundamentalen Einsichten arbeitet: erstens, dass eine Erfahrung von »Gott« oder »dem Göttlichen« eine existenzielle Wandlung und Lebensänderung bei Menschen bewirkt. Zweitens, dass kein Versuch, diese Erfahrungen zu formulieren oder zu kodifizieren, ihnen gerecht wird. Eine Reihe intellektueller Antworten ist möglich, aber keine von ihnen ist angemessen.

Es muss betont werden, dass James seine Hauptaufgabe darin sah, einen empirischen Ansatz zu persönlicher religiöser Erfahrung zu bieten, und dass er zögerte, über sein angestrebtes Ziel hinauszugehen. Trotzdem wird deutlich, dass er eine Verbindung zwischen religiöser Erfahrung und der Existenz Gottes sah, auch wenn er nicht über die präzise Natur dieser Verbindung spekulieren wollte. Da er philosophisch belesen war, war James sich des problematischen Charakters von »Beweisen« für die Existenz Gottes wohl bewusst. Könnte nicht ein anderer – und vielleicht verlässlicherer – Ansatz das Phänomen der religiösen Erfahrung erklären helfen? An einigen Punkten in *Die Vielfalt der religiösen Erfahrung* macht James einen Unterschied zwischen »Theorie« und »Erfahrung«, wobei er Erstere als Auswirkung der Reflexion über Letztere bezeichnet.

James war aufgefallen, dass es zwischen den Religionen große Unterschiede in der Lehre gibt, dass aber die Gefühle und die Lebensführung bei »Heiligen« ganz verschiedener Richtungen – seien sie stoisch, buddhistisch oder christlich – einander sehr ähnlich sind. Deshalb betrachtete er die (variablen) Theorien einer Religion als zweitrangig, die (konstanten) Gefühle und das Verhalten hingegen als erstrangige Indikatoren für das Wesen von Religion. Theologie, so James, verdanke Erfahrungen sowohl ihren Ursprung als auch ihre Form: »Ich bezweifele, dass wenn es

in der Welt nie ein religiöses Gefühl gegeben hätte, jemals eine philosophische Theologie entstanden wäre.«

Inwiefern sind James' Überlegungen relevant für unsere Untersuchung? Eine Haupteinsicht, die sich aus ihnen ergibt, ist, dass organisierte Religion den an religiöser *Erfahrung* Interessierten relativ wenig bieten kann. Denn sie handelt mit Erfahrung »aus zweiter Hand«, während das, was untersucht werden muss, frisch und lebendig ist und als Gefahr für die traditionellen Wege organisierter Religion gilt:

> Eine ursprüngliche religiöse Erfahrung aus erster Hand ... ist darauf angelegt, eine Heterodoxie für ihre Zeugen zu sein; der Prophet erscheint als einsamer Irrer. Wenn seine Lehre sich als ansteckend genug erweist, auf andere überzuspringen, wird sie zu einer definierten und abgestempelten Irrlehre. Aber wenn sie sich sogar als ansteckend genug erweist, über die Verfolgung zu triumphieren, wird sie selbst zur Orthodoxie; und wenn Religion Orthodoxie geworden ist, ist ihr Weg der Innerlichkeit vorbei, die Quelle vertrocknet. Die Gläubigen leben ausschließlich aus zweiter Hand und steinigen nun ihrerseits Propheten.[119]

Dies legt nahe, dass empirische Studien über religiöse Erfahrung am besten außerhalb des Einflussbereichs organisierter Religion durchgeführt werden – eine Behauptung, die großen Einfluss auf die wissenschaftliche Erforschung des Phänomens der religiösen Erfahrung hatte. In der Folge haben empirische Studien diese Annahme nicht stützen können; trotzdem sollte man würdigen, dass James' Ansatz ein wichtiger Anstoß für Arbeiten auf diesem Gebiet war.

Einer der bedeutsamsten Aspekte in James' Werk ist, dass er nicht versuchte, religiöse Erfahrung auf soziale oder psychologische Kategorien zurückzuführen, sondern das Phänomen so zu beschreiben, dass seine Integrität gewahrt blieb. Dies erhöht den Kontrast zwischen James und Freud, dem wir uns nun zuwenden.

Sigmund Freud (1856–1939)

Freuds Auseinandersetzung mit der Religion[120] gilt allgemein als eine der zentralsten Wortmeldungen in der Diskussion um Naturwissenschaft und Religion. Konsens besteht auch darüber, dass Freuds Annäherung an die Religion einen keinesfalls wohlwollenden Unterton hat und einen ausgesprochen reduktionistischen Zugang aufweist. In *Totem und Tabu* (1913) erörtert Freud den Ursprung der Religion aus der Gesellschaft im Allgemeinen; *Die Zukunft einer Illusion* (1927) handelt von den psychologischen Ursprüngen (Freud verwendet hierfür oft den Begriff »Psychogenese«) der Religion im einzelnen Menschen. Für Freud sind religiöse Vorstellungen »Illusionen, Erfüllung der ältesten, stärksten und dringendsten Wünsche der Menschheit«. Ähnliche Ideen finden sich in der späteren Arbeit *Der Mann Moses und die monotheistische Religion* (1939), die kurz vor seinem Lebensende veröffentlicht wurde.

Um Freud zu verstehen, müssen wir seine Verdrängungstheorie untersuchen. Diese Vorstellungen wurden erstmals in *Die Traumdeutung* (1900) allgemein bekannt gemacht, einem Buch, das von den Kritikern und der Öffentlichkeit kaum beachtet wurde. Freuds dortige These ist, dass Träume Wunscherfüllungen seien. Präziser: Sie seien die verborgene Erfüllung von Wünschen, die vom Bewusstsein (dem Ich) unterdrückt und dadurch ins Unterbewusstsein abgedrängt werden. In *Zur Psychopathologie des Alltagslebens* (1901) schreibt Freud, dass diese unterdrückten Wünsche an einigen Stellen ins tägliche Leben eindringen. Bestimmte neurotische Symptome, Träume oder sogar kleine Versehen beim Sprechen oder Schreiben – so genannte Freud'sche Fehlleistungen – offenbaren unbewusste Prozesse. Die Aufgabe des Psychotherapeuten ist es, diese Verdrängungen, die einen negativen Einfluss auf das Leben haben, aufzudecken. Die Psychoanalyse – ein von Freud geprägter Begriff – versucht, die unbewussten und unbewältigten traumatischen Erfahrungen ans Licht zu bringen, indem sie dem Patienten hilft, sie ins Bewusstsein zu heben. Durch langwierige Befragungen kann der Analytiker verdrängte Traumata erkennen, die einen negativen Effekt auf den Patienten ausüben, und den Patienten befähigen, sie durch Offenlegung zu bewältigen.

Wie oben angemerkt, müssen Freuds Ansichten über die Ursprünge der Religion auf zwei Ebenen betrachtet werden: zuerst auf der Ebene ihrer Ursprünge im Rahmen der allgemeinen Entwicklung der menschlichen Geschichte, zweitens auf der Ebene ihrer Ursprünge bei Einzelpersonen. Wir beginnen mit einer Betrachtung der ersten Ebene – der Psychogenese der Religion der Menschheit im Allgemeinen, erörtert in *Totem und Tabu*.

Mit seiner früheren Beobachtung, dass religiöse Riten den Zwangshandlungen seiner neurotischen Patienten ähneln, erklärt Freud, dass Religion im Grunde eine verzerrte Form einer Zwangsneurose sei. Seine Studien an zwangsneurotischen Patienten – wie etwa dem Wolfsmenschen – veranlassten ihn zu der Schlussfolgerung, dass solche Störungen die Folge ungelöster Entwicklungsaufgaben seien. So stellte er beispielsweise eine Verbindung zwischen der Vorstellung »Schuld« und »Unreinheit« mit der »analen« Phase der Kindheitsentwicklung her. Er meinte, dass Aspekte religiösen Verhaltens (wie etwa die rituellen Reinigungszeremonien im Judentum) durch ähnliche Zwänge entstanden sein könnten.

Nach Ansicht Freuds sind die Verehrung einer Vaterfigur sowie die Sorge um richtige Rituale Schlüsselelemente aller Religionen. Freud führte die Ursprünge der Religion auf den Ödipuskomplex zurück. An einem Punkt in der Geschichte der Menschheit habe die Vaterfigur exklusive sexuelle Rechte an den Frauen ihres Stammes besessen – eine Annahme, die er nicht durch einen Beweis erhärten kann. Die mit dieser Situation unzufriedenen Söhne überwältigten die Vaterfigur und töteten sie. Anschließend seien sie vom Geheimnis des Vatermords und dem damit verbundenen Schuldgefühl verfolgt worden. Laut Freud habe Religion ihren Ursprung in diesem vorgeschichtlichen Vatermord, und daher sei Schuld ihre hauptsächliche Motivation. Diese Schuld erfordere Buße oder Sühne, wofür viele Rituale eingerichtet worden seien.

Die Betonung von Christi Tod im Christentum und die Verehrung des auferstandenen Christus erschienen Freud als eine vollkommene Verdeutlichung dieses allgemeinen Prinzips. »Das Christentum entstand aus einer Vater-Religion und wurde zu einer Sohn-Religion. Es entkam nicht dem Schicksal, den Vater losgeworden zu sein.« Das »Totem-Mahl«, schreibt er, habe seine direkte Entsprechung im christlichen Ritus der Kommunion.

Freuds Beitrag zu den sozialen Ursprüngen der Religion wird nicht sonderlich ernst genommen und oft als »Zeitzeugnis« für die sehr optimistischen und vereinfachenden Theorien betrachtet, die im Gefolge der allgemeinen Anerkennung der Darwin'schen Evolutionslehre entstanden. Freuds Beitrag zum Ursprung der Religion beim Individuum ist jedoch von größerer Bedeutung. Wieder ist das Thema der Verehrung einer »Vaterfigur« wichtig. Interessanterweise scheint Freuds Ansatz zur individuellen Entwicklung der Religion nicht auf der tatsächlichen Beobachtung solcher Ansichten bei Kindern zu beruhen, sondern auf der Beobachtung von – teilweise ziemlich oberflächlichen – Ähnlichkeiten zwischen Neurosen bei Erwachsenen und religiösen Überzeugungen und Praktiken, vor allem im Judentum und im römischen Katholizismus.

In einem Aufsatz führt Freud seine Erklärung der individuellen Religion aus:

Die Psychoanalyse hat uns den intimen Zusammenhang zwischen dem Vaterkomplex und der Gottesgläubigkeit kennen gelehrt, hat uns gezeigt, daß der persönliche Gott psychologisch nichts anderes ist als ein erhöhter Vater, und führt uns täglich vor Augen, wie jugendliche Personen den religiösen Glauben verlieren, sobald die Autorität des Vaters bei ihnen zusammenbricht. Im Elternkomplex erkennen wir so die Wurzel des religiösen Bedürfnisses; der allmächtige, gerechte Gott und die gütige Natur erscheinen uns als großartige Sublimierungen von Vater und Mutter, vielmehr als Erneuerungen und Wiederherstellungen der frühkindlichen Vorstellungen von beiden. Die Religiosität führt sich biologisch auf die lang anhaltende Hilflosigkeit und Hilfsbedürftigkeit des kleinen Menschenkindes zurück, welches, wenn es später seine wirkliche Verlassenheit und Schwäche gegen die großen Mächte des Lebens erkannt hat, seine Lage ähnlich wie in der Kindheit empfindet und deren Trostlosigkeit durch die regressive Erneuerung der infantilen Schutzmächte zu verleugnen sucht.[121]

Die Verehrung der Vaterfigur hat, so Freud, also ihre Ursprünge in der Kindheit. Wenn ein Kind die ödipale Phase durchläuft, muss es die Angst bewältigen, möglicherweise vom Vater bestraft zu werden. Die Antwort

des Kindes auf diese Bedrohung ist die Verehrung des Vaters; es identifiziert sich mit ihm und überträgt das, was es als väterlichen Willen kennt, in die Form des Über-Ichs.

Freud untersuchte die Ursprünge dieser Projektion einer idealen Vaterfigur in *Die Zukunft einer Illusion* und schlussfolgerte, dass Religion die Verewigung eines Teils infantilen Verhaltens im Erwachsenenleben darstelle. Religion sei einfach eine unreife Antwort auf das Bewusstsein von Hilflosigkeit durch Rückkehr zur kindheitlichen Erfahrung der väterlichen Fürsorge: »Mein Vater wird mich beschützen, er hat alles im Griff.« Der Glaube an einen personalen Gott sei also lediglich eine infantile Täuschung durch Projektion einer idealisierten Vaterfigur.

Freuds ausgesprochen negativer Zugang zur Religion blieb nicht die einzige Sichtweise innerhalb der frühen psychoanalytischen Bewegung. Carl Gustav Jung, der Sohn eines Schweizer Geistlichen, pflegte von 1907 an enge Kontakte zu Freud. 1914 trat Jung jedoch als Vorsitzender der Internationalen Psychoanalytischen Gesellschaft zurück und machte damit seine wachsende Distanz zu Freud in einer Reihe von Auffassungen deutlich, insbesondere zu dessen späterer Betonung der Libido. Wie oben ausgeführt ist Freud für seinen feindseligen und reduktionistischen Zugang zur Religion bekannt. Jungs Position wird im Allgemeinen als der Religion gegenüber wohlwollender eingeschätzt, schließlich ging er auf deutliche Distanz zu Freuds verkürzenden Auffassungen. Wenn Jung auch Freuds Überzeugung, das Gottesbild sei eine menschliche Projektion, verbunden blieb, siedelte er dessen Ursprünge mehr und mehr im kollektiven Unbewussten an. Menschliche Wesen sind von Natur aus religiös, sie erfinden das nicht. Jung hob wesentlich klarer die positiven Aspekte der Religion ins Licht, vor allem im Zusammenhang mit der Entwicklung des Einzelnen auf Ganzheit und Erfüllung hin.

Das hinter uns liegende Kapitel hatte religiöse Themen im Blick, die von wissenschaftlichen Einzeldisziplinen aufgeworfen wurden. Darüber hinaus haben jedoch eine größere Zahl von Wissenschaftlern – sowohl von Seiten der Religion als auch von Seiten der Naturwissenschaft – bedeutende Beiträge zum Verhältnis der beiden Bereiche geleistet.

8. PROBLEMSTELLUNGEN IN
NATURWISSENSCHAFT UND RELIGION

Im folgenden Kapitel nun stehen sieben dieser Wissenschaftler im Blickpunkt. Dabei beschränkt sich die Darstellung angesichts der raschen Entwicklung in diesem Feld auf Forscher, deren Werke nach 1950 veröffentlicht wurden.

Kapitel 9
Prägende Persönlichkeiten
im naturwissenschaftlich-religiösen Dialog
aus neuerer Zeit

Der Dialog »zwischen Naturwissenschaft und Religion« hat eine große Vielfalt von Autoren aus verschiedenen Arbeitsgebieten zusammengeführt. Einige der bedeutendsten Beiträger zu unserem Themenfeld haben ihre Forschungslaufbahn in den Naturwissenschaften begonnen und fühlten sich dann zur Erforschung der religiösen Aspekte ihrer Arbeit gedrängt. Andere begannen als Spezialisten auf dem Gebiet religiösen Denkens und hielten dann aufgrund eines wachsenden Bewusstseins um die Bedeutung der naturwissenschaftlichen Beiträge zur Religion eine Beschäftigung mit den Naturwissenschaften für notwendig.

Das vorliegende Kapitel bietet einen kurzen Überblick über sieben Autoren des 20. Jahrhunderts, die für unser Thema wichtig sind. Fünf kann man als Naturwissenschaftler ansehen, die sich der Theologie zuwandten: Ian G. Barbour (Physik), Charles A. Coulson (theoretische Chemie), Arthur Peacocke (Molekularbiologie), John Polkinghorne (theoretische Physik) und Pierre Teilhard de Chardin (Paläontologie). Zwei sind Theologen, die von dort aus zur Beschäftigung mit den Naturwissenschaften kamen: Wolfhart Pannenberg und Thomas F. Torrance – beide von Haus aus systematische Theologen. Einige der hier betrachteten Autoren entwickeln Vorstellungen, die wir schon in früheren Kapiteln angesprochen haben – wie die Natürliche Theologie, das anthropische Prinzip oder einen kritischen Realismus. Für die Leser kann die Lektüre der vorangegangenen Kapitel daher eine Hilfe sein.

Ian G. Barbour (*1923)

Barbour wurde am 5. Oktober 1923 in Peking geboren und konzentrierte sich in seinen Studien zuerst auf das Gebiet der Physik, in welcher er 1950 an der Universität Chicago promoviert wurde. Sein erster Lehrauftrag als

Physikprofessor war am Kalamazoo College, Michigan. Er besaß jedoch ein starkes Interesse an Religion, das er an der Universität Yale verfolgen konnte, wo er 1956 zum Bachelor of Divinity (BD) graduiert wurde. Er arbeitete viele Jahre in verschiedenen Gebieten, unter anderem als Dekan des Fachbereichs Religion und als Physikprofessor am Carleton College von Northfield, Minnesota (1955–1981). Schließlich war er dort Winifred-and-Atheton-Bean-Professor für Naturwissenschaft, Technik und Gesellschaft (1981–1986). Sein Bemühen, Naturwissenschaft und Religion zu verbinden, das sich in den 60er Jahren entwickelte, führte zur Veröffentlichung seines bekanntesten Werkes *Issues in Science and Religion (Streitpunkte in Naturwissenschaft und Religion,* 1966).[122] Dieses Buch spiegelte seine Lehrerfahrung auf beiden Gebieten wider. Während der 1970-er Jahre entwickelte er ein Programm zu Ethik, Politik und Technologie, das teilweise enge Berührungspunkte mit religiösen Fragen aufwies.

Streitpunkte in Naturwissenschaft und Religion wird weithin als richtungweisendes, klar geschriebenes und gelehrtes Buch angesehen, das viele der faszinierenden Fragen, die mit diesem Thema zusammenhängen, eingeführt hat. Seit damals hat Barbour eine Reihe von Werken zu Themen an der Schnittstelle von Naturwissenschaft und Religion geschrieben oder herausgegeben (am wichtigsten: *Religion in an Age of Science/Religion im Zeitalter der Naturwissenschaft,* das 1990 erschien und auf den Gifford Lectures von 1989 an der Universität Aberdeen basiert). Er wird allgemein als Wortführer des Dialogs auf diesem Gebiet angesehen und wurde dafür von der Amerikanischen Akademie für Religion 1993 ausgezeichnet.

Barbour hat jedoch mehr getan, als den Dialog auf diesem Gebiet anzuregen. Er widmete der Entwicklung einer intellektuellen Basis, die eben diesen Dialog erleichtern und festigen sollte, bemerkenswerte Aufmerksamkeit und fand hierbei Vorstellungen, die vom »Prozessdenken« oder der »Prozesstheologie« entwickelt worden waren, besonders hilfreich. Wir haben die Grundmerkmale des Prozessdenkens in einem früheren Kapitel schon ausgeführt. Im Folgenden werden wir den besonderen Gebrauch betrachten, den Barbour von diesem Ansatz für die Beziehung zwischen Naturwissenschaft und Religion macht.

Der Schlüsselgedanke der Prozesstheologie, den Barbour übernimmt, ist die Ablehnung der klassischen Lehre von der Allmacht Gottes: Gott ist

ein Handelnder unter vielen, nicht der souveräne Herr von allem. Wie Barbour ausführt, bezeichnet der Begriff »Prozess« »eher einen Gott der Überzeugung als des Zwangs ... der die Welt beeinflusst, ohne sie vorherzubestimmen«. Die Prozesstheologie begründet daher die Ursprünge von Leid und Bösem in der Welt mit einer radikalen Beschränkung der Macht Gottes. Gott hat die Macht, andere zu etwas zwingen zu können, abgelegt (oder besitzt sie einfach nicht); ihm bleibt nur die Fähigkeit zu überzeugen. Überzeugung wird als Mittel der Machtausübung angesehen, das die Rechte und die Freiheit der anderen respektiert. Gott ist verpflichtet, jeden Akteur des Prozesses zu überzeugen, in der bestmöglichen Weise zu handeln. Es gibt jedoch keine Garantie, dass Gottes gut gemeinte Überzeugungsbemühungen zu dem erwünschten Ergebnis führen. Der Prozess selbst ist nicht durch Gehorsam Gott unterworfen. Wie Barbour bemerkt, stellt die Prozesstheologie dadurch »die traditionelle Erwartung des endgültigen Sieges über das Böse« in Frage.

Gott beabsichtigt das Gute für die Schöpfung und handelt in ihrem Interesse. Die Möglichkeit, alles zum Tun des göttlichen Willens zu zwingen, kommt dabei jedoch nicht in Frage. Daraus ergibt sich die Konsequenz, dass Gott nicht in der Lage ist, bestimmte Dinge zu verhindern. Gott wünscht zwar weder Krieg, Hungersnot noch Völkermord, er kann sie jedoch auch nicht verhindern, da die göttliche Macht radikalen Beschränkungen unterliegt. Gott ist also nicht verantwortlich für das Übel. Es kann nicht behauptet werden, dass Gott es in irgendeiner Weise will oder seine Existenz auch nur schweigend hinnimmt. Die metaphysischen Grenzen, denen Gott unterliegt, verhindern aber jede Einmischung in die natürliche Ordnung der Dinge.

Für Barbour ist dieser Ansatz (wie er vor allem in den Schriften A. N. Whiteheads ausgeführt ist) geeignet, um die Art und Weise zu erhellen, in der Naturwissenschaft und Religion interagieren. Er erlaubt, Gott als in der Natur anwesend und aktiv zu denken, tätig in den Grenzen und Vorgaben der Naturordnung. Es wäre angemessen, Barbour hier als »Panentheisten« zu bezeichnen (Panentheismus: die Auffassung, Gott durchdringe und schließe alle Dinge ein; nicht zu verwechseln mit Pantheismus – einer Sicht, die alle Dinge für göttlich hält). Die vielleicht interessanteste Art, wie Barbour die Vorstellungen des Prozessdenkens anwendet,

bezieht sich auf die Evolutionstheorie. Barbour vertritt die Auffassung, dass der Evolutionsprozess von Gott beeinflusst – aber nicht geleitet – wird. Dadurch kann er mit der Tatsache zurechtkommen, dass der Evolutionsprozess lang, komplex und verlustreich zu sein scheint. »Es gab zu viele Sackgassen, ausgelöschte Arten und zu viel Müll, Leid und Böses, als dass man jedes Ereignis Gottes Willen zuschreiben könnte.« Gott beeinflusst den Prozess zum Guten, aber kann nicht genau bestimmen, welche Form er annehmen wird.

Allerdings kritisiert Barbour das Prozessdenken auch, wo er der Ansicht ist, es sei unangemessen, besonders bezüglich seines Verhaltens gegenüber der unbelebten Welt. In *Religion im Zeitalter der Wissenschaft* (1990) schreibt er:

> Die Analyse Whiteheads enthält keinen direkten Widerspruch zur gegenwärtigen Naturwissenschaft. Kreativität wird als entweder völlig fehlend angesehen (etwa im Fall von Steinen und unbelebten Objekten ...) oder als so schwach, dass sie sich der Entdeckung entzieht (im Fall der Atome). Ein verschwindend kleines Novum und Selbstbestimmung bei Atomen wird nur um einer metaphysischen Konsistenz und Kontinuität willen postuliert. Aber berücksichtigt die Prozessphilosophie angemessen die radikale Verschiedenheit der Ebenen von Aktivität in der Welt oder das Auftreten originärer Nova in allen Stadien der Evolutionsgeschichte? Könnten nicht das Auftreten von Ereignissen verschiedener Ebenen und die Kontraste zwischen ihnen stärker herausgestellt werden, ohne das grundlegende Postulat einer metaphysischen Kontinuität aufzugeben?[123]

Charles A. Coulson (1910–1974)

Charles Alfred Coulson wurde am 13. Dezember 1910 in der englischen Stadt Dudley, Worcestershire, geboren. 1928 ging er im Alter von 17 Jahren ans Trinity College in Cambridge, um Mathematik zu studieren. Während seiner Zeit an der Universität Cambridge beteiligte er sich an christlichen Studenteninitiativen, vor allem einer Gruppe der örtlichen methodisti-

schen Kirche. Er schrieb einmal, dass er während seiner ersten Wochen in Cambridge zum ersten Mal Gott persönlich habe erfahren können. Sein starkes Interesse am Christentum entwickelte sich während seiner frühen Studienzeit weiter, was seinen Vater befürchten ließ, er vernachlässige seine Studien.

Diese Befürchtungen erwiesen sich jedoch als grundlos. Coulson bekam Bestnoten in den drei Teilen des Studiums: Mathematik I (1929), Mathematik II (1930) und Physik II (1931). Er war vor allem an Quantentheorie und ihrer Anwendung in der Chemie interessiert. 1947 wurde Coulson ordentlicher Professor für Theoretische Physik am King's College in London, 1952 Rouse-Ball-Professor für Mathematik an der Universität Oxford. Ab 1972 war er der erste Professor für Theoretische Chemie in Oxford. Unter seinen bedeutendsten naturwissenschaftlichen Werken wären *Valence* (1952) und *The Shape and Structure of Molecules (Gestalt und Struktur von Molekülen, 1973)* zu nennen.

Bei seiner Berufung an den neuen Lehrstuhl in Oxford war bereits bekannt, dass er an Krebs litt. Man dachte, eine Operation zur Entfernung des kranken Gewebes im Jahre 1970 sei erfolgreich gewesen. Leider hatte der Tumor nicht vollständig entfernt werden können. Coulson starb am 7. Januar 1974.

Neben seinen grundlegenden Werken über Aspekte der Physik, Chemie und Mathematik schrieb Coulson auch eine Reihe von Arbeiten, die sich spezifisch mit der Beziehung zwischen Naturwissenschaft und christlichem Glauben befassen. Die beiden bedeutendsten dieser Schriften sind die Riddell-Denkschrift *Christianity in an Age of Science (Christentum im Zeitalter der Naturwissenschaft*, 1953) und die McNair-Vorlesungen *Science and Christian Belief (Naturwissenschaft und christlicher Glaube*, 1955). Man weiß, dass Coulsons Glaube von seinem Vater geprägt wurde, dessen Gedenken er seine bekannteste Schrift über Naturwissenschaft und Religion widmete – eben jene unter dem Titel *Science and Christian Belief* publizierten Vorlesungen von 1955.

Coulsons Hauptbeitrag, die Diskussion über die Beziehung zwischen Naturwissenschaft und Religion betreffend, liegt in seiner vehementen und ausdauernden Ablehnung der Vorstellung eines »Lückenbüßergotts«. Die fraglichen »Lücken« könnten als weiße Flecken auf der Landkarte des

Verstehens bezeichnet werden, oder, anders ausgedrückt, als Lücken unserer Erkenntnis. Die Tendenz einiger religiöser Autoren, alles was derzeit nicht erklärt werden konnte, dem Handeln oder Einfluss Gottes zuzuschreiben, alarmierte Coulson.

Für Coulson war das eine ungerechtfertigte und angreifbare Strategie – angreifbar durch den wissenschaftlichen Fortschritt. Was heute unerklärbar war, könnte morgen eine Erklärung finden. »Wenn wir zu wissenschaftlich Unbekanntem gelangen, dürfen wir, solange wir redlich bleiben, nicht in Jubel darüber verfallen, dass wir Gott gefunden haben, sondern wir müssen bessere Wissenschaftler werden.« Coulson liebte es, zur Sinnlosigkeit dieser Annäherung an Wissenslücken Henry Drummond zu zitieren: »Es gibt ehrfürchtige Geister, die unablässig die Gebiete der Natur und naturwissenschaftliche Bücher auf der Suche nach Lücken durchforsten – Lücken, die sie dann mit Gott füllen. Als ob Gott in Lücken lebte!« Coulson hielt daran fest, dass Gott in der Ordnung und Schönheit der Welt zu suchen sei, nicht in ihren Lücken.

Ein Gott, der gezwungen ist, seine Taten der Vorsehung zu verbergen, sodass wir ihn nicht sehen, ein Gott, der seine Anwesenheit in der Natur hinter dem Gesetz der großen Zahl verbirgt – ein solcher Gott ist für mich nutzlos. Es ist ein Gott, der die Natur doch unerklärt lässt, während er durch Schlupflöcher schleicht und sowohl uns als auch die Natur mit seinem versteckten »Manövrier-Raum« betrügt.[124]

Für Coulson betont der biblische Schöpfungsbericht, dass das Universum ein sinnvolles und geordnetes Muster aufweist, das durch die Naturwissenschaften entdeckt werden kann. Auf diesem Gebiet sieht Coulson eine starke Konvergenz zwischen Naturwissenschaft und Christentum. Eher als Gott in unerklärlichen Dingen zu suchen, so argumentiert Coulson, müsse man Gott in der bemerkenswerten Schönheit und Ordnung der Welt finden. »Wir entdecken in dem, was wir Naturordnung nennen, die Arbeit eines fast unglaublich großen Sinns.«

Wolfhart Pannenberg (*1928)

Wolfhart Pannenberg wurde in Stettin geboren. Nach dem Zweiten Weltkrieg begann er mit dem Studium der Theologie an der Universität Berlin. Seine frühen theologischen Forschungen betrieb er in Göttingen und Basel, wo er seine Doktorarbeit über die Prädestinationslehre des mittelalterlichen Theologen Johannes Duns Scotus abschloss (1954 veröffentlicht). Sein erster Lehrauftrag war an der Universität Heidelberg, bis er als Kollege von Jürgen Moltmann auf den vakanten Lehrstuhl für Systematische Theologie an der Kirchlichen Hochschule Wuppertal berufen wurde (1958–1961). Nach einer Zeit an der Universität Mainz (1961–1968) wechselte er an die Universität München, wo er bis zu seiner Emeritierung 1994 blieb.

Pannenberg ist ein Beispiel für einen hochkarätigen Theologen, der sich mit den Naturwissenschaften zu beschäftigen begann. Zu Beginn konzentrierten sich seine Interessen auf die Bedeutung der Geschichtsphilosophie. Diese stand während der 1960er Jahre auf der Agenda, als marxistische Ideale in der intellektuellen Kultur Deutschlands die Untersuchung der Rolle der Geschichte zu einem zentralen Thema machten. Der Marxismus betonte die Wichtigkeit der richtigen Geschichtsinterpretation. Pannenberg antwortete mit einer Grundlegung der Theologie in der – wie er es nannte – Universalgeschichte. Seine Darlegungen hierzu wurden im 1961 erschienenen Werk *Offenbarung als Geschichte*[125] entwickelt und gerechtfertigt. Das Buch machte Pannenberg seinerzeit zu einem der führenden jungen Theologen. Sein Ansehen wurde durch seine Christologie[126] von 1964 weiter gefestigt. Hier formulierte er einen Zugang zur Bedeutung Jesu von Nazareth aus, der besonders die Auferstehung als öffentliches geschichtliches Ereignis betont.

Pannenbergs früher Aufsatz *Heilsgeschehen und Geschichte* (1959) beginnt mit einem kraftvollen Plädoyer für eine universalgeschichtliche Betrachtung:

Geschichte ist der umfassendste Horizont christlicher Theologie. Alle theologischen Fragen und Antworten haben ihren Sinn nur innerhalb des Rahmens der Geschichte, die Gott mit der Menschheit und durch

sie mit der ganzen Schöpfung hat, auf eine Zukunft hin, die vor der Welt noch verborgen, an Jesus Christus jedoch schon offenbar ist.[127]

Diese Anfangssätze fassen das theologische Programm Pannenbergs zu diesem Zeitpunkt brennpunktartig zusammen. Christliche Theologie basiert auf einer Analyse der universalen und öffentlich zugänglichen Geschichte. Für Pannenberg ist die Auferstehung wesentlich ein universales und öffentliches historisches Ereignis, das als »Tat Gottes« erkannt und interpretiert wird.

Pannenbergs Argumentationsstrang hat die folgende Form: Die Geschichte in ihrer Gesamtheit kann nur verstanden werden, wenn man sie von ihrem Endpunkt aus betrachtet. Dieser Punkt allein bietet die Perspektive, von der aus der historische Prozess als Ganzes gesehen und richtig verstanden werden kann. Wo Marx jedoch behauptet hatte, dass die Sozialwissenschaften den Schlüssel zur Geschichtsinterpretation besäßen (indem sie die Vorherrschaft des Sozialismus zum Ziel der Geschichte erklärten), erklärte Pannenberg, dass dieser Schlüssel nur in Jesus Christus gegeben sei. Das Ende der Geschichte ist im Vorhinein (oder mit dem Fachausdruck: proleptisch) in der Geschichte von Jesus Christus erschlossen. In anderen Worten: Das Ende der Geschichte, die sich erst noch vollziehen muss, ist vorab in Person und Werk Jesu Christi bereits offenbar.[128]

Der vielleicht wichtigste und sicherlich meistdiskutierte Aspekt dieser Arbeit ist Pannenbergs Position, dass die Auferstehung Jesu ein objektives geschichtliches Faktum sei, von Zeugen bestätigt. Während Bultmann die Auferstehung als Ereignis innerhalb des Erfahrungsbereichs der Jünger behandelt, erklärt Pannenberg, dass sie zur universalen öffentlichen Geschichte gehört. Offenbarung finde nicht im Geheimen statt. Sie sei offen »für jeden, der Augen hat zu sehen«. Sie habe universalen Charakter. Jeder Offenbarungsbegriff, der Offenbarung als dem natürlichen Wissen gegenüberstehend oder davon unterschieden impliziere, laufe Gefahr, in eine Form des Gnostizismus abzurutschen. Das entscheidend christliche Verständnis von Offenbarung liegt Pannenberg zufolge darin, wie öffentlich zugängliche Ereignisse interpretiert werden. Die Auferstehung Jesu ist in seiner Sicht ein solcherart öffentlich zugängliches Ereignis. Aber was *bedeutete* es? Christliche Offenbarung berührt das spezifisch christ-

liche Verständnis dieses Ereignisses und seiner Implikationen für unser Gottesbild.

Während der 1970er Jahre begann Pannenberg ein Interesse daran auszubilden, wie Theologie zu den Naturwissenschaften in Beziehung steht. Zwei Artikel aus der Zeit von 1971–1972 konzentrieren sich auf den Ansatz von Pierre Teilhard de Chardin und zeigen deutliches Interesse an dem allgemeinen Thema der Formulierung einer »Theologie der Natur«. In einer Hinsicht kann dies als direkte Ausweitung seines früheren Interesses an Geschichte gesehen werden. So wie er sich in seiner theologischen Arbeit der 1960er Jahre dem öffentlich zugänglichen Bereich der Geschichte zuwandte, so wendet er sich seit den 1970er Jahren einem anderem öffentlich zugänglichen Bereich zu – der Welt der Natur. Beide, Geschichte und Natur, sind zur Untersuchung für jeden zugänglich; die kritische Frage ist, wie sie verstanden werden. In seinem Aufsatz *Kontingenz und Naturgesetz*[129] lenkt Pannenberg die Aufmerksamkeit darauf, wie diese beiden Bereiche Natur und Geschichte interagieren, vor allem durch die Untersuchung der Vorstellung einer »Naturgeschichte«.

Für Pannenberg ist es klar, dass Naturwissenschaften und Theologie getrennte Fachgebiete sind, mit je eigenem Verständnis dessen, wie Information erlangt und beurteilt wird. Trotzdem gehören beide zur selben öffentlich zugänglichen Realität und können daher potenziell komplementäre Einsichten beisteuern. Das Gebiet der »Naturgesetze« ist ein solcher Fall, da Pannenberg argumentiert, die gängigen Erklärungen der Naturwissenschaftler für solche Gesetze besäßen einen rein vorläufigen Status, bis sie durch theologische Analyse auf eine festere theoretische Grundlage gestellt werden. Er führt daher ein klares Plädoyer für einen kreativen und produktiven Dialog zwischen Naturwissenschaften und Religion; hätte dieser schon früher stattgefunden, wäre viel Verwirrung und Spannung vermieden worden: Hätte man, so Pannenberg, schon früher eingesehen, dass die Themen der Theologie und die Wirklichkeit, die die Naturwissenschaften beschreiben, nicht unverbunden nebeneinander stehen müssen, wäre es wohl auch bereits eher als möglich und sinnvoll erschienen, Realität als Ganzes zu denken, in welchem die Natur den Prozess einer Geschichte Gottes mit seinen Geschöpfen darstellt. Es versteht sich für Pannenberg, dass Glaube an Gott nicht auf naturwissenschaft-

licher Erkenntnis beruht, aber es versteht sich für ihn ebenso, dass die Vorstellung Gottes für ein umfassendes Verständnis von Natur wichtig ist.

Arthur Peacocke (*1924)

Arthur Peacocke ging 1942 ans Exeter College der Universität Oxford, um Chemie zu studieren. Damals dauerte das Chemiestudium dort vier Jahre. Nach den ersten drei Jahren mit Vorlesungen bestand das vierte Jahr im Wesentlichen aus einem Forschungsprojekt. Peacocke entschied sich, dieses letzte Studienjahr im Labor für Physikalische Chemie bei Sir Cyril Hinshelwood zu verbringen und blieb auch zur Doktorarbeit bei ihm. Auch wenn Hinshelwood ein Physikalischer Chemiker war, der den Nobelpreis für seine Arbeit über chemische Kinetik erhalten hatte, erweiterte er später sein Interesse auf die Wachstumsraten lebender Organismen. Peacockes Dissertation beschäftigte sich mit dem Problem, wie Bakterienwachstum durch bestimmte chemische Substanzen gehemmt werden könne.

Nach seiner Doktorarbeit nahm Peacocke einen Lehrauftrag für Physikalische Chemie an der Universität Birmingham an, wo er sein Interesse an Aspekten der physikalischen Chemie der DNA weiterentwickelte. Während dieser Zeit interessierte sich Peacocke für christliche Theologie und studierte in Birmingham mit dem Ziel der dort angebotenen Graduierung zum Bachelor of Divinity. Die Lektüre führender zeitgenössischer englischer Theologen (wie William Temple, Ian Ramsey und G. W. H. Lampe) ermutigte ihn, die Beziehung zwischen Naturwissenschaft und Religion weiter zu untersuchen. Nach einer Zeit als Lektor an der Universität Oxford und Mitglied des St. Peter's College (1968–1973) nahm er die Stelle als Dekan des Clare College in Cambridge an, was ihm erlaubte, sein Interesse an der Schnittstelle von Naturwissenschaft und Religion weiterzuverfolgen. Er ist derzeit Direktor des Ian Ramsey Centre in Oxford, das sich besonders der Förderung des Studiums von Themen an der Schnittstelle von Naturwissenschaft und Religion widmet. Peacocke ist besonders bekannt für seinen »sakramentalen Panentheismus« – die Ansicht, dass die Transzendenz Gottes in, mit und unter den Prozessen der Welt wirkt.

In diesem Abschnitt werden wir uns jedoch seiner wichtigen Behandlung des Realismus zuwenden.

Peacockes erste große Publikation im Bereich von Naturwissenschaft und Religion war das Ergebnis der Einladung, 1978 in Oxford die Bampton Lectures zu halten. Sie wurden im darauf folgenden Jahr unter dem Titel *Creation and the World of Science (Schöpfung und die Welt der Wissenschaft)*[130] veröffentlicht. Eine Flut von Publikationen folgte, die sich auf die Beziehung von Religion zur Naturwissenschaft im Allgemeinen und zur Biologie im Besonderen konzentrierten. Eines von Peacockes wichtigsten Anliegen ist, dass die christliche Theologie Antwort auf die Herausforderungen der Naturwissenschaften in der heutigen Zeit geben muss. Seine eigene Arbeit kann als genau eine solche Antwort angesehen werden.

Zusammen mit vielen anderen, die an der Schnittstelle zwischen Naturwissenschaft und Religion arbeiten, plädiert Peacocke für einen »kritischen Realismus«. Er geht darauf ein, dass einige Autoren in neuerer Zeit behaupten, die Naturwissenschaften seien »soziologisch und ideologisch konditioniert«; er hält dagegen, auch die Naturwissenschaften versuchten, Ergebnisse vorzulegen, die nicht einfachhin als voreingenommen angesehen werden könnten. Naturwissenschaft und Theologie benutzten in gleicher Weise eine Bildsprache beim Versuch, ein verlässliches und verantwortbares Bild der Welt, wie sie wirklich ist, zu geben.

Ich denke, dass sowohl die Naturwissenschaft wie auch die Theologie *darauf zielt*, die Realität abzubilden; dass beide dies in metaphorischer Sprache und unter Verwendung von Modellen tun und dass ihre Metaphern und Modelle überprüfbar sind im Zusammenhang der sich wandelnden Gemeinschaften, in denen sie entstanden sind. Diese wissenschaftstheoretische Position – der kritische Realismus – bildet die implizite, nicht immer deutlich artikulierte Arbeitsphilosophie von Naturwissenschaftlern, deren Ziel die Abbildung der Realität ist, wenngleich sie nur zu gut um ihre eigene Fehlbarkeit bei diesem Unterfangen wissen.[131]

Theologie zielt ebenfalls darauf, Realität mit Hilfe von Modellen oder Analogien abzubilden:

Theologie, die intellektuelle Formulierung religiöser Erfahrungen und Glaubensüberzeugungen, verwendet ebenfalls Modelle, die sich ähnlich beschreiben lassen. Ich vertrete nachdrücklich die Meinung, dass ein kritischer Realismus die angemessenste und passendste Philosophie für religiöse Sprache und theologische Formulierungen ist. Theologische Konzepte und Modelle sollten als unvollständig, hinreichend und überprüfbar angesehen werden, aber notwendig und in der Tat als einzige Möglichkeit, sich auf die Realität zu beziehen, die Gott und Gottes Wirken mit den Menschen genannt wird.[132]

Peacocke argumentiert also, dass Naturwissenschaft und Religion auf der Grundlage eines kritischen Realismus arbeiten, in dem Modelle »unvollständige, hinreichende, überprüfbare und notwendige« Mittel sind, die Realität darzustellen. Jeder dieser Begriffe verdient eine genauere Untersuchung.

1. *unvollständig:* Theologische Modelle können nur zu Teilen der größeren Wahrheit, die sie darstellen, Zugang bieten. Peacocke erkennt also an, dass es aufgrund der Vorgehensweise im Prozess der Darstellung Grenzen bei dem gibt, was von der Realität erkannt werden kann, sei es wissenschaftlich oder religiös.

2. *hinreichend:* Peacocke lenkt hier die Aufmerksamkeit auf die Tatsache, dass diese Modelle zum Erkennen der Realität gut genug sind. Die Tatsache, dass dieses Wissen nicht *direkt* von der Realität stammt, sieht er nicht als Hinweis auf irgendeine Unterordnung oder Zweitrangigkeit.

3. *überprüfbar:* In den Naturwissenschaften werden Modelle im Licht einer Sammlung experimentellen Wissens überprüft, das zeigt, dass ein Modell Überprüfung erfordert. Peacocke schlägt vor, dass religiöse Modelle gleichermaßen überprüft werden können. Das ist vielleicht einer der strittigeren Punkte seiner Analyse, da viele eher traditionelle religiöse Denker behaupten, religiöse Modelle seien »gegeben« und nur ihre Interpretation sei überprüfbar.

4. *notwendig:* Man unterscheidet üblicherweise zwischen »naivem Realismus« und »kritischem Realismus«, wobei der Erstere meint, es sei möglich, Realität *direkt* zu erkennen, der Letztere hingegen, es sei notwendig, Realität *indirekt*, also durch Modelle, zu erkennen.

John Polkinghorne (*1930)

Polkinghornes Fachgebiet ist die Theoretische Physik. Er wurde Professor für Mathematische Physik an der Universität Cambridge. 1979 gab er seinen Lehrstuhl auf, um Landpfarrer der anglikanischen Kirche zu werden. Nach einer Seelsorgezeit in zwei Pfarreien im Süden Englands kehrte er 1986 nach Cambridge zurück und wurde Dekan von Trinity Hall. Drei Jahre später wurde er Präsident des Queen's College, eine Stellung, die er bis zu seiner Pensionierung 1997 innehatte.

Einer von Polkinghornes größten Erfolgen ist die Etablierung der Natürlichen Theologie in Apologetik und Theologie. Natürliche Theologie ist nach Polkinghornes Ansicht die vielleicht wichtigste Brücke zwischen den Welten von Naturwissenschaft und Religion. Polkinghorne richtet den Blick auf die Ordnung der Welt, die besonders deutlich in den physikalischen Wissenschaften ausgebreitet wird. Er sagt, dass eine der wichtigsten Errungenschaften moderner Wissenschaft das Aufzeigen von Ordnung in der Welt war. Sie hat eine verstehbare und sehr fein ausbalancierte Struktur entdeckt, die Fragen aufwirft, die die Wissenschaft transzendieren, und eine geistige Unruhe hervorruft, die nur durch eine angemessene Erklärung zufrieden gestellt werden kann.

Polkinghorne achtet darauf, dass die Rede über die Ordnung der Welt nicht einfach dem »Lückenbüßergott«-Ansatz verfällt. Früher dachte man, es gebe gewisse Lücken im wissenschaftlichen Verständnis, die nie durch empirische Forschung ausgefüllt werden könnten. Es schien daher apologetisch sinnvoll zu sein, Gott als Erklärung solcher Lücken heranzuziehen. Diese »Lücken« wurden jedoch durch wissenschaftliche Forschung immer mehr gefüllt, was zur Folge hatte, dass Gott immer weiter herausgedrängt wurde. Wie wir schon gesehen haben, hatte Charles A. Coulson Ähnliches angemerkt.

Polkinghorne nimmt an, dass es ein glaubwürdigerer Ansatz sei, die Konzentration auf das wissenschaftlich Gegebene, nicht auf das wissenschaftlich Offene zu richten. Die Naturwissenschaften haben die Welt als engmaschige und kompliziert untereinander verbundene Struktur erschlossen, die erklärt werden muss. Und doch sind die Naturwissenschaften paradoxerweise nicht fähig, solche Fragen zu beantworten, auch

wenn das ein wesentlicher Teil des Vorhabens, die Welt zu erklären, zu sein scheint. Die zentrale Frage ist folgende: Woher kommt die Ordnung der Welt? Eine offensichtliche Antwort, weit verbreitet in eher säkularen Kreisen, könnte sein, dass es keine Ordnung in der Welt gibt, außer der, die wir an sie herantragen. Sie ist dann ein Konstrukt des Ordnung liebenden menschlichen Verstands und hat keine wirkliche Grundlage in der Realität.

So attraktiv diese Annahme auf den ersten Blick zu sein scheint, beruht sie doch auf einer Reihe geschichtlicher Unwahrscheinlichkeiten. Immer und immer wieder kamen die hübsch ausgedachten und nett zurechtgelegten Theorien von Menschen durch die schiere Widerspenstigkeit der Beobachtungsergebnisse zu Fall. Die Ordnung, die der Mensch auf die Welt zu übertragen versucht, erweist sich als unfähig, sie zu erklären, und erzwingt die Suche nach einem besseren Verständnis. Die vom Menschen herangetragene Ordnung muss daher immer mit der von der Natur offenbarten verglichen werden, um sie da zu verbessern, wo sie ungenau ist.

Eine Eigenschaft der Ordnung des Universums, die besondere Aufmerksamkeit erregt hat und die ausführlich in Polkinghornes Werk behandelt wird, ist das *anthropische Prinzip*. Damit die Schöpfung ins Sein treten konnte, musste eine Reihe eng verwobener Bedingungen zutreffen. Polkinghorne lenkt daher die Aufmerksamkeit auf

unser wachsendes Verständnis, dass eine feine und komplizierte Balance innerhalb der Struktur [des Universums] für die Entstehung des Lebens notwendig ist. Stellen wir uns beispielsweise vor, alles wäre ein bisschen anders gewesen in den entscheidenden ersten drei Minuten, als die grobe nukleare Struktur der Welt als ein Viertel Helium und drei Viertel Wasserstoff festgelegt wurde. Wäre das etwas schneller verlaufen, wäre alles zu Helium geworden, und ohne Wasserstoff, wie hätte sich da Wasser (notwendig für das Leben) bilden können?[133]

Nach der Nennung weiterer, verwandter Aspekte weist Polkinghorne darauf hin, wie solche Überlegungen den Grund für den christlichen Glauben an Gott legen. Sie bringen diesen Glauben nicht notwendigerweise hervor, stehen jedoch mit ihm in Übereinstimmung und rufen wichtige

und beunruhigende Fragen wach, auf die ein Verteidiger der Religion eingehen kann.

Nachdem er so die Basis dessen gelegt hat, was eine »allgemeine theistische Apologetik« genannt werden könnte (anders ausgedrückt: ein Argument für die Existenz eines göttlichen Wesens im Allgemeinen), sagt Polkinghorne, dass diese allgemeine Vorstellung eines göttlichen Wesens ergänzt werden müsse in Bezug auf die christliche Offenbarung im Besonderen. Nachdem er einige Kapitel von *The Way the World is* (*Wie die Welt ist*, 1983) einem Überblick über einige Hinweise auf die Existenz Gottes gewidmet hat, bemerkt er:

Die in den vorigen Kapiteln skizzierten Überlegungen könnten mich, denke ich, einer theistischen Sicht der Welt zugeneigt machen. So weit würden sie mich, für sich allein genommen, bringen können. Der Grund aber, warum ich mich der christlichen Gemeinschaft zugehörig fühle, liegt in bestimmten Ereignissen in Palästina vor fast zweitausend Jahren.

Pierre Teilhard de Chardin (1881–1955)

Einer der bemerkenswertesten Beiträge zur Diskussion um die Beziehung zwischen Naturwissenschaft und Religion im 20. Jahrhundert wurde von dem berühmten französischen Paläontologen Pierre Teilhard de Chardin gemacht. Teilhard de Chardin trat 1899 dem Jesuitenorden bei. Er studierte zunächst Theologie, fühlte sich dann aber immer mehr zu den Naturwissenschaften hingezogen, vor allem zu Geologie und Paläontologie. Er gehörte jener Gruppe von Wissenschaftlern an, die die fossilen Überreste des »Pekingmenschen« entdeckte. Nach seiner Arbeit in China zog er in die Vereinigten Staaten, wo er bis zu seinem Tod blieb.

Zu Lebzeiten veröffentlichte Teilhard de Chardin nur einige wissenschaftliche Artikel. Obwohl er bemerkenswerte Gedanken zum Verhältnis von Naturwissenschaft und Religion beigetragen hatte, erlaubten ihm seine Oberen nicht, seine Schriften auf diesem Gebiet zu veröffentlichen, wohl weil ihre Rechtgläubigkeit angezweifelt wurde.

Teilhard de Chardins Tod 1955 eröffnete die Möglichkeit zur Veröffentlichung dieser Werke.[134] Bereits einige Monate nach seinem Tod erschien seine erste größere Arbeit. *Le phénomène humain (Der Mensch im Kosmos)*[135] war in den Jahren 1938–1940 geschrieben worden. Es erschien 1955 in französischer, 1959 in englischer und deutscher Sprache. Ihm folgte 1957 (in deutscher Übersetzung 1962) *Le milieu divine (Das göttliche Milieu)*,[136] ursprünglich 1927 geschrieben. Diese beiden Arbeiten Teilhard de Chardins stellen eine bemerkenswerte Zusammenführung von Evolutionsbiologie, philosophischer Theologie und Spiritualität dar, was viele, die auf dem Gebiet von Naturwissenschaft und Religion arbeiten, fesselte.

Teilhard de Chardin sieht das Universum als Evolutionsprozess, der sich konstant auf einen Zustand höherer Komplexität und höherer Bewusstseinsstufen zubewegt. Innerhalb dieses Evolutionsprozesses können einige entscheidend wichtige Übergänge entdeckt werden (allgemein als »points critiques« – »kritische Punkte« – bezeichnet). Für Teilhard sind die Entstehung des Lebens auf der Erde und das Aufkommen menschlichen Bewusstseins zwei besonders bedeutende Schwellen in diesem Prozess. Diese »kritischen Punkte« sind wie Stufen einer Leiter, die zu neuen Stadien in einem kontinuierlichen Entwicklungsprozess führen. Jedes dieser Stadien hat seine Wurzeln in früheren Stadien, und sein Entstehen kann als Verwirklichung dessen angesehen werden, was in früheren Stadien potenziell angelegt ist. Teilhard de Chardin zieht somit keine klare Trennungslinie zwischen Bewusstsein und Materie oder zwischen dem Menschen und anderen Lebewesen. Die Welt ist eine einzige, sich entwickelnde Daseinsform, in der es ein natürliches Fortschreiten von Materie zum Leben, zum Menschen bis zu menschlichen Gesellschaften gibt.

Für einige seiner Kritiker schien dies nahe zu legen, dass Materie quasi als »vernünftig« angesehen werden könne. Teilhard de Chardins Betonung der Möglichkeit, dass niedrigere Stadien aufblühen oder in späteren Stadien verwirklicht werden können, führte ihn zur Schlussfolgerung, dass Materie in gewisser Weise als »bewusst« betrachtet werden kann, da sie das Potenzial besitzt, »bewusst« zu werden. Es muss ein »rudimentäres Bewusstsein« in der physischen Materie der Welt geben, das der Entstehung des Lebens vorausliegt. Teilhard de Chardin drückt seine Vorstellung wie folgt aus: Es gibt eine »Innenseite« der Dinge. Anders gesagt: Es

gibt eine Art biologischer Schicht im Stoff des Universums. Diese biologische Schicht kann in den frühen Stadien des Evolutionsprozesses bis zum Äußersten abgeschwächt werden, aber ihre Existenz ist notwendig, um das Aufkommen des Bewusstseins in späteren Perioden zu erklären. Es ist wichtig festzuhalten, wie diese Schlussfolgerung aus der Tatsache erwächst, dass es keine radikalen Brüche oder Neuerungen im Evolutionsprozess gibt, der gleichmäßig voranschreitet. Von neuen Phasen muss man in Begriffen sich kreuzender Schwellen denken, nicht als Brüche zu früheren Stadien.

Dies wirft natürlich die Frage auf, in welcher Weise Gott mit der Evolution zu tun hat. Teilhard de Chardin legt besondere Betonung auf das Thema der Vollendung der Welt in Jesus Christus, eine Vorstellung, die schon im Neuen Testament klar vertreten wird (vor allem in den Briefen an die Kolosser und Epheser: Kol 1,15–20; Eph 1,9–10; 22–23) und die mit großer Begeisterung von griechischen Kirchenvätern wie Origenes entwickelt wurde. Teilhard de Chardin entwickelt das Thema mit besonderem Bezug auf einen Begriff, den er »Punkt Omega« nennt (nach dem letzten Buchstaben des griechischen Alphabets). In seinen frühen Schriften neigt er dazu, Omega primär als den Punkt zu denken, auf den der Evolutionsprozess zuläuft. Der Prozess stellt deutlich einen Aufstieg dar, Omega definiert sozusagen sein endgültiges Ziel. So wird deutlich, dass Teilhard de Chardin zu dieser Zeit die Evolution als teleologischen und gerichteten Prozess ansah. Mit der Weiterentwicklung seines Denkens begann er jedoch, sein christliches Gottesverständnis in sein Konzept von Omega zu integrieren – mit dem Ergebnis, dass er sowohl die Zielgerichtetheit der Evolution als auch ihr letztes Ziel mit der schlussendlichen Vereinigung mit Gott erklärt.

Teilhard de Chardin drückt sich hier nicht so klar aus, wie zu erhoffen wäre, und bleibt manchmal schwer verständlich. Die Hauptpunkte seines späten Denkens scheinen folgende zu sein: Omega muss als Kraft gesehen werden, die den Evolutionsprozess an sich heranzieht. Es ist der »erste Beweger vor uns«, das Prinzip, das den Prozess bewegt und sammelt. Im Gegensatz zur Schwerkraft, die abwärts zieht, ist Omega ein »umgekehrter Gravitationsprozess«, der den Evolutionsprozess aufwärts zieht, sodass er letztlich in eine Vereinigung mit Gott mündet. Die ganze Richtung des

Evolutionsprozesses wird also nicht von seinem Beginn her definiert, sondern von seinem Ziel her, dem »Omega-Punkt«.

Teilhard de Chardin vertritt die Auffassung, dass die Existenz von Omega durch wissenschaftliche Analyse nahe gelegt, aber nicht bewiesen wird: »Dieser Punkt Omega wird nur durch Extrapolation erreicht, er bleibt von Natur aus eine Annahme und Vermutung.« Doch wird er durch die christliche Offenbarung bestätigt und mit Substanz gefüllt. Teilhard stellt die These auf, dass das Grundthema des Neuen Testaments, alle Dinge fänden ihr Ziel in Christus (was, wie wir erwähnt haben, im Epheser- und Kolosserbrief ausgeführt wird), eine theologische Unterstützung für diese religiöse Interpretation der Evolution bietet. »Weit davon entfernt, Christus zu überschatten, kann das Universum nur in ihm die Garantie seiner Stabilität finden.« Jesus Christus als Mensch gewordener Gott wird daher als Grund und Ziel des ganzen Prozesses der kosmischen Evolution angesehen. »Anstelle eines vagen Fluchtpunkts haben wir nun die wohldefinierte persönliche Realität des Fleisch gewordenen Wortes, in dem alle Dinge zusammengehalten werden.« Wenn alle Dinge »in Christus vereint sind« (Eph 1,9–10), dann muss Christus als letztes Ziel des sich entwickelnden Kosmos angesehen werden.

Die Gesamtvision, die Teilhard de Chardin ausarbeitet, ist die eines Universums im Prozess der Evolution – eines riesigen Organismus, der sich langsam in einer Vorwärts- und Aufwärtsbewegung auf seine Erfüllung zubewegt. Gott ist innerhalb dieses Prozesses am Werk, er lenkt ihn von innen – doch ist er auch *vor* ihm am Werk, indem er ihn auf ihn selbst hin und zu seiner Erfüllung zieht. In der Schrift *Comment je crois (Was ich glaube*, 1969)[137] findet sich ein vierfaches Credo, in dem Teilhard de Chardin knapp seine kosmische Vision formuliert:

Ich glaube, dass das Universum eine Evolution ist.
Ich glaube, dass die Evolution in Richtung auf den Geist geht.
Ich glaube, dass der Geist sich im persönlichen Gott vollendet.
Ich glaube, dass das höchste Personale der universale Christus ist.

Teilhard de Chardin wurde in etwa gleichem Maß bewundert wie belächelt. Viele waren fasziniert von seiner Vision eines Universums, das sich

auf ein ultimatives Ziel zubewegt. Andere vermissten intellektuelle Strenge in seinen Vorstellungen und fanden sie hoffnungslos optimistisch, was das Ende der kosmischen Evolution betrifft. Trotzdem bleibt Teilhard de Chardin das faszinierende Beispiel eines Autors des 20. Jahrhunderts, der Verbindungslinien zwischen seinem naturwissenschaftlichen und religiösen Denken zog.

Thomas F. Torrance (*1913)

Torrance wurde in Chengdu in der chinesischen Provinz Szezuan als Kind einer Missionarsfamilie geboren. Er besuchte zuerst die Kanadische Missionsschule in Chengdu (1920–1927) und reiste dann ins elterliche Schottland, wo er seine Ausbildung an der Bellshill Academy fortführte (1927–1931). Danach besuchte er die Universität Edinburgh und schloss 1934 mit dem Magister in klassischen Sprachen und Philosophie ab. Zum Bachelor of Divinity (mit Spezialisierung auf Systematischer Theologie) wurde er 1937 graduiert. In der Folge unternahm er weitere Forschungsarbeiten in Oxford und Basel und wurde in Basel mit einer Arbeit über die Gnadentheologie in den Schriften einiger früher Theologen promoviert. Nach einem Jahr als Professor für Systematische Theologie am Auburn Theological Seminary in New York State (1938–1939) wurde er zum presbyterianischen Geistlichen ordiniert und arbeitete von 1940–1947 in einer Pfarrei, unterbrochen von einer Zeit als Militärkaplan der Britischen Armee. Nach einer Zeit an der Beechgrove Parish Church in Aberdeen (1947–1950) wurde Torrance zum Professor für Kirchengeschichte an der Edinburgh University und am New College berufen. 1952 erhielt er einen Ruf als Professor für Dogmatik in Edinburgh und hatte diese Position bis zur Emeritierung 1979 inne.

Torrance wird allgemein als bedeutendster britischer Theologe des 20. Jahrhunderts angesehen; es ist daher besonders wichtig, sein Interesse an der Beziehung zwischen Naturwissenschaft und Religion herauszustellen. Unter seinen Hauptschriften zu diesem Thema werden die folgenden als besonders wichtig erachtet:

1. *Theological Science (Theologische Wissenschaft,* 1969*),* das auf der 1959 am Union Theological Seminary, New York, gehaltenen Hewett-Vorlesung basiert.

2. *Reality and Scientific Theology: Theology and Science at the Frontiers of Knowledge (Wirklichkeit und wissenschaftliche Theologie. Theologie und Naturwissenschaft an den Grenzen der Erkenntnis,* 1985*),* das auf den Harris-Vorlesungen an der Universität Dundee von 1970 fußt.
Beide Werke liegen nur im englischen Original vor (Anm. d. Red.).

In Anerkennung seiner Hauptbeiträge zum Dialog zwischen Naturwissenschaft und Religion erhielt Torrance 1978 den Templeton Preis für Fortschritt in der Religion. Er schreibt, es gebe einen »versteckten Austausch zwischen naturwissenschaftlichen und theologischen Vorstellungen mit weitestreichender Bedeutung für Theologie und Naturwissenschaft ... [was zeigt, dass sie] tiefe gegenseitige Beziehungen [haben]«. Von den vielen Ähnlichkeiten, die Torrance identifiziert, ist die wichtigste, dass beide aus einer *a posteriori* erfolgenden Reflexion über eine unabhängige Realität stammen, die sie auf ihre je eigene Weise zu beschreiben versuchen.

Torrance zieht eine sorgfältige und entscheidende Trennlinie zwischen »Religion« und »Theologie«. Diese Unterscheidung ist wichtig, da viele Diskussionen über die Wechselwirkung von religiösen und naturwissenschaftlichen Denkweisen die Begriffe »Naturwissenschaft und Religion« bzw. »Naturwissenschaft und Theologie« als synonym behandeln. Unter teilweisem Rückgriff auf eine Barth'sche Perspektive erklärt er, dass dies inakzeptabel sei. »Religion« betreffe menschliches Bewusstsein und Verhalten. Sie sei wesentlich eine menschliche Schöpfung. »Theologie« hingegen habe mit unserem Wissen von Gott zu tun.

Theologie ist die einzige Wissenschaft, die sich der Erkenntnis Gottes widmet. Sie unterscheidet sich von anderen Wissenschaften durch die Einzigartigkeit ihres Objekts, das nur in seinen eigenen Begriffen erfasst werden kann und durch die gegebene Situation, die es in unserer Existenz geschaffen hat, um sich selbst erkennbar zu machen ... Als Wissenschaft ist die Theologie nur eine Forschungsreise des Menschen auf der Suche nach der Wahrheit, bei der wir versuchen, Gott so weit zu

erfassen, wie wir vermögen; zu verstehen, was wir erfassen und klar und vorsichtig über das zu reden, was wir verstehen.[138]

Sowohl Theologie als auch Naturwissenschaften sind daher durch die Realität des Objekts bestimmt, das erfasst werden soll. Sie können nicht von Vorüberlegungen ausgehen, die aus ihren eigenen Schlussfolgerungen stammen, sondern müssen zulassen, dass ihre Suche von der unabhängigen Realität geleitet wird, die sie verstehen möchten.

Christliche Theologie entsteht aus der tatsächlichen Erkenntnis Gottes, gegeben in Raum und Zeit und mit konkreten Ereignissen in Raum und Zeit. Es ist die Erkenntnis des Gottes, der uns aktiv begegnet und sich selbst in Jesus Christus zu erkennen gibt – in Israel, in der Geschichte, auf der Erde. Es ist eine zutiefst positive Erkenntnis, mit klarem Inhalt, vermittelt durch konkrete Erfahrung. Sie handelt von Tatsachen, der Tatsache von Gottes Selbstoffenbarung; sie handelt zunächst einmal von Gott selbst, der uns, weil er wirklich Gott ist, immer zuvorkommt. Wir beginnen daher nicht mit uns und unseren Fragen, noch können wir wählen, womit wir beginnen; wir können nur mit den Tatsachen beginnen, die uns von der Wirklichkeit des positiv erkannten Subjekts vorgegeben werden.[139]

Torrance steht also der Verwendung von *a priori* gewonnenen Vorstellungen sowohl in den Naturwissenschaften als auch in der Theologie kritisch gegenüber, da er glaubt, beide sollten auf die objektive Realität antworten, mit der sie konfrontiert sind und die sie beschreiben sollen. Theologie und Naturwissenschaften müssen als *a posteriorische* Aufgaben angesehen werden, die vom Gegebenen bestimmt sind.

Torrance ist überzeugt, dass die Theologie und die Naturwissenschaften beide einer Art Realismus verpflichtet sind, insofern sie mit einer Realität umgehen, deren Existenz *vor* ihren Versuchen, sie zu verstehen, liegt. Beide benötigen Offenheit den Dingen gegenüber, wie sie sind, und ihre Forschungsmethoden müssen der Natur der Realität, die sie erforschen, angemessen sein.

In der Entwicklung wissenschaftlicher Theorien sind wir damit beschäftigt, in die Verstehbarkeit der Realität einzudringen und sie in ihren mathematischen Harmonien oder Symmetrien oder unveränderlichen Strukturen, die unabhängig von unserer Wahrnehmung existieren, zu ergreifen: Wir erfassen die reale Welt, wie sie sich uns durch die Theorien aufzwingt, die sie in uns hervorruft. Theorien gewinnen unter dem Druck der realen Welt auf uns Gestalt in unseren Köpfen. Dies ist der unentrinnbare »dogmatische Realismus« einer Wissenschaft, die unter den zwingenden Anforderungen und Gegebenheiten der Wirklichkeit verfolgt und ausgearbeitet wird.

Im Fall der Naturwissenschaften ist die »Realität« die natürliche Ordnung, im Fall der Theologie ist es die christliche Offenbarung.

Die grundlegenden Überzeugungen und fundamentalen Vorstellungen, auf denen unsere Erkenntnis Gottes aufgebaut ist, entstammen dem Grund der Erfahrung von Evangelium und Liturgie im Leben der Kirche. Sie antworten darauf, wie Gott sich selbst tatsächlich bekannt gemacht hat – durch den geschichtlichen Dialog mit Israel und die Inkarnation seines Sohnes Jesus Christus – und sich weiterhin durch die Heiligen Schriften offenbart. Wissenschaftliche Theologie oder theologische Wissenschaft kann, streng genommen, nie mehr sein als eine Verfeinerung und Ausweitung der Erkenntnis, die durch diese grundlegenden Überzeugungen und fundamentalen Vorstellungen überbracht wird, und wäre leer an materiellem Inhalt und empirisch irrelevant, wenn sie davon abgeschnitten würde.[140]

Es wird deutlich, dass Torrances Zugang auf einem Ansatz gründet, der den Vorrang von Gottes Selbstoffenbarung betont. Diese wird als objektive Realität gesehen, die unabhängig von menschlicher Denktätigkeit ist. Auch wenn Torrance kein unkritischer Anhänger Barths ist, stimmt er dort fraglos mit Barth überein. Dies bedeutet, dass der von Torrance übernommene Ansatz keinen Anklang bei religiösen Denkern findet, die Theologie als Reflexion menschlicher Erfahrung ansehen oder einen postmodernen Standpunkt einnehmen, gemäß dem es überhaupt keine objektive Realität gibt.

Doch ist zu beachten, dass Torrance Barths theologischen Entwurf auf eine Weise fortentwickelt, die den Naturwissenschaften gegenüber weit aufgeschlossener ist. Während Barth dazu tendierte, abweisend gegenüber jedem Dialog zwischen den Naturwissenschaften und der Theologie zu sein, meint Torrance, ein solcher Dialog berge beträchtliches Potenzial. Sein Argument, die Natürliche Theologie spiele eine Rolle innerhalb der systematischen Theologie – als Parallele zu jenem Gebrauch, den Einstein von der Geometrie machte –, ist hierbei besonders wichtig. Für viele ist Torrances entschiedene Veränderung der Position Barths an dieser kritischen Stelle einer seiner bedeutendsten Beiträge zur Diskussion über die Beziehung zwischen Naturwissenschaft und Religion und eröffnet einen Weg zu einem echten und weiterführenden Dialog zwischen natürlicher und besonderer Offenbarung.

Schlusswort

Ziel dieser Arbeit war es, in einige der Themen einzuführen, auf die man beim Studium des Verhältnisses von Naturwissenschaft und Religion trifft. Es ist unvermeidlich, dass diese Einführung mehr Fragen aufwirft, als sie beantwortet, und dass die Behandlung komplexerer Fragen in viel größerem Detail und größerer Tiefe folgen muss. Die Vorschläge zur weiterführenden Literatur möchten die Leserinnen und Leser ermutigen, ihr Interesse an diesem faszinierenden Gebiet weiterzuentwickeln.

Weiterführende Literatur

Abkürzungen:

LThK³ Lexikon für Theologie und Kirche, 3. Auflage, Freiburg – Basel – Wien 1993 ff.

RGG³ Religion in Geschichte und Gegenwart, 3. Auflage, Tübingen 1956–1962.

TRE Theologische Realenzyklopädie, Berlin – New York 1976 ff.

Kapitel 1

I. Bernard Cohen: Revolutionen in der Naturwissenschaft, Frankfurt/M. 1994.

Gerhard Ebeling: Art. Hermeneutik in: RGG³ Bd. 2, Spp. 242–263.

Hans Küng: Das Christentum, München 1994, bes. 742–878 (zu Christentum und Moderne).

Alister E. McGrath: Der Weg der christlichen Theologie. Eine Einführung, München 1997.

Henning Graf Reventlow, Epochen der Bibelauslegung, bisher 3 Bde, München 1990–1997.

Günter Stemberger/Dietrich-Alex Koch/Gerhard Müller/Ulrich H. J. Körtner/Henning Schröer: Art. Schriftauslegung, in: TRE 30, Spp.442–499, bes. Spp. 472–488.

Peter Stuhlmacher: Vom Verstehen des Neuen Testaments. Eine Hermeneutik, Göttingen ²1986 (NTD Ergänzungsreihe 6).

Kapitel 2

Johann Dorschner/Michael Heller/Wolfhart Pannenberg: Mensch und Universum. Naturwissenschaft und Schöpfungsglaube im Dialog, Regensburg 1995.

Alexandre Ganoczy: Unendliche Weiten ... Naturwissenschaftliches Weltbild und christlicher Glaube, Freiburg–Basel–Wien 1998.

Dieter Hattrup: Einstein und der würfelnde Gott. An den Grenzen des Wissens in Naturwissenschaft und Theologie, Freiburg – Basel – Wien 2001.

Volker Kessler: Ist die Existenz Gottes beweisbar? Gießen 1999.

Hans-Dieter Mutschler: Die Gottmaschine. Das Schicksal Gottes im Zeitalter der Technik, Augsburg 1998.

John Polkinghorne: An Gott glauben im Zeitalter der Naturwissenschaften. Die Theologie eines Physikers, Gütersloh 2000.

Kapitel 3

Paul Hoyningen-Huene: Die Wissenschaftsphilosophie Thomas S. Kuhns, Wiesbaden 1989.

Hans Küng: Existiert Gott? München 1978, bes. 119–154.

Karel Lambert/Gordon G. Brittan: Eine Einführung in die Wissenschaftsphilosophie, Berlin 1991.

Wolfhart Pannenberg: Wissenschaftstheorie und Theologie, Frankfurt/M. 1973.

Helmut Peukert: Wissenschaftstheorie – Handlungstheorie – Fundamentale Theologie, Frankfurt/M. 1976.

Kapitel 4

Karl Barth: Fides quaerens intellectum. Anselms Beweis der Existenz Gottes, Zürich ²1958.

John B. Cobb: Prozeßtheologie. Eine einfache Darstellung, Göttingen 1979.

Ruth Dölle-Oelmüller/Willi Oelmüller: Grundkurs Religionsphilosophie, Stuttgart 1997.

Carl-Friedrich Geyer: Religionsphilosophie der Neuzeit, Darmstadt 1999.

Ludwig Hödl: Art. Anselm v. Canterbury, in: TRE 2 Spp. 759–778.

Walter Kasper: Der Gott Jesu Christi, Mainz ²1983, 131–150.

Helmut Kohlenberger (Hg.): Das ontologische Argument in der Geschichte der Philosophie, Frankfurt/M. 1975 (Analecta Anselmiana 4).

Otto Muck: Philosophische Theologie, Düsseldorf 1983.

Otto Muck/Friedo Ricken: Art. Gottesbeweise, in: LThK³ Bd. 4, Spp. 878–886.

Ilya Prigogine: Die Gesetze des Chaos, Frankfurt/M. 1998.

Norbert Samuelson/John Clayton: Art. Gottesbeweise, in: TRE 13, Spp. 708–784, bes. ab Sp. 724.

Helmut Seiffert: Christen und Nichtchristen heute. Glaube und Rationalität am Ende des 20. Jahrhunderts, München 1999.

Richard Swinburne: Die Existenz Gottes (Lernmaterialien), Ditzingen 1987.

Hansjürgen Verweyen: Gottes letztes Wort. Grundriß der Fundamentaltheologie, 3., vollst. überarbeitete Aufl., Regensburg 2000, 73–109.

Alfred North Whitehead: Prozeß und Realität. Entwurf einer Kosmologie, Frankfurt 1987.

Weiterführende Literatur

Stefan Bauberger: Schöpfung oder Urknall?, in: Stimmen der Zeit 218. Bd./125. Jg. (2000) 688–702.

Stefan N. Bosshard: Erschafft die Welt sich selbst? Die Selbstorganisation von Natur und Mensch aus naturwissenschaftlicher, philosophischer und theologischer Sicht, Freiburg ²1987.

Carsten Bresch/Sigurd M. Daecke/Helmut Riedlinger (Hgg.): Kann man Gott aus der Natur erkennen? Evolution und Offenbarung, Freiburg – Basel – Wien 1990.

Heinrich Denzinger: Kompendium der Glaubensbekenntnisse und kirchlichen Lehrentscheidungen, lateinisch – deutsch, hg. v. Peter Hünermann, Freiburg – Basel – Rom – Wien ³⁷1991.

Johann Dorschner/Wolfhart Pannenberg/Michael Heller: Mensch und Universum. Naturwissenschaft und Schöpfungsglaube im Dialog, Regensburg 1995.

Gotthard Fuchs/Hans Kessler: Gott, der Kosmos und die Freiheit. Biologie, Philosophie und Theologie im Gespräch, Würzburg 1996.

Alexandre Ganoczy: Schöpfungslehre, Düsseldorf ²1987.

Konrad Hilpert/Gotthold Hasenhüttl (Hgg.): Schöpfung und Selbstorganisation. Beiträge zum Gespräch zwischen Schöpfungstheologie und Naturwissenschaften, Paderborn 1999.

Arnulf Kanitscheider: Im Inneren der Natur. Philosophie und moderne Physik, Darmstadt 1996.

Jürgen Moltmann: Gott in der Schöpfung. Eine ökologische Schöpfungslehre, München 1986.

Wolfhart Pannenberg: Systematische Theologie Bd. II, Göttingen 1991, 15–314.

Art. Naturwissenschaften, in: LThK³ Bd. 7, Spp. 698–702: I Geschichte (Klaus Mainzer); II Systematik (Klaus Mainzer); III Naturwissenschaften und Theologie (Ulrich Rudnick).

Art. Schöpfung, in: LThK³ Bd. 9, Spp. 216–240: I religionsgeschichtlich (Bernhard Maier); II biblisch-theologisch/AT (Erich Zenger); biblisch-theologisch/NT (Rudolf Hoppe); III Judentum (Peter Kuhn); IV theologie- und dogmengeschichtlich (Hans Kessler); V systematisch-theologisch (Hans Kessler); VI theologisch-ethisch (Hans J. Münk); VII praktisch-theologisch (Guido Hunze); VIII Schöpfung und Evolution (Markus Vogt).

Hans Urs v. Balthasar: Karl Barth. Darstellung und Deutung seiner Theologie, Einsiedeln ⁴1976, bes. 67–181.

Carsten Bresch/Sigurd M. Daecke/Helmut Riedlinger (Hgg.): Kann man Gott aus der Natur erkennen? Evolution und Offenbarung, Freiburg – Basel – Wien 1990.

Eberhard Jüngel: Entsprechungen. Gott – Welt – Mensch, München ²1986, bes. 158–197.

Walter Kasper: Der Gott Jesu Christi, Mainz ²1983, 92–167.

Henri de Lubac: Vom Erkennen Gottes, ¹1949! (Die zweite Auflage wurde wegen lehramtlicher Beanstandungen wesentlich umgearbeitet und erweitert.).

Wolfhart Pannenberg: Systematische Theologie Bd. I, Göttingen 1988, 11–282, bes. 73–132.

Ders.: Theologie und Philosophie, Göttingen 1996.

Rudolf Teuwsen/Gerhard L. Müller: Art. Analogie (philosophisch/theologisch), in: LThK³ Bd. 1, Spp. 577–582.

Hansjürgen Verweyen: Gottes letztes Wort. Grundriß der Fundamentaltheologie, 3., vollst. überarbeitete Aufl., Regensburg 2000, 33–72.

Jürgen Werbick: Den Glauben verantworten. Eine Fundamentaltheologie, Freiburg – Basel – Wien 2000, 185–224.

Kapitel 7

Peter William Atkins: Im Reich der Elemente. Ein Reiseführer zu den Bausteinen der Natur, Heidelberg 1997.

Bernhard Casper: Sprache und Theologie, Freiburg i. Br. 1975.

Ingolf U. Dalferth: Religiöse Rede von Gott, München 1981.

Eberhard Jüngel/Paul Ricœur: Metapher. Zur Hermeneutik religiöser Sprache, München 1974 (Evangelische Theologie. Sonderheft).

Walter Kasper: Der Gott Jesu Christi, Mainz ²1983, 124–131 (kurze Darstellung der Analogielehre unter theologischen Gesichtspunkten).

Walter Kluxen: Art. Analogie in HWPh I, Basel 1971, Spp. 214–227.

Joachim Track: Art. Analogie, in: TRE 2, Spp. 625–650.

Jürgen Werbick: Bilder sind Wege. Eine Gotteslehre, München 1992 (Fruchtbarmachung einer Metapherntheorie für die Rede von Gott).

Kapitel 8

John D. Barrow: Die linke Hand der Schöpfung. Der Ursprung des Universums, erg. und überarb. Neuaufl. – Heidelberg – Berlin – Oxford 1999.

Ders.: Der Ursprung des Universums. Wie Raum, Zeit und Materie entstanden, München 1998.

Ronald W. Clark: Charles Darwin. Biographie eines Mannes und einer Idee, Frankfurt/M., 1990.

Paul Davies: Gott und die moderne Physik, München 1986.

Ders.: Der Plan Gottes. Die Rätsel unserer Existenz und die Wissenschaft, Frankfurt/M. – Leipzig 1995.

Richard Dawkins: Der blinde Uhrmacher. Ein neues Plädoyer für den Darwinismus, München 1987.

Daniel C. Dennett: Darwins gefährliches Erbe. Die Evolution und der Sinn des Lebens, Hamburg 1997.

Rainer Diaz-Bone/Klaus Schubert: William James zur Einführung, Hamburg 1996.

Willem B. Drees: Vom Nichts zum Jetzt. Eine etwas andere Schöpfungsgeschichte, Hannover 1998.

John Gribbin/Martin Rees: Ein Universum nach Maß. Bedingungen unserer Existenz, Basel – Boston – Berlin – Stuttgart 1991.

Bernhard Grom: Religionspsychologie, München – Göttingen 1992.

Stephen W. Hawking: Eine kurze Geschichte der Zeit, Reinbek 1998.

Armin Kreiner: Gott im Leid. Zur Stichhaltigkeit der Theodizee-Argumente, Freiburg – Basel – Wien 1997.

Hans Küng: Existiert Gott?, München 1978, 221–380 (knappe Darstellung und Kritik der religionskritischen Ansätze von Feuerbach, Marx und Freud).

Ders.: Freud und die Zukunft der Religion, München 1987.

Thomas Köhler: Freuds Psychoanalyse, Stuttgart – Berlin – Köln 1995 (Darstellung der psychologischen Theorien).

Alfred Schöpf: Sigmund Freud und die Philosophie der Gegenwart, Würzburg 1998 (Darstellung unter umfangreichen wissenschaftstheoretischen und wirkungsgeschichtlichen Gesichtspunkten).

Richard Swinburne: Die Existenz Gottes, Stuttgart 1987.

Hans Zirker: Religionskritik, Düsseldorf ²1988.

Weiterführende Literatur

Wolfgang Achtner: Physik, Mystik und Christentum. Eine Darstellung und Diskussion der Natürlichen Theologie bei T. F. Torrance, Frankfurt/M. 1991.

Thomas Broch: Denker der Krise, Vermittler von Hoffnung. Pierre Teilhard de Chardin, Würzburg 2000.

Heimo Dolch: Der Glaube des Teilhard de Chardin, Mainz 1971.

Wolfhart Pannenberg: Systematische Theologie Bd. I, Göttingen 1988.

Ders.: Beiträge zur systematischen Theologie Bd. 1: Philosophie, Religion, Offenbarung, Göttingen 1999.

Ders.: Beiträge zur systematischen Theologie Bd. 2: Natur und Mensch – und die Zukunft der Schöpfung, Göttingen 2000.

Ders.: Anthropologie in theologischer Perspektive, Göttingen 1983.

Arthur Peacocke: Gottes Wirken in der Welt. Theologie im Zeitalter der Naturwissenschaften, Mainz 1998.

John Polkinghorne: An Gott glauben im Zeitalter der Naturwissenschaften. Die Theologie eines Physikers, Gütersloh 2000.

Ders.: Theologie und Naturwissenschaften. Eine Einführung, Gütersloh 2001.

Karl Schmitz-Moormann: Pierre Teilhard de Chardin. Evolution, die Schöpfung Gottes, Mainz 1996.

Pierre Teilhard de Chardin: Das göttliche Milieu. Ein Entwurf des Inneren Lebens (Werke Bd. II), Düsseldorf 1982.

Ders.: Die Entstehung des Menschen, München 1997.

Anmerkungen

[1] T. van Bavel: The Creator and the Integrity of Creation in the Fathers of the Church, in: Augustinian Studies 21 (1990) 1–33.

[2] Venedig 1515; dt.: Der Almagest. Die Syntaxis Mathematica des Claudius Ptolemäus in arabisch-lateinischer Überlieferung, hg. v. P. Kunitzsch, Wiesbaden 1974.

[3] Vgl. die textkritische Ausgabe von F. Zeller und K. Zeller (N. Kopernikus Gesamtausgabe Bd. 2), München 1949.

[4] J. Calvin: Institutio Christianae Religionis, I. V. I–II (dt.: Institutio Christianae Religionis, deutsch. Unterricht in der christlichen Religion, Neukirchener Verlag 1997).

[5] R. J. Blackwell: Galileo, Bellarmine and the Bible, Notre Dame 1991, 94 f.

[6] Ebd.

[7] O. Chadwick: From Bossuet to Newman. The Idea of Doctrinal Development, Cambridge 1957, 20.

[8] J. Locke: Essay über den menschlichen Verstand, hg. von U. Thiel, Berlin 1997.

[9] Vgl. den Faks.-Neudr. der Londoner Ausgabe von 1730, Stuttgart-Bad Cannstatt 1967.

[10] H. G. Alexander: The Leibniz-Clark Correspondence, Manchester 1956, 14.

[11] Vgl. die Faksimile-Ausg. des Erstdrucks, hg. v. W. Engels u. a., Wirtschaft und Finanzen/Klassiker der Nationalökonomie 1986. Dt. Ausgabe: Thomas Malthus, Das Bevölkerungsgesetz, hrsg. u. übers. von Christian M. Barth. – Orig.-Ausg., vollst. Ausg. nach d. 1. Aufl. London 1798, München 1977.

[12] Ch. Darwin: Die Entstehung der Arten, Stuttgart 1963, 229.

[13] Vgl. Ch. Darwin: Die Abstammung des Menschen, Wiesbaden [3]1996.

[14] J. R. Lucas: Wilberforce and Huxley. A Legendary Encounter, in: Historical Journal 22 (1979) 313–330, hier 313 f.

[15] J. Cobb: Beyond Pluralism. Christian Uniqueness Reconsidered, hg. v. G. D. D'Costa, Maryknoll, NY 1990, 81 f.

[16] Vgl. den Nachdr. der 4. Aufl. v. 1908, Frankfurt a. M. 1971.

[17] Originalausgabe Leipzig 1900; vgl.: A. v. Harnack, Das Wesen des Christentums, komm. u. hg. v. T. Rendtorff, Gütersloher Verlagshaus 1999.

[18] Vgl. den Nachdr. der Londoner Ausgabe v. 1910, Frankfurt a. M. o. J.

[19] Vgl. H. Bergson: Denken und schöpferisches Werden. Aufsätze und Vorträge, Neuaufl. Hamburg 1993.

[20] Vgl. die Studien-Komplettausgabe, 4 Bde. in 31 Teilbdn., Zürich 1993.

[21] K. Barth: Der Römerbrief [1]1919; als das die Dialektische Theologie einleitende »Fanal« hat indes die wesentlich erweiterte und umgearbeitete zweite Auflage von 1922 zu gelten, zuletzt nachgedruckt Zürich [16]1999.

[22] Vgl. R. Descartes, Meditationes de prima philosophia, Meditatio V, lat.-dt., hg. von L. Gäbe, Frankfurt [2]1977, 114–129.

[23] A. McGrath: The Christian Theology Reader, Oxford/Cambridge, MA 1995, 16 f.

[24] G. Berkeley: Eine Abhandlung über die Prinzipien der menschlichen Erkenntnis, Nachdr. Hamburg 1979.

[25] B. C. v. Fraassen: The Scientific Image, Oxford 1980, 202 f.

[26] J. Polkinghorne: One World. The Interaction of Science and Theology, Princeton 1986, 47.

[27] Forschungszentrum für Hochenergie- und Elementarteilchenphysik; Enrico Fermi (1901–1954) war Professor für Theoretische Physik und erhielt 1938 den Nobelpreis für Physik (Anm. d. Ü.).

[28] P. Duhem: Ziel und Strukturen der physikalischen Theorien, Hamburg 1998.

[29] W. V. O. Quine: From a Logical Point of View, Cambridge MA 1953, 42 f (dt.: Grundzüge der Logik, Frankfurt a. M. 1974).

[30] Ebd.

[31] R. Carnap: Der logische Aufbau der Welt, Hamburg 1998.

[32] A. J. Ayer: Logical Positivism, New York 1959, 63 f.

[33] P. A. Schilpp: The Philosophy of Rudolph Carnap, Lasalle, IL 1963, 8.

[34] I. M. Crombie: Theology and Falsification. New Essays in Philosophical Theology, hg. v. A. Flew & A. MacIntyre, London 1955, 126.

[35] J. Hick: Theology and Falsification. The Existence of God, London 1964, 260 f.

[36] K. R. Popper: Conjectures and Refutations. The Growth of Scientific Knowledge, London 1963, 281 (dt.: Vermutungen und Widerlegungen. Das Wachstum der wissenschaftlichen Erkenntnis, Bde. I/II, Tübingen 2000).

[37] Ders.: Realism and the Aims of Science, London 1983, 162 f.

[38] Ders.: The Logic of Scientific Discovery, New York 1961, 40 f (dt.: Logik der Forschung, Tübingen 1994).

[39] T. Kuhn: The Structure of Scientific Revolutions, Chicago 1962, 150 (dt.: Die Struktur wissenschaftlicher Revolutionen, erw. Neuaufl. Frankfurt/M. [2]1997).

[40] Ebd., 77.

[41] Anselm v. Canterbury: Opera omnia, ed. F. S. Schmidt, Seckau – Rom – Edinburgh 1938–1961 (kritische Ausgabe); oder ders.: Proslogion, lat.-dt., Stuttgart-Bad Cannstatt [2]1984.

[42] Ders.: Proslogion, c. II.

[43] Ders.: Proslogion, lat.-dt., a. a. O., 87.

[44] Ders.: Opera omnia, a. a. O., vol. I, 125–129.

[45] Quid ad haec respondeat quidam pro insipiente, in: Anselm von Canterbury, Opera omnia, a. a. O., vol. I, 128 f.

[46] Anselm v. Canterbury: Quid ad haec respondeat editor ipsius libelli, in: Opera omnia, a. a. O., vol. I, 130–139.

[47] Thomas v. Aquin: STh I q2a3c.

[48] Ebd.

[49] W. L. Craig: The Calam Cosmological Argument, London 1979, 149.

[50] Thomas v. Aquin: STh I q2a3c.

[51] W. Paley: Natural Theology; or Evidences of the Existence and Attributes of the Deity, Collected from the Appearances of Nature.

[52] Ders.: Works, ed. E. Paley, Bd. IV, London 1830, 34 f.

[53] Dt. Ausgabe: A. N. Whitehead: Prozeß und Realität. Entwurf einer Kosmologie, Frankfurt 1987.

[54] Vgl. v. a. die so genannten Freiheitsschriften *De veritate; De libertate arbitrii; De casu diaboli* und *De concordia praescientiae, praedestinationis et gratiae cum libero arbitrio;* lat.-dt. Ausgabe: Anselm v. Canterbury, Freiheitsschriften, übers. und eingel. von H. Verweyen, Freiburg 1994.

[55] V. a. in seinem monumentalen Werk »Herrlichkeit«: H. U. v. Balthasar, Herrlichkeit. Eine theologische Ästhetik, Bd I–III, Einsiedeln 1961–1969.

[56] Augustinus: Confessiones XI 13,15 f; zitiert nach der lat.-dt. Ausgabe: Aurelius Augustinus, Confessiones/Bekenntnisse, lat.-dt.; eingel., übers. und erläutert v. Joseph Bernhart, München [4]1980, 624–627.

[57] P. Davies: The Mind of God. Science and the Search for Ultimate Meaning. London 1992, 50; dt. Ausgabe: ders., Der Plan Gottes. Die Rätsel unserer Existenz und die Wissenschaft, Frankfurt/M. – Leipzig 1995.

[58] J. Moltmann: Gott in der Schöpfung. Ökologische Schöpfungslehre, München 1985.

[59] L. Feuerbach: Das Wesen des Christentums, Stuttgart 1988 (Text von [3]1849).

[60] R. Guardini, Briefe vom Comer See, Mainz [5]1953.

[61] O. O'Donovan: Resurrection and Moral Order, Grand Rapids, MI 1986, 31 f.

[62] Ebd., 36 f.

[63] P. Davies: The Mind of God, a. a. O., 82 f.

[64] E. Brunner: Natur und Gnade, Tübingen 1934, ab [2]1935 stark erweitert.

[65] K. Barth: Nein! Antwort an Emil Brunner (Theologische Existenz heute, 14), München 1934.

[66] Th. F. Torrance: The Ground and Grammar of Theology, Belfast 1980, 90 f.

[67] Ders.: Reality and Scientific Theology. Theology and Science at the Frontiers of Knowledge, Edinburgh 1985, 41.

[68] Ders.: Reality and Scientific Theology, a. a. O., 39.

[69] W. P. Alston: Perceiving God, Ithaca [2]1993.

[70] M. Schmaus: Die psychologische Trinitätslehre des heiligen Augustinus, 2., fotomechan. Nachdr. d. 1927 ersch. Ausg. mit einem Nachtr. und Lit.-Erg. d. Verf., Münster 1969.

[71] J. Polkinghorne: Science and Creation. The Search for Understanding. London 1988, 20.

[72] J. Edwards: The Images of Divine Things. Ed. Perry Millar, New Haven, CT 1948, 61–69.

Anmerkungen

[73] H. U. v. Balthasar: Herrlichkeit. Eine theologische Ästhetik, Bd. I, Schau der Gestalt, Einsiedeln 1961, 9.

[74] St. Weinberg: Dreams of Final Theory. The Search for the Fundamental Laws of Nature. London 1993, 119 (dt.: Der Traum von der Einheit des Universums, München 1993).

[75] P. Dirac: The Evolution of the Physicist's Picture of Nature, in: Scientific American 208 (1963) 47.

[76] M. T. Cicero: Über das Wesen der Götter. De natura deorum. Dt.-Lat. Nachw. v. Klaus Thraede. Übertr. u. hrsg. v. Ursula Blank-Sangmeister, Stuttgart 1995.

[77] J. Polkinghorne: Reason and Reality, London 1991, 20.

[78] Vgl. die klassische Formulierung des IV. Laterankonzils (1215): »Zwischen dem Schöpfer und dem Geschöpf kann man keine so große Ähnlichkeit feststellen, dass zwischen ihnen keine noch größere Unähnlichkeit festzustellen wäre.« (Denzinger/Hünermann, Nr. 806).

[79] Thomas von Aquin: Summa contra gentiles, Liber primus, c. XXIX.

[80] Ein Überblick über die Geschichte des Motivs vom Betrug des Teufels in der Vätertheologie findet sich in: R. Schwager, Der wunderbare Tausch. Zur Geschichte und Deutung der Erlösungslehre, München 1986, 34–44.

[81] Rufin von Aquileia: Commentarius in Symbolum Apostolorum 16 (PL 21, 335 B – 386 C).

[82] I. T. Ramsey: Christian Discourse. Some Logical Explorations, London 1965.

[83] S. McFague: Models of God, Philadelphia 1987, 87–92.

[84] I. G. Barbour: Myths, Models and Paradigms. The Nature of Scientific and Religious Language, New York 1974, 15.

[85] F. Darwin/A. C. Seward (Hgg.): More Letters of Charles Darwin, 2 Bde., London 1903, Bd. I, 267 f.

[86] M. Hayter: The New Eve in Christ, London 1987, 87–92.

[87] Ebd.

[88] W. Pannenberg: Systematische Theologie, Bd. 1, Göttingen 1988, 284 f.

[89] S. McFague: Models of God, a. a. O., 122 f.

[90] G. Caird: The Language and Imagery of the Bible, London 1980, 80.

[91] Julian of Norwich: Revelations of Divine Love, Harmondsworth 1958, 151; 174.

[92] Th. F. Torrance: Theological Science, Oxford 1969, 26 f.

[93] Denzinger/Hünermann, Nr. 301 f.

[94] »Was nicht angenommen ist, ist auch nicht erlöst.« – »Quod non assumptum, non est sanatum«, lautet das soteriologische Axiom Gregors von Nazianz in seiner Epistula 101.

[95] M. F. Wiles: The Making of Christian Doctrine, Cambridge 1967, 106.

[96] Vgl. dazu die in Band IX der Studienausgabe Freuds versammelten Schriften. S. Freud, Studienausgabe IX, Fragen der Gesellschaft/Ursprünge der Religion, Frankfurt ⁵1989.

[97] P. Davies: God and the New Physics, London 1984 (dt.: Gott und die moderne Physik, München 1986).

98 Ders.: The Mind of God. The scientific Basis for a Rational World, New York 1992 (dt.: Der Plan Gottes. Die Rätsel unserer Existenz und die Wissenschaft, Frankfurt/M. – Leipzig 1995).

99 F. Capra: The Tao of Physics. An Exploration of the Parallels between Modern Physics and Eastern Mysticism, revised with afterword, London 1984 (1. Auflage London 1975); dt.: Das Tao der Physik. Die Konvergenz von westlicher Wissenschaft und östlicher Philosophie/Vom Aut. rev. u. erw. Neuausg. von Der kosmische Reigen (1978), Bern 1984.

100 St. Hawking: A Brief History of Time. From the Big Bang to the Black Holes. New York 1988 (dt.: Eine kurze Geschichte der Zeit, Reinbek 1988).

101 Zit. nach der dt. Ausgabe, a. a. O., 11.

102 J. D. Barrow/F. J. Tipler: The Anthropic Cosmological Principle, Oxford 1986; eine dt. Übersetzung liegt derzeit nicht vor.

103 Ebd., 5.

104 Ebd., 318.

105 F. R. Tennant: Philosophical Theology, 2 Bde., Cambridge 1930, hier Bd. 2, 79.

106 J. D. Barrow/F. J. Tipler: The Anthropic Cosmological Argument, a. a. O., 566.

107 Ebd., 1 f.

108 R.Swinburne: The Existence of God, Oxford 1979, 138 (dt.: Die Existenz Gottes, Stuttgart 1987).

109 R. Dawkins: The Blind Watchmaker. Why the Evidence of Evolution Reveals a Universe without Design, New York 1986, 15 (dt.: Der blinde Uhrmacher. Ein neues Plädoyer für den Darwinismus, München 1987).

110 Unter dem Titel »Paley's Watchmaker« erschien 1802 eine Kurzfassung von dessen umfangreicherer Darstellung »Paley's Natural Theology«.

111 R. Dawkins, The Blind Watchmaker, a. a. O., 17.

112 J. Monod, Le hasard et la necessité. Essai sur la philosophie naturelle de la biologie moderne, Paris 1970 (dt.: Zufall und Notwendigkeit. Philosophische Fragen der modernen Biologie, München 1970).

113 R. Dawkins: The Extended Phenotype. The Gene as the Unit of Selection. Oxford u. a. 1982; The Extended Phenotype. The Long Reach of the Gene. Rev. ed. with new afterword and further reading, Oxford u. a. 1999.

114 H. W. Beecher: Evolution and Creation, New York 1885, 113.

115 Ebd., 429.

116 L. Feuerbach: Das Wesen des Christentums, Stuttgart 1988 (Text der 3. Auflage von 1849).

117 E. von Hartmann: Geschichte der Logik, 2 Bde., Leipzig 1900, Bd. 2, 444.

118 W. James: The Varieties of Religious Experience, Cambridge, MA 1985, 341 f. (dt.: Die Vielfalt religiöser Erfahrung, übers. von Eilert Herms und Christian Stahlhut, mit einem Vorwort von Peter Sloterdijk, Frankfurt/M. – Leipzig 1997).

119 Ebd., 260.

[120] Neben Einzelausgaben ist das Werk von Sigmund Freud am besten zugänglich in: S. Freud, Studienausgabe,10 Bde. u. Ergänzungsbd., hg. von A. Mitscherlich u. a., Frankfurt/M. – Bd. IX Fragen der Gesellschaft, Ursprünge der Religion (⁷1994) enthält die wichtigsten religionstheoretischen Schriften.

[121] S. Freud: Eine Kindheitserinnerung des Leonardo da Vinci, 1910. GW VIII, 127 ff.; Studienausgabe Bd. X, 146.

[122] I. G. Barbour: Issues in Science and Religion, New York 1966.

[123] Ders.: Religion in an Age of Science, New York 1990, 227.

[124] Ch. A. Coulson: Science and Christian Belief, Oxford 1955, 21.

[125] W. Pannenberg/R. Rendtorff/T. Rendtorff/U. Wilckens: Offenbarung als Geschichte, Göttingen 1961; ab der 2. Auflage mit einem Nachwort von W. Pannenberg zum Diskussionsstand; gegenwärtig ⁵1982 mit neuem Vorwort.

[126] W. Pannenberg: Grundzüge der Christologie, Gütersloh 1964.

[127] Ders.: Heilsgeschehen und Geschichte, in: Kirche und Dogma 5, 1959; auch in: ders., Grundfragen systematischer Theologie I, Göttingen 1967, 22–78, hier 22.

[128] Vgl. dazu dens.: Grundzüge, a. a. O., 47–112.

[129] Ders.: Kontingenz und Naturgesetz, in: A. M. K. Müller/W. Pannenberg, Erwägungen zu einer Theologie der Natur, Gütersloh 1970, 34–80.

[130] A. R. Peacocke: Creation and the World of Science, Oxford 1979.

[131] Ders.: God and Science. A Quest for Christian Credibility, London 1996, 5 f.

[132] Ebd.

[133] J. Polkinghorne: The Way the World is, London 1983, 12.

[134] Werkausgabe: Pierre Teilhard de Chardin, Œuvres, Paris 1955–1976.

[135] P. Teilhard de Chardin: Der Mensch im Kosmos, München ⁷1964.

[136] Ders.: Das göttliche Milieu. Ein Entwurf des Inneren Lebens, Düsseldorf ¹¹1990.

[137] Ders., Comment je crois, Œuvres, vol. IX, Paris 1969.

[138] Th. F. Torrance: Theological Science, Oxford 1969, 26 f.

[139] Ders.: Reality and Scientific Theology. Theology and Science at the Frontiers of Knowledge, Edinburgh 1985, 54 f.

[140] Ebd., 85.

Register

Hanns Cornelissen

Der Faktor Gott
Ernstfall oder Unfall des Denkens?

320 Seiten, gebunden
ISBN 3-451-26904-X

Was passiert, wenn man Fragen des Alltags zu Ende denkt? Wo landet man, wenn dabei dem Denken bei der Frage nach Gott keine Scheuklappen angelegt werden? Zeigt sich, dass der Faktor Gott dem Suchen nach tragfähigen Lösungen im Wege steht? Oder erweist sich der Faktor Gott als konsequentes Ernstnehmen unserer denkerischen Fähigkeiten?

Hanns Cornelissen führt auf den Weg des Fragen-zu-Ende-Denkens, und zwar in unterhaltsamer Form mithilfe spritziger Dialoge und leicht verständlicher Sprache, doch auf dem neuesten Stand philosophischer und naturwissenschaftlicher Erkenntnisse.

Herder